Reinhard Gröper

Erhoffter Jubel über den Endsieg

Tagebuch eines Hitlerjungen
1943 – 1945

Reinhard Gröper

Erhoffter Jubel über den Endsieg

Tagebuch eines Hitlerjungen
1943 – 1945

Jan Thorbecke Verlag Stuttgart
2000

Die Deutsche Bibliothek – CIP-Einheitsaufnahme

Gröper, Reinhard:
Erhoffter Jubel über den Endsieg: Tagebuch eines
Hitlerjungen; 1943–1945 / Reinhard Gröper. – Stutt-
gart: Thorbecke, 2000, 1996
ISBN 3-7995-2310-3

http://www.thorbecke.de · e-mail: info@thorbecke.de

2. Auflage 2000
© 2000, 1996 by Jan Thorbecke Verlag GmbH & Co., Stuttgart

Dieses Buch ist aus alterungsbeständigem Papier nach DIN ISO 9706 hergestellt.

Gesamtherstellung: Druckhaus »Thomas Müntzer« GmbH, Bad Langensalza
Printed in Germany · ISBN 3-7995-2310-3

Inhalt

Vorwort 7

Tagebuch 9

Abkürzungen 320

Anmerkungen 321

Vorwort

Das Tagebuch ist das des Herausgebers. »Habe mich heute, am 16. I. 1943, entschlossen, ein Tagebuch anzulegen«, eröffnet der nicht ganz Vierzehnjährige sein erstes. Was er von nun an verzeichnet, drängt sich ihm im Augenblick des Aufzeichnens auf, ist also nicht alles, auch keine überlegt vorgenommene Auswahl. Hochgestimmt wird er anderes notieren; wo es ihm über seiner Rolle nicht ganz wohl ist, wird er sich eher rechtfertigen als anklagen; ist er müde, wird er gerade ein paar Zeilen zustande bringen. Ungestützte Erinnerung verblaßt, schlimmer: sie verkürzt, erinnert zurecht. Hier wiedergegeben ist die Zeit vom 20. Oktober 1943 bis zum Kriegsende, die Zeit, die der Verfasser in der nationalsozialistischen Kinderlandverschickung verbracht hat. Die Aufzeichnungen stehen unverändert für den jeweiligen Tag, unverändert auch in Fehlurteilen, Irrtümern, Rüpeleien. Anstelle der Namen könnten hier ebensogut andere stehen; beschönigende Änderungen oder Kürzungen des Textes verboten sich; wo gekürzt wurde, ist das kenntlich gemacht. Tageseinträge, die nichts Wesentliches berichten, sind weggelassen.

Rottweil, Mittwoch, 20. X. 1943

Nach einer wundervollen Fahrt durch das obere Neckartal sind wir hier gelandet. Am Bahnhof wartete das hiesige Jungvolk mit Leiterwagen auf uns. Wir verstauten unser Gepäck und fuhren los. Mein Quartier befindet sich im letzten Hause des Ortes. Die Leute sind recht nett und gefallen mir sehr gut. Sie haben ein kleines Töchterchen namens Imke, das 3½ Jahre alt und furchtbar lustig ist. Am Nachmittag habe ich gleich die Stadt besichtigt. Sie enthält sehr feine alte Kirchen, Türme und Häuser. Auch die Umgebung ist schön. –

Das Mittagessen war gut, leider war die Suppe zu sehr gesalzen und das Kartoffelgemüse angebrannt; doch das kann jeder Köchin vorkommen. – Dietrich liegt mit einem Klassenkameraden zusammen in einem Zimmer. Ich habe nun den Herrn Direktor Schumm gefragt, ob ich nicht in dieses Zimmer könne, und er hat mir die Stelle gesagt, an die ich mich wenden muß. Ich sehe es nicht ein, daß wir nicht zusammenkommen können, wenn alle anderen Brüder auch ein Quartier haben. – (Randnotiz 21. X.: Habe es beim alten gelassen!)

Die Kirchen des Ortes habe ich mir auch besehen. Besonders schön ist die Kapellenkirche, die einen gotischen Turm und ein barockes Inneres hat. Die Heiligkreuzkirche hat sehr feine Glasfenster. –

An die Mutter, Karte: Rottweil, 20. X. 1943

(…) Das Haus, in dem ich wohne, (…) liegt wunderbar. Überall Wiesen und im Hintergrund Wald. (…) Ich habe eine hübsche Dachkammer.

Donnerstag, 21. X. 1943

Heute vormittag war ich mit Plarre zusammen im Heimatmuseum der Stadt Rottweil. Es enthält viele Gegenstände aus der Römerzeit, vor allen Dingen Münzen, Gläser und Tonscherben. Es ist aber auch eine wundervolle Sammlung von Brunnensäulen, Grab-, Weg- und Grenzsteinen da. Weiter befinden sich in dem Museum die Zunftfahnen und -truhen der Rottweiler Zünfte und als Glanzstück eine Sammlung der schönsten Masken des berühmten Rottweiler Fastnachtszuges. Darauf begaben wir uns in die evangelische Stadtkirche, die ehemalige Dominikanerkirche, die durch Zufall gerade offen stand. Sie enthält einen wunderschönen Hochaltar und viele Nebenaltäre. Auch enthält sie wundervolle Decken- und Wandgemälde. Die Decken und Wände sind mit Stuck verziert, auf denen ein Blaumeislein saß, das sich durch eine zerbrochene Fensterscheibe in die Kirche verirrt hatte. –
Am Nachmittag mußten wir an der Dietrich-Eckart-Oberschule erscheinen. Auf dem Wege dorthin sah ich auch einmal die Napo. Die DEO ist von außen nicht gerade schön, doch innen ist sie auf das Beste eingerichtet. Wir sind jetzt Klasse 5b, und unser Klassenlehrer ist Dr. Kneile. –

An den Vater, Rottweil, 21. X. 1943

(…) Hier gibt es keinen Marktplatz sondern nur eine lange breite Straße, die zu diesem Zweck dient. Überall findet man noch Reste der alten Stadtbefestigung. Die ganze Gegend ist katholisch. (…)

Freitag, 22. X. 1943

Heute vormittag hatten wir 2 Stunden Zeichnen bei Herrn Fuchs. Wir zeichneten Blätter des Wilden Weines. Herr Holl ist mir aber lieber als Herr Fuchs. –
Am Nachmittag hatten wir zuerst Chemie bei Herrn Birlinger. Dieser Lehrer bevorzugt in allem die Schüler der GDO.

Anschließend gab uns Herr Allmendinger Deutsch. Weil ich auf alle Fragen antworten konnte, setzte er gleich einen roten Strich unter meinen Namen. Aber auch er bevorzugt die Schüler der GDO. In der Geschichte erzählte er uns aus der Geschichte der Stadt Rottweil. Dann hatten wir bei Herrn Birlinger Biologie, doch konnte dies der Herr Dr. Dinkel besser geben. Wir sollten dann beim Turnlehrer der Napo noch Turnen haben, doch das fiel aus, weil die Napo heute einen Ausflug machte. – Nach dem Abendessen ging ich mit den Kameraden zusammen in den Film »Die Jungfern vom Bischofsberg« nach einem Lustspiel von Gerhart Hauptmann. Wir haben sehr gelacht. Außerdem wurde noch ein feiner Film über die Lehre von Kopernikus gezeigt. –

Sonnabend, 23. X. 1943

In der 1. Stunde hatten wir den Herrn Allmendinger in Latein. Herr Dr. Rein wäre mir lieber gewesen. Der einzige, der anständig war, von den GDO-Lehrern, war Herr Köpf, der auch einen guten Mathematikunterricht gab. Herr Birlinger sprach von uns nur als von »Ikolern.« –
    Am Nachmittag war ich mit Plarre zusammen in der Ruhe-Christi-Kirche, die sehr reich ausgestattet ist. Die schöne Pelagius-Basilika schauten wir uns auch an. Dann wanderten wir durch einen hübschen Ort namens Göllsdorf auf einen Berg, der schon zur Alb gehört. (*Randnotiz:* Dissenhorn) Der Weg dort hinauf ist mit 15 Bildstöcken aus der Leidensgeschichte Jesu bezeichnet und führt zu einer Kapelle auf dem wacholderbewachsenen Berg. Die Aussicht war sehr fein von dort aus. –

An die Mutter, Rottweil, 23. X. 1943

Heute komme ich endlich dazu, einen ausführlichen Brief zu schreiben. – Schicke mir bitte: Einige Kleiderbügel, ein Knopfband, eine Nagelschere und, wenn möglich, ein Glas mit Deckel für Marmelade. Außerdem bitte einige Tüten für

11

Zucker. Versuche bitte einmal, ob Du bei Berg die »Jungfrau von Orleans« bekommen kannst; denn wir brauchen sie in der Schule. –

Du kannst ruhig einmal hierher kommen, doch wann, das schreibe ich Dir noch, weil wir den Stundenplan noch nicht haben. –

Lektüre brauchst Du mir nicht zu schicken; denn ich habe immer genügend Beschäftigung. 12 Briefe sind zu schreiben. Ich habe Besorgungen zu machen. Oft gehe ich auch einmal in die Umgebung oder in die schönen Rottweiler Kirchen. Außerdem habe ich zur Zeit ein Buch, das ich mir im Rottweiler Heimatmuseum erstanden habe, über die Rottweiler Gotteshäuser. Herr Levsen gibt mir auch immer noch Bücher, von denen er denkt, daß sie für die Schule oder das Wissen gut sind. – (...)

Wenn Du dann herkommst, werde ich Dich durch die Kirchen führen. Herr Levsen sagt, ich kenne mich hier schon besser aus als er. – (...)

Hier ist der Neckar nur knapp 3 m breit, das heißt, daß man ihn auf Steinen überqueren kann. –

Das Essen ist hier gut und reichlich. Viel Kartoffeln und wenig Fleisch, doch dies macht nichts. Die Hauptsache ist ja, daß man satt wird und daß es schmeckt. –

Für das Frühstück bekommen wir unsere Sachen mit. Mit dem Brot und dem Aufstrich reiche ich gut. –

Die Schule ist allerdings ein Kapitel für sich. Ich bin jetzt Klasse 5a. Wir haben 7 Lehrer der Daimler- und 3 der Keplerschule hier. Die Daimlerschüler werden in jeder Hinsicht bevorzugt. Doch dies genierte mich nicht; bei dem größten Hasser der Kepleroberschule, Herrn Allmendinger (seiner Gestalt wegen »Pfropf« genannt), gelang es mir gleich in der ersten Deutschstunde, ein Lob zu verdienen. Ein anderer Lehrer, Herr Birlinger, ist nicht anders. Er spricht von uns immer nur von »Ikolern« und bevorzugt auch die 8 der Gottlieb-Daimlerschule in unserer Klasse (25 Keplerschüler) in jeder Richtung. Doch: »Das kann doch einen Seemann nicht erschüttern«, oder, wie unser Führer sagt: »Widerstände sind nicht da, um vor ihnen zu kapitulieren, sondern um sie zu überwinden.« (...)

12

Ich habe hier schon eine ganze Anzahl Bekannter: die beiden Fräulein Bury, bei denen Dietrich wohnt und mit denen ich mich immer, wenn ich hinkomme, unterhalte. (Mit der Absicht, etwas über die Rottweiler Geschichte zu erfahren). Außerdem noch die Frau Heußler, die Wirtin von Plarre, bei dem ich auch oft aus- und eingehe. – (…) NS. Haible läßt Dich auch grüßen. An Tante Lotte habe ich jetzt geschrieben. Onkel Alfred kommt noch dran. In 4 Monaten kommen wir wahrscheinlich wieder zurück, da ein Teil unserer Klasse dann zur Heimatflak kommt. –

Sonntag, 24. X. 1943

Am Nachmittag des heutigen Tages wanderte ich mit Hopf, Plarre, Jaisle zusammen nach dem Kloster Rottenmünster. Doch konnten wir dort nicht hinein, weil es Lazarett ist. Von außen bietet es nichts. Dann wanderten wir weiter nach Bühlingen, von wo aus wir in einen Wald kamen, der schon zum Schwarzwald gehört. Dort standen viele Echte Reizker. Ich konnte sie leider nicht mitnehmen, weil ich keine Verwendung dafür habe. In einem großen Bogen gingen wir um Rottweil herum und kamen am anderen Ende der Stadt hinein. Der Ausflug war sehr schön und unterhaltend. –

Montag, 25. X. 1943

Heute hatten wir den ganzen Vormittag frei. Der Unterricht am Nachmittag begann mit Latein. Wir haben in dieser Stunde aber wieder nicht viel profitiert. In der Chemie zeigte uns Herr Birlinger, daß man aus zwei hellen Flüssigkeiten eine dunkle machen kann, und zeigte interessante Versuche. Bei Herrn Oberstudiendirektor Schumm hatten wir Physik. Er sprach über Elektrizität und verstand es geschickt, kleine Späße einzuflechten, so daß der Unterricht recht lustig war. Bei ihm ist mir der Unterricht in Physik lieber als bei Herrn Mayer. –

Haag und Munz verlangen neuerdings wieder einmal von denen, die das HJ-Abzeichen tragen, daß sie es entfernen. Doch

13

dies fällt mir nicht ein. Dieses Abzeichens brauche ich mich nicht zu schämen, außerdem höre ich auf solche Kerle, wie diese beiden, in solchen Dingen nicht. –

Jetzt kommen in der Zeitung genaue Beschreibungen über den italienischen Verrat, die sehr interessant sind und genauen Aufschluß geben. –

Dienstag, 26. X. 1943

Heute vormittag hatten wir 6 Stunden Schule, was uns nicht sehr behagte. – Am Nachmittag wanderte ich mit Plarre durch einen sehr schönen Wald zur Ruine Neckarburg. In deren Nähe sahen wir etwas Seltsames: Der Neckar hat sich ein frisches Bett gegraben und fließt nicht mehr links um den Berg, sondern rechts. Im alten Tal kann man es genau noch feststellen, daß dort der Neckar war. Die Ruine selber ist kaum noch zu sehen. Doch muß die Burg früher sehr groß gewesen sein. Diese Ruine interessierte mich so sehr, daß ich mich gleich heute abend auf Quellensuche begab, um die Geschichte zu erfahren. Bis jetzt bekam ich heraus, daß die Burg schon 793 urkundlich erwähnt wird. –

Den Rückweg nahmen wir den Neckar entlang. Doch wurde der Raum zwischen Fluß und Steilwand immer schmaler, so daß wir nachher eine waghalsige Kletterei unternahmen. Außer einigen Schrammen und einem kleinen Loch in meinen Golfhosen haben wir keinen Schaden gehabt. (Glück muß man haben.) Wenn es nicht richtig weiterging, sagten wir uns immer: »Widerstände sind nicht da, um vor ihnen zu kapitulieren, sondern um sie zu überwinden.« Dies war in dem Fall zwar ein bißchen leichtsinnig, aber es ging doch. –

An die Mutter, Rottweil, 26. X. 1943

Kurz bevor ich ins Bett gehe, will ich Dir noch einige Zeilen schreiben.

Schicke mir bitte: Lateinische Wortkunde (sie ist in der Schachtel unter dem Schrank). Außerdem findest Du dort oder

im Schrank zwischen den Buchstützen leere Hefte. Schicke sie mir bitte, vor allem die l i n i e r t e n. Briefpapier kannst Du mir auch einmal schicken, doch dies eilt nicht so. Könntest Du eigentlich nicht auf die schadhaften Stellen am Ärmel meines grauen Jankers einige Flecken setzen und dann mir senden? Die Windjacke könnte ich auch gut gebrauchen, da ich nichts gegen den Regen habe. –
Wenn Du hierher kommst, ist der Samstag der geeignetste Tag dafür. Doch komme bitte nicht vor 12 oder 1 Uhr. Schreibe mir bitte vorher und erwarte Antwort. –
(…) Anbei schicke ich Dir die Seifenkarte.
NS. Haible läßt Dich auch grüßen.

Mittwoch, 27. X. 1943

Bei Herrn Lutz hatten wir heute das 1. Mal Musik. Er besprach die Geige. –
Im Dienst, den die beiden Schulen miteinander durchführten, erlaubten sich »gewisse Herrschaften« wieder einmal sehr viel. Alle Nichtuniformierten mußten in einem Haufen antreten. Als dann gesungen wurde und der Führer das Einsatzkommando gab, sang diese Bande einen Schlager. Dafür wurde sie natürlich hinausgeworfen. Sie haben dann aber anscheinend die Tat bereut?
Am Abend sprach der Bannführer des hiesigen Bannes zu uns und zum Standort Rottweil über die politische Lage. –

Dienstag, 28. X. 1943

Zum ersten Mal hatten wir heute den Turnlehrer der Napo, der uns allen sehr gefällt. Doch leider ließ er uns geräteturnen, das ist ja nicht meine Stärke. –
Zum Mittagessen gab es Leberspätzle und Kartoffelsalat. Dies schmeckte uns allen recht gut. Ich habe allein 3 Teller voll davon gegessen. –

15

In der Chemie benahm sich Herr Birlinger uns gegenüber wieder sehr unverschämt. Wir werden uns auch darüber in Cannstatt beschweren, außerdem haben wir zu beanstanden, daß an der Türe unseres Klassenzimmers steht: »Gottlieb-Daimler-Oberschule Kl. 5a«, obwohl 25 unserer Klasse aus der Kepler-Oberschule sind und nur 8 aus der GDO. –

An die Mutter, Rottweil, 29. X. 1943

(…) Schicke mir bitte ein Läppchen für Tinte und eines für Farbe. –

Wir, das heißt die 5. Klasse, kommen wahrscheinlich schon am 31. Januar wieder von hier fort, da dann die meisten zur Heimatflak kommen. –

Wenn Du aus einem triftigen Grund, z.b. daß Vati auf Urlaub ist, oder aus anderen Gründen, einmal haben willst, daß ich über Sonntag nach Hause komme, so brauchst Du das nur zu schreiben, und ich lege den Brief mit dem Urlaubsgesuch zusammen dem Chef vor. Doch wenn der Grund nicht triftig ist, wird man nicht berücksichtigt, da z. B. diesen Montag schon 60 Gesuche für Sonntag da waren. –

Wenn Du kommst, fährst Du am besten mit dem Schnellzug 8.58 Uhr, so bist Du 11.22 hier. Vom Bahnhof gehst Du dann am besten gleich in die Schramberger Straße 83, abholen können wir Dich nicht, da wir da noch Schule haben. Vom Bahnhof gehst Du schräg die Straße hoch, am Kino vorbei zur Hochbrücke, über den Graben durch die Hochbrücktorstraße, am Markt gehst Du links hinauf die Adolf-Hitler-Straße durch das Tor, dann links herum, beim Kaffee Lehre in die Neutorstraße und dann die Schramberger Straße hinauf (beim Brunnen rechts!) bis in das letzte Haus. Ich komme bald. Auf diesem Weg gewinnst Du schon einmal einen Eindruck von der Stadt. –

Um 18.17 kannst Du mit dem Schnellzug wieder zurückfahren. –

16

Eine Butterdose brauche ich nicht, doch schicke mir bitte das Zeugnisheft (eilt). Im Turnen haben wir den Turnlehrer der Napo, der uns allen gut gefällt. Ich schicke Dir 350 gr Weißbrotmarken mit, da ich nicht weiß, was ich damit machen soll. Wir bekommen nämlich jede Woche 350 gr Marken; ich habe aber noch die von letzter Woche, da ich so viel zu essen habe, daß ich nichts anderes brauche. Zum Mittagessen und auch zum Abendessen fasse ich immer unheimlich, neulich habe ich 1 Teller Suppe und 3 Teller Leberspätzle mit Salat gegessen. –

Für Vati habe ich zum Geburtstag ein Buch über die Plastiken in der Lorenzkapelle (dort befinden sich Holzplastiken aus hiesigen Kirchen, die in ihrer Ausführung ohne Konkurrenz sind. Doch ist die Sammlung wenig bekannt) gekauft. Die Plastiken sind fast alle darinnen abgebildet. –

Am Sonntagnachmittag gedenke ich in den badischen Schwarzwald zu wandern, der von hier 8 km entfernt ist. –

Sonnabend, 30. X. 1943

Auch heute wurden die Schüler der GDO wieder von Herrn Birlinger bevorzugt. Dies lassen wir uns aber nicht mehr länger gefallen. –

Am Nachmittag war ich wieder im Rottweiler Heimatmuseum und erfuhr dort durch ein Gespräch mit dem Pförtner noch einiges mehr. Dabei erstand ich mir auch eine Schrift über die arae flaviae, die sehr ausführlich und interessant ist. –

Heute abend gab es Kartoffeln mit Butter und Quark. Dies war ein Vergnügen! –

Am Nachmittag war Öffentliche Luftwarnung. Das hatten wir jetzt auch schon lange nicht mehr gehabt. Seit wir hier sind, war kein Alarm gewesen.

An den Vater: Rottweil, den 30. X. 1943

Vielen Dank für Deinen lieben Brief, die Mark und die Briefmarken.

Da Du etwas aus der Geschichte Rottweils hören willst, will ich Dir schreiben, was ich in der Zeit, in der ich hier bin, erfahren habe. Über die römischen Siedlungen sende ich Dir eine kleine Broschüre.

Unter den fränkischen Kaisern wurde hier ein Königshof erbaut, dem die ganze Gegend gehörte. Hier weilte im Jahr 887 Karl der Dicke und 906 Ludwig das Kind. Um das Jahr 1000 erhielt der Flecken Marktprivilegien. Im Jahre 1140 gründete Konrad von Zähringen (den Zähringern gehörte der Ort als Erblehen) die Stadt. 1241 waren die Mauern vollendet. Einen eigentlichen Markt hat der Ort nicht. Dafür sind aber die beiden Hauptstraßen 20-30 m breit.

1191 wurde die Stadt unter Friedrich II. von Hohenstaufen Königsort. Auch Konradin besuchte die Stadt einige Male.

Auch Rudolf von Habsburg war hier. 1401 erhielt Rottweil alle wesentliche Rechte einer Reichsstadt. Um diese Zeit wurde in Rottweil das kaiserliche Hofgericht eingerichtet, dieses tagte 1784 zum letzten Mal.

1463 schlossen sie ein Bündnis mit den Schweizer Eidgenossen, das bis 1507 dauerte. Durch Fehden vom Kaiser in die Enge getrieben, huldigten die Rottweiler ihm und versprachen, ohne sein Wissen keinen Bund zu schließen. Trotzdem kämpften Rottweiler Landsknechte mit den Schweizern gegen Franz I. von Frankreich. Doch nach dem Tode Maximilians schloß Rottweil mit den Schweizern 1519 einen »Ewigen Bund«, der bis zur Besetzung Rottweils durch die Württemberger in Kraft war.

In der Reformationszeit wurden aus Rottweil 400 Anhänger der neuen Lehre vertrieben.

Im Jahre 1632 wurde Rottweil von den Württembergern belagert und vorübergehend besetzt. 1643 fiel sie nach 2 x Belagerung und heldenhafter Gegenwehr, nur von dem entmutigten Kommandanten aufgegeben, den französisch-weimarischen Truppen unter Marschall Guébriant, der dabei seinen schweren Verwundungen erlag, in die Hände. Bald darauf wurde die Stadt von den Kaiserlichen zurückerobert.

Am 8. 9. 1802 kam die Stadt an Württemberg. –

Mit den Lehrern ist es hier nicht sehr schön, weil fast alle von der GDO sind. Daher werden die Schüler der GDO in unserer Klasse auch nach allen Regeln der Kunst bevorzugt. Doch dies lassen wir uns nicht gefallen. –

Doch nun will ich Schluß machen; denn ich bin jetzt sehr müde und will morgen eine Wanderung in den badischen Schwarzwald mit Kameraden zusammen machen.

Sonntag, 31. X. 1943

Zum Mittagessen gab es heute Kalbsschnitzel und Salat. Wodurch veranlaßt wurde, daß uns allen das Wasser im Mund zusammenlief. Als Nachtisch bekamen wir noch Apfelkuchen, der auch sehr gut schmeckte. –

Mit Hopf, Jaisle und Plarre zusammen machte ich am Nachmittag eine wunderschöne Wanderung über Zimmern nach Flözlingen. Dort begann die Landschaft reizvoll zu werden. Wir überschritten die württembergisch-badische Grenze. Diesen Augenblick nützte ich gut aus, indem ich mich auf den Grenzstein setzte, so daß die eine Hälfte von mir in Württemberg und die andere in Baden war. Dann marschierten wir über Sinkingen nach Fischbach. Die Landschaft war äußerst reizvoll, und der Himmel stülpte sich wie eine blaue Glasglocke über sie. In Fischbach, im Gasthaus zum Mohren, kehrten wir ein und tranken zusammen 2 Flaschen wunderbaren Apfelsaft. Dann folgten wir dem Fischbach, der sich durch ein wunderschönes Tal schlängelt, nach Niedereschach und gelangten dort wieder über die Grenze zurück nach Württemberg. Wir machten diese Wanderung von 26 km in 5 Stunden. (Die ½ Stunde Rast ist einberechnet.) Anschließend war ich ziemlich müde und hungrig und ließ mir die feine Wurst, die wir für das Abendbrot gefaßt hatten, schmecken. –

Als ich auf das Haus zuschritt, stand die silberne Sichel des zunehmenden Mondes am Himmel über dem schwarzen Tannenwald. Die Nebel stiegen aus den Wiesen auf, und am dunkelblauen Himmel, der im Westen noch eine leichte rote Färbung zeigte, funkelten einzelne Sterne, so daß ich wehmütig an das schöne Abendlied von Matthias Claudius denken mußte. Was für eine geistige Tiefe enthält doch dieses Lied, das mich, wie auch verschiedene andere Lieder der Romantik, die zur Abendzeit gesungen werden, in eine ganz merkwürdige Stimmung versetzen kann, die ich nicht beschreiben kann, und die so wunderschön ist, daß ich sie oft haben möchte. Auch heute nachmittag befand ich mich in ihr, als ich durch ein besonders schönes Tal wanderte und mich so sehr in die Zeit der Romantik zurückversetzte, daß ich deutlich Wanderburschen und eine Postkutsche auf der Straße sah. –

Heute abend fand ich unter Imkes Bilderbüchern ein wunderschönes Märchenbuch »Das Schlaftürlein«, von Paul Alverdes, das mir so gut gefiel, daß ich es gleich las. –

Montag, 1. XI. 1943

Heute nachmittag erhielten wir einen neuen Stundenplan, danach haben wir jetzt 3 Arbeitsstunden. (Die hätten wir nicht nötig.) Außerdem haben wir jetzt Dienstagnachmittag Ausmarsch. Wir haben je 1 Stunde Latein und Geschichte im »Kreuz«. Da werden wir bestimmt viel lernen! (Als wir dies hörten, haben wir alle gelacht.) Jetzt haben wir nur noch spät am Abend und ganz früh am Morgen Zeit zu den Hausaufgaben, außer Sonnabendnachmittag und Sonntagvormittag, also überhaupt keine freie Zeit mehr. –

An die Mutter, Rottweil, 1. XI. 1943

Vielen lieben Dank für das Päckchen, das Du mir gesandt hast. Sehr froh bin ich, daß ich das Chemiebuch jetzt habe; denn sonst hätte mir der Birlinger, dieser Hund, den Kopf abgerissen. Bringe bitte, wenn Du am Sonnabend kommst, das Zeugnisheft mit (es eilt!). Briefpapier brauche ich auch ganz nötig; denn ich habe nur noch 2 Bogen. –

Über die Süßigkeiten habe ich mich sehr gefreut. Vielen Dank dafür. Doch wäre ich für einige anständige Äpfel sehr empfänglich. Das Etui mit dem Spiegel hat mir auch sehr Freude gemacht. Auch dafür vielen Dank. – Meine Kartentasche könnte ich hier sehr gut gebrauchen; denn wenn ich die Karte, die ich mir vom Landkreis Rottweil gekauft habe, immer in der Tasche herumtrage, wird sie schnell unansehnlich. –
Komme bitte möglichst diesen Sonnabend!
NS. Einem Gerücht nach dürfen zu Weihnachten nur die beiden Fünferklassen nach Hause, da es das letzte Weihnachten sein wird, das sie zu Hause verbringen.

Dienstag, 2. November 1943

Am Nachmittag hatten wir von 2–4 Uhr, statt Ausmarsch, Arbeitsstunde. In der 1. Stunde erledigte ich alle meine schriftlichen Hausarbeiten, in der zweiten ruhte ich und beschäftigte mich mit den Gedanken, da ich sonst nichts zu arbeiten hatte. –
Am Abend war ich in dem Film »Das Ferienkind« (mit Hans Moser), den ich mir schon in Stuttgart anschauen wollte. Er gefiel mir sehr und gab mir auch Anregungen. Der Eindruck, den er auf mich gemacht hat, ist sehr groß. Schade, daß nicht alle Filme so sind. Er war etwas lustig, doch nicht übertrieben. –

Mittwoch, 3. XI. 1943

In der Physik zeigte uns Herr Oberstudiendirektor Dr. Schumm sehr interessante Versuche mit der Elektrizität. –
Im Briefschreiben brachte ich es am Abend auf einen Rekord: Ich schrieb 4 Briefe. So viel habe ich an einem Tag noch nie geschrieben. –

An die Mutter, Rottweil, 3. XI. 1943

Daß am 31. Reformationsfest war, wußte ich gar nicht; denn hier war der 1. (Allerheiligen) der große Festtag. – (...)
B. ist mit einem anderen im Stadtzentrum untergebracht. Ob er auch zu der »gewissen Sorte« gehört, weiß ich nicht, doch glaube ich, daß er ab und zu einmal mitmacht. –
Ich bin ganz froh, daß wir beide nicht nach Waiblingen umgezogen sind; denn dort sind die Lehrer noch schlechter als hier. Außerdem habe ich auf diese Art einmal in einer Stadt gewohnt, die im Deutschen Reich eine unbekannte, edle Perle ist. –
Das Zeugnisheft bringst Du am besten gleich mit; denn es eilt!
Mein Geburtstagsgeschenk an Vati habe ich heute gepackt und werde es morgen zur Post bringen.
Wenn ich die Weißbrotmarken nicht nicht brauchen würde, hätte ich sie Dir nicht geschickt. Du kannst sie doch sicher gebrauchen. –
NS. Geld kannst Du uns auch bitte mitbringen.

Donnerstag, 4. XI. 1943

Den ganzen Tag über war es heute nebelig, - richtiges Novemberwetter. Machten heute einen Aufsatz:»Nun sind wir umgezogen.«-
Zum Abendbrot gab es Kartoffelsalat mit 100 gr Wurst. Das war ein Fest. –

Freitag, 5. XI. 1943

Am Vormittag hatten wir Latein im »Kreuz«. Eine alte Frau kam herein und wollte ein Bier, da haben wir alle so gelacht, daß sie beinahe zur Tür hinausgefallen wäre. –
Allgemeine Freude entstand heute, als uns der Herr Oberstudiendirektor Dr. Friz besuchte. –

Wie habe ich mich doch heute gefreut, als mich Mutti besuchte. Ich wollte ihr vieles in der Stadt zeigen, doch da sie sich lange mit Fräulein Burry und Herrn und Frau Levsen unterhielt, konnte ich dies nicht mehr, sondern mußte mich damit begnügen, daß ich ihr unsere Schule zeigte und ihr ein allgemeines Bild der Stadt bot. In 14 Tagen wird sie aber wiederkommen und einige Tage bleiben, da wird sie dann zu den Besichtigungen Zeit haben. –

Sonntag, 7. November 1943

Als ich heute früh aufwachte und einen Blick durch das Fenster warf, war ich ganz erstaunt, als ich sah, daß überall Schnee lag. Bis Mittag hatte die Sonne ihn geschmolzen. –
Am Nachmittag machte ich mit Dietrich und Hopf zusammen eine Wanderung. Man hatte mir zwar abgeraten, weil der Himmel mit dicken, grauen Wolken verhängt war, doch ich ging trotzdem. Auf der Straße nach Oberndorf zogen wir lange durch einen wunderschönen Wald. Unterdessen hat es angefangen zu schneien. Als wir kurz vor Villingendorf aus dem Walde in das freie Feld traten, merkten wir, daß ein ziemlich eisiger Wind wehte, der die Schneeflocken vor sich hertrieb. Der Schnee blieb aber nicht liegen, da er ziemlich naß war. Villingendorf ist ein ganz hübscher Ort. Als wir ihn durchquert hatten, waren wir wieder dem Wind ausgesetzt, da keine Bäume neben der Straße standen. Kurz vor Herrenzimmern bogen wir in einen Seitenweg ein und gingen durch den Wald zur Ruine Herrenzimmern. Sie steht auf einer kleinen Erhebung und liegt sehr günstig, da sie im Wald versteckt und weit von der Straße weg ist. Von ihr stehen nur noch einige dicke Mauern und die Reste eines runden Turmes. Überall findet man an der inneren und äußeren Mauer noch Verzierungen. Die Burg ist aus Bruchsteinen gebaut. Nur an den Ecken und um die Fenster wurden behauene Steine verwendet. Einzelne Lücken sind auch mit

Ziegeln verstopft. Doch leider haben viele Besucher ihre Namen in den noch teilweise erhaltenen Mörtel gekratzt. Auf dem Rückweg gingen wir durch Herrenzimmern und benützten einen schönen Feldweg, der ziemlich ungeschützt durch eine hügelige Gegend führte, so daß uns der Wind wieder tüchtig um die Ohren pfiff. Nachdem wir einen Wald durchschritten hatten, gelangten wir auf die Landstraße nach Schramberg, die wir nun in Richtung Rottweil begingen. Sie führte meistens den Wald entlang, manchmal auch hindurch. Die dem Wind zugekehrte Seite der Tannen waren schon tüchtig mit Schnee bedeckt. Auch die dem Wind zugekehrte Seite der Stämme der Bäume an der Straße waren weiß. Über Zimmern gelangten wir dann nach Hause. Der Ausflug war recht schön, obwohl das Wetter unfreundlich war. In 4½ Stunden wanderten wir dieses Mal 20 km. Ich war froh, daß ich nicht auf das Abraten der anderen gehört habe. –

Montag, den 8. XI. 1943

Auch heute mittag hat es wieder geschneit, doch blieb der Schnee nicht liegen. –

In der Physik sprach Herr Dr. Schumm über die Leydensche Flasche. Dabei ließ er uns eine Kette bilden, und der 1. mußte den Knopf auf der Flasche berühren. Den elektrischen Schlag spürten wir alle sehr heftig. Diesen Versuch wiederholte er. Mir zittern jetzt noch die Arme davon. –

Das Ergebnis der Unterredung zwischen Herrn Oberstudiendirektor Dr. Friz und Oberstudiendirektor Dr. Schumm war, daß uns Dr. Schumm ermahnte, keine Jammerbriefe mehr nach Hause zu schicken, sondern Klagen erst an ihn zu bringen. – (…)

Wie ich gehört habe, will sich Herr Dr. Schumm an die MinA wenden, damit wir zu Weihnachten alle nach Hause dürfen. Dies wäre ganz schön!-

Heute abend sprach der Führer zum 20. Jahrestag des 8./9. Novembers 1923. –

24

Nachdem er, wie üblich, einen kurzen Rückblick gegeben, wies er darauf hin, daß am Anfang dieses Krieges der Feind an unseren Grenzen stand, jetzt aber sich die Fronten weit von den Grenzen entfernt (haben). Außerdem sagte er auch heute wieder, daß nur die letzte Schlacht entscheidet!»Was 1918 passiert ist, wird nicht ein 2. Mal geschehen!« Wenn draußen Soldaten fallen, können ruhig 100 Verbrecher dem Tod übergeben werden.»Die durch Bombenterror zerstörten Städte werden wieder aufgebaut, schöner als sie waren.« Vor allen Dingen wies er wieder darauf hin, daß die Stunde der Vergeltung kommen wird!

Wie ein Schwur klang dann das wunderbare Lied der Deutschen:»Deutschland, Deutschland über alles, über alles …«

Dieses wollen wir uns zu Herzen nehmen! Aber wir wollen das auch befolgen!

Dienstag, 9. XI. 1943

Heute ist der 20. Jahrestag des 9. Novembers 1923. Der 9. November, oder vielmehr die Tage um ihn, sind immer ereignisvolle Tage, so z. B. der 9. November 1918, an dem die Revolution ausbrach, oder kann ich mich noch gut an den 8. November 1938 erinnern, an dem Ernst vom Rath an den Folgen eines Anschlages gestorben ist. Auch der 9. November 1939 liegt mir noch im Gedächtnis, an dem ein Attentat auf den Führer gemacht wurde. –

Als ich aufwachte, war alles gefroren. Es hatte −3° C. Alle Blätter, die noch an den Bäumen waren, waren erfroren, dadurch wurde das Fallen der Blätter sehr beschleunigt. Den ganzen Morgen über war es nebelig. Doch gegen Mittag, als auch das Eis und der Reif schmolz, verschwand der Nebel. An einigen Stellen, die den Tag über im Schatten lagen, ist noch Reif. Heute nacht wird es wieder sehr kalt werden, da Vollmond ist und sternklarer Himmel. –

Ab heute bin ich Tischobmann an einem Tisch der Erstklässler. Das neue Amt macht mir Spaß. Mayer hat sich dafür an meinen alten Tisch gesetzt, dort halte ich es nicht mehr aus, weil jede meiner Handlungen von Haag und Munz bemängelt wird. –

Mittwoch, 10. November 1943

Auch heute morgen war es wieder recht kalt. Es hatte –6°. – Im »Kreuz« machten wir eine lateinische Klassenarbeit. Sie ist sehr schlecht ausgefallen. – Am Abend hatten wir mit dem Standort Rottweil zusammen Dienst. Es erfolgte die Einteilung in die Sondereinheiten. Der größte Teil von uns meldete sich zur MoHJ. Ich auch. Doch der Bannführer wollte keine aufstellen, da er weder einen Ausbilder noch ein Motorrad hat. Also mußten wir uns auf Marine-, Flieger-HJ, SRD oder auf die Spielschar verteilen. Alles stob auseinander, und ich fand mich »allein auf weiter Flur«. Also, um auch etwas zu tun, ging ich zur Spielschar, denn dort sind für mich die schnellsten und besten Beförderungsaussichten. Jetzt bin ich also in der Laienspielschar. – Heute nacht ist wunderbarer Vollmond, besonders schön ist er in der Stadt, wenn das silberne Licht die Giebel und Dächer der Stadt bestrahlt. –

An den Vater, Rottweil, 10. XI. 1943

Vielen Dank für Deinen lieben Brief, die 1 RM und die Briefmarken. – (…)

Mit dem Nachhinken in der Schule ist es gar nicht so schlimm, wie Du denkst, im Gegenteil, wir müssen sogar manches wegen den Schülern der GDO wiederholen. – (…)

Was soll ich Dir eigentlich über meine Quartierleute schreiben; doch, damit Du es weißt, mein Bett ist ganz gut, und ich schlafe auch gut darin. –

Zur Zeit lese ich gerade eine Beschreibung der Rottweiler Kirchen, doch ist sie schwer zu lesen, außerdem habe ich recht wenig Zeit. –

Wenn Du etwas über markante Punkte wissen willst, so kann ich Dir nur schreiben, daß sich der Lemberg (höchster Berg der Alb, 1015 m) 5 km Luftlinie östlich Rottweil befindet. Ich will ihn auch noch besteigen. (…)

Donnerstag, 11. November 1943

Das Resultat der klaren Vollmondnacht war, daß es heute früh –4° hatte, und alles mit Reif bedeckt war. – Die lateinische Klassenarbeit bekamen wir zurück. Der Klassendurchschnitt ist 15 Fehler (4/5). Ich habe 16 Fehler (4/5). Einer hat es sogar auf 26 Fehler gebracht. Die 32 Mann unserer Klasse machten zusammen 470 Fehler! Diese Arbeit ist wirklich »gut« ausgefallen. –

Vom Fenster unseres Klassenzimmers aus hat man eine wunderbare Aussicht auf die Alb und kann beobachten, daß dort schon überall Schnee liegt. –

Auch den Aufsatz (»Nun sind wir umgezogen«) bekamen wir zurück. Ein anderer Lehrer hätte mir eine 2 gegeben, doch ich bekam, wie fast alle anderen der Klasse, eine 4. Wir haben uns schon alle auf den Standpunkt gestellt, daß wir uns über schlechte Zeugnisse keine Sorge machen. –

Am Abend begann es zu schneien. An den meisten Stellen blieb der Schnee liegen. –

Zum Abendbrot gab es 4 Fleischbrötchen. Dafür waren wir alle zu haben, vor allem meine »Kleinen«. –

An die Mutter, Rottweil, den 11. 11. 43

(…) Ich würde mit Dietrich zusammen schon ganz gerne am 21. XI. nach Cannstatt fahren. Doch ist das mit dem Anzuganprobieren kein triftiger Grund. Also müssen wir es schon mit dem Kranksein versuchen. Der Brief, in dem Du schreibst, daß Du krank bist u.s.w., muß aber bis Montag hier sein, sonst bekomme ich den Urlaub nicht. Den Brief gebe ich Dr. Kneile, und der leitet das Gesuch an den Schulleiter weiter. Nach Montag darf aber der Brief bestimmt nicht kommen, sonst geht der Urlaub erst am 28. XI. Wir bekommen für den Urlaub Marken. – (…)

Freitag, den 12. November 1943

Heute früh begann es schon wieder zu tauen, da es wärmer als 0° war. Bei der Aufsatzbesprechung haben wir Dr. Allmendinger tüchtig geschippt. Über alles lachten wir, trampelten wie verrückt und machten andere Dummheiten. Der Lehrer unter uns hat sich über den Lärm beschwert. – (…)

Sonnabend, 13. XI. 1943

Es gießt! –
Zum Tag der deutschen Hausmusik war heute eine kleine Feier im Festsaal der Dietrich-Eckart-Oberschule. Als Einleitung spielte das Schulorchester ein Stück von Händel, das mir sehr gefiel. Zum besonderen Erlebnis wurde mir die Feier noch durch den Regen: Draußen vom Dach der Pergola, die am Festsaal entlangläuft, schoß das Regenwasser durch einen kunstvollen Wasserspeier zur Erde, der Regen kam in Fäden auf den Hof hernieder, und als Abschluß des Bildes stand der dunkle Tannenwald am Ende des Hofes. In der Hauptsache aber war die Feierstunde Max Reger gewidmet. Der Musiklehrer der DEO versuchte auch Teile von Regers Fuge über B-A-C-H wiederzugeben auf dem Klavier, doch konnte sich dieses nicht mit demselben Stück messen, was ich in Leipzig in der Thomaskirche schon gehört hatte. –
Am Nachmittag hatten wir Dienst. Der Jungbannführer Lothar Fink aus Stuttgart kam. Er verurteilte auch wieder die Herren »mit den Tangofrisuren, bei denen die Ohren nur dazu dienen, um die Frisur zu stützen«. »Diese sind es auch«, sagte er, »die wir dann mit Zigaretten und Mädchen treffen«. – Die Sup-

pe beim Abendbrot war heute nicht gerade appetitlich. Die meisten fanden nämlich kleine Maden darin. Daraufhin haben wir alle die Suppe in den Ausguß geschüttet. – Pellkartoffeln, Quark und Butter haben uns dann besser gemundet. –
Sogar heute abend regnete es noch. Eintönig rauschte der Regen, und vereinzelte Windstöße jagten mir, als ich auf dem Heimweg war, die Tropfen ins Gesicht. –

Sonntag, den 14. XI. 1943

Als ich heute früh, als ich aufwachte, durch das Fenster schaute, sah ich mit freudigem Erstaunen, daß alles mit einer dichten, weißen Decke bedeckt war, und immer wieder neue Flocken herabwirbelten. Doch es ließ nach zu schneien, und eine halbe Stunde später war von dem wundervollen Schnee nur noch eine Andeutung vorhanden. – Der Wind trieb neue, graue Wolken heran, die wieder ihren Schnee abluden. Bald war alles wieder in das leuchtende Weiß des Schnees gehüllt. Aber auch dies hielt nicht allzulange der Wärme stand; denn bald war auch von diesem Schnee nicht mehr viel übrig. Wieder kamen von Westen neue, schneebeladene Wolken, die noch einmal ihren Schnee abluden. Dieses Spiel wiederholte sich im Laufe des Tages 4 oder 5 mal. Doch der letzte Schnee, der am Abend gefallen war, gefror, und auf meinem Abendspaziergang bemerkte ich, daß es auf den Straßen Glatteis hat. Jetzt, es ist ½ 9 Uhr, pfeift draußen der Wind ums Haus. Er wird Schnee bringen; vielleicht schneit es schon? –

Dienstag, 16. November 1943

In Deutsch ist zur Zeit »Die Glocke« von Schiller unser Thema. Ich finde, daß dieses herrliche Gedicht eigentlich zu schade ist, um so gerupft zu werden, wie es da der Fall ist. – Mit Herrn Birlinger hatten wir am Nachmittag Ausmarsch. Er führte uns über Zimmern zum Aussichtspunkt auf dem Herrenbühl, von wo aus man die Gegend wunderbar überblicken kann. Durch einen schönen Wald ging es, in der Nähe von Hausen vorbei, wieder zurück. Stellenweise liegt jetzt der Schnee schon 5 cm hoch, während er an anderen Stellen nicht zu sehen ist. –

An die Mutter, Rottweil, 16. XI. 1943

Über Deinen lieben Brief habe ich mich sehr gefreut; denn ich habe vor einer Woche den letzten Brief überhaupt bekommen. Das Urlaubsgesuch werde ich morgen früh Dr. Schumm, dem Schulleiter, geben (eigentlich ist heute letzter Termin, da es erst heute früh gekommen ist, doch wird noch einmal ein Auge zugedrückt). Ob wir am 28. 11. Adventsfeier haben, bezweifle ich, doch will ich da den Lemberg »bezwingen«. –

Für das Päckchen mit den Strümpfen und Äpfeln vielen Dank. –

Bis jetzt habe ich mich noch nicht geärgert, daß ich Tischobmann geworden bin, wenn ich dadurch auch manche Sorgen und Nöte habe. Doch dies gehört auch dazu. –

Mit der Weihnachtszuteilung ist noch nicht alles geregelt, doch bekommen wir sie ausgehändigt. Über den »guten Fraß« brauchst Du Dir keine Sorge zu machen. Heute abend hatte ich allein eine ganze Platte voll Bratkartoffeln gegessen. –

Zur Zeit behandeln wir in Deutsch Schillers »Glocke«. –

PS. Ich hätte Dir gerne noch mehr geschrieben, doch habe ich heute abend noch sehr viele Hausaufgaben. –

Zusatz mit Bleistift auf dem Umschlag: Der Urlaub ist bewilligt! Komme Sonnabend.

Mittwoch, den 17.XI. 1943

Heute vormittag habe ich Urlaub für Samstag/Sonntag eingereicht, der mir bewilligt wurde; also geht es am Sonntag nach Hause. –

Am Nachmittag machte ich allein eine Wanderung. Der Weg führte mich über Zimmern nach Stetten o. R., das sehr hübsch im Eschachtal liegt. Dort entdeckte ich ein wunderbares Schwarzwaldhaus. Das Dach war mit Schindeln bedeckt. Besonders typisch waren auch die kleinen Fenster, deren Scheiben auch noch einige Male aufgeteilt sind. Auch in Flözlingen, durch das ich dann ging, fand ich ein Haus, was mit Schindeln gedeckt war. In Flözlingen findet man überhaupt viele Schwarzwaldhäuser, doch sind sie alle mit Ziegeln gedeckt. Der Weg führte mich durch das hübsche Eschachtal weiter nach Horgen, das ich auch schon einmal besucht hatte. Auf dem Weg dorthin konnte ich wunderbar ein Wiesel beobachten, was mir lange ein Männchen machte. Von Horgen ging ich zurück nach Zimmern. Unterdessen war es schon recht kalt geworden. Schon in Stetten und Flözlingen hatte ich beobachtet, daß an den Dächern und Brunnen Eiszapfen hingen. Sehr interessant war heute nachmittag die Wolkenbildung. Die Wanderung, die ich in 3½ Stunden machte, war 16 km lang, wieder ein langer roter Strich, auf meiner Karte, mehr. –

Unsere Klasse bekam heute früh einen neuen, besseren Stundenplan, nach dem sie jetzt 4 Nachmittage frei hat und nur noch 31 Stunden Unterricht. –

Das heutige Abendbrot hat uns allen sehr geschmeckt. Es gab Kartoffelsalat und für jeden 100 gr Leberkäse. Das war ein Fest, wenn es nur alle Tage so etwas gäbe. –

17./18. XI. 1943

Um ½9 Uhr ertönte nach langer Zeit wieder einmal Fliegeralarm. Er war um ½10 Uhr beendet. So lange trieb Herr Levsen mit mir Sternenkunde. –

Donnerstag, den 18. XI. 1943

Heute früh war es wieder einmal recht kalt. –

Der Herr Allmendinger wurde von uns wieder sehr »genommen«. Einige radierten sogar, als er in der Großen Pause draußen war, die Bemerkungen aus seinem Zeugnisbuch. –

Man erzählt sich hier unglaubliche Gerüchte, daß diese Nacht Stuttgart schwer getroffen worden sei. Dies stimmt ja alles nicht! –

Ich habe wieder neue Wanderpläne aufgestellt. Also kann ich in der nächsten Zeit wieder »in die Ferne ziehen«. Jetzt habe ich damit begonnen, mir die Kurzschrift beizubringen. –

Ansichtskarte (Rottweil a.n., Kapellenturm)
An den Vater, Rottweil, 18. XI. 1943

Hier schicke ich Dir eine Aufnahme eines der Wahrzeichen Rottweils. Hast Du das Päckchen erhalten, das ich Dir zum Geburtstag geschickt habe? Hast Du auch den Brief erhalten, den ich Dir letzte Woche schrieb? Schreibe mir doch bitte einmal; denn ich bekomme in der letzten Zeit recht wenig Post. Am Sonntag fahre ich nach Hause; denn ich habe Urlaub bekommen. Weißt Du etwas von Schellenbergers, sie lassen nichts von sich hören, sie haben mir noch nicht einmal auf einen Brief geantwortet, den ich Anfang September schrieb.

Freitag, den 19.XI.1943

Heute vor 115 Jahren ist der große Musiker Franz Schubert an Typhus in Wien gestorben. Zu schade, daß dieses Genie schon so früh gestorben ist. –

Heute abend funktioniert das Licht überhaupt nicht mehr. Es flackert dauernd. Ich möchte nur wissen, was da wieder los ist. –

An den Vater, Rottweil, 19. XI. 1943

(…) Vielen Dank auch für die 1 RM und die Briefmarken. Gestern noch schrieb ich Dir auf einer Karte, daß ich so wenig Post bekäme. Die Antwort darauf war, daß ich heute früh gleich 3 Briefe (von Dir, Tante Lotte und Haible) erhielt. Also habe ich gleich etwas zu schreiben; denn das tue ich in der letzten Zeit recht gern. Ich freue mich auch über jeden Brief, den ich erhalte. Obwohl ich nicht gerade übermäßig Zeit habe, lerne ich jetzt auch noch Kurzschrift, und hier hast Du ein Beispiel meines Könnens: (…) Hoffentlich kannst Du diesen Satz entziffern. –

Über unsere Stiefelsohlen bei den Wanderungen brauchst Du Dir keine Sorgen zu machen. Ich nütze jetzt jeden freien Tag aus, um in der Gegend umherzuziehen. Kurz vor der badischen Grenze habe ich in einem wunderbaren Tal, zwischen Wäldern, einige hübsche Dörfer entdeckt, die schon richtiges Schwarzwaldgepräge haben. Einige der Häuser sind sogar typische Schwarzwaldhäuser, die noch mit Schindeln gedeckt sind. –

Letzten Sonntag sind mir zwei feine Zeichnungen vom Fenster aus gelungen: 1. Ein Tannenwald, der in der Nähe liegt, und 2. einige Bäume an der Landstraße nach Schramberg. –

Hast Du das Päckchen mit dem Buch und der Geburtstagsgratulation, das ich eine Woche vor Deinem Geburtstag abgesandt hatte, nicht erhalten? Es wäre recht schade, wenn es verlorengegangen wäre; denn ich zweifle, daß ich dieses Buch noch einmal bekomme. –

Du fragst, ob ich Träume hätte, doch ich muß Dir schreiben, daß ich nur ganz selten welche habe, und die sind dann so, daß ich sie schnell wieder vergesse. –

In Rottweil scheint es nur eine Leihbücherei und keine Volksbücherei zu geben. – (…)

Ich danke Dir auch herzlich für den Bildbericht aus Köln. –

Weißt Du, daß heute vor 115 Jahren Franz Schubert in Wien an Typhus gestorben ist? Es ist doch zu schade um diesen Mann. Wenn ich Sonntag nicht nach Hause fahren würde, ginge ich in ein Konzert, in dem vor allen Dingen Schubert gespielt und gesungen wird. –

Letzte Woche war in der Dietrich-Eckart-Oberschule eine Feier zum »Tag der deutschen Hausmusik«. (…) Die Stunde war Max Reger gewidmet. Der Musiklehrer der DEO spielte auch einen Teil der Fuge über B-A-C-H von Reger vor. Doch klang dies auf dem Klavier nicht so wie auf der Orgel der Thomaskirche in Leipzig, wo ich dieses Stück schon gehört hatte. Sonst war aber die Feier sehr schön, nur die Anhänger des Jazz hatten etwas an ihr auszusetzen. Ihre Zahl ist in meiner Klasse recht groß. –

Weil es hier keine Motor-HJ gibt, bin ich zur Spielschar der HJ gegangen; denn für Flieger-, Marine-, Feuerwehr-HJ und Streifendienst hatte ich kein Interesse. Herr Schott, ein Lehrer von Frau Levsen, der Biologe der DEO, leitet sie. – (…)

Bad Cannstatt, den 20. XI. 1943

Heute mittag durfte ich nach Hause fahren. 3 Stunden stand ich auf der wunderbaren Fahrt und hatte ganz kalte Füße. Nachmittags um 4 Uhr war ich in Cannstatt. Es ist etwas ganz anderes, wenn man wieder einmal zu Hause ist. Es ist hier doch viel schöner als in Rottweil. Zu Hause! –

Sonntag, den 21. XI. 1943

Ich hatte heute auch einmal wieder richtig Gelegenheit, Radio zu hören. Vor allem »Das deutsche Volkskonzert«.
Am Nachmittag besuchte ich Welz in Fellbach. –
Endlich konnte ich heute wieder einmal in ein vernünftiges Bad steigen!
Habe von Hermann Eris Busse »Zum silbernen Stern«, eine Erzählung um von Grimmelshausen, gelesen. –

Rottweil, Montag, 22. 11. 1943

Heute früh war leider der Urlaub schon wieder zu Ende, und traurigen Herzens trat ich die lange Rückfahrt an. Wieviel lieber wäre ich in Stuttgart geblieben.

Von Sven Hedin habe ich eine kleine Schrift »Dem Untergange nahe« gelesen, die anschaulich seine Reise durch die Wüste Takla Makam schildert. –

Dienstag, 23. 11. 1943

Wir machten heute wieder einmal eine lateinische Klassenarbeit. Ich glaube, daß sie bei mir ganz gut ausgefallen ist. – Habe von Hans Lolten »Njandu«, eine Erzählung, die das Leben auf einer deutschen Farm in Argentinien schildert, gelesen. –

Mittwoch, den 24. 11. 1943

Heute früh wäre ich beinahe zu spät in die Schule gekommen. Den Wecker hatte ich auf 7 Uhr gestellt. Um diese Zeit rasselte er auch. Um ¼8 Uhr wachte ich dadurch auf, daß Frau Levsen an der Kammertüre klopfte; trotzdem kam ich aber noch um 8.20 Uhr zurecht, wenn auch mit knapper Not. – (…)

Bad Cannstatt, Donnerstag, 25. XI. 1943

Am Morgen regnete und stürmte es, doch dann wurde es wieder hell. Dann begann es noch einmal zu schneien, und die Sonne schien dazu. –

In der Großen Pause unterhielt ich mich fabelhaft mit Dr. Allmendinger. Anschließend bekamen wir unsere Geschichtsklassenarbeit zurück. Ich bekam aber leider nur 3. –

Am Nachmittag fuhr ich bei heftigem Regen wieder einmal nach Hause. Die Schaffnerin im Zug war die gleiche wie am 20. Oktober, die mit unserem Transport gefahren war. Mit ihr habe ich mich ganz gut unterhalten. –

Habe von Josef Ponten die Novelle »Der Meister« gelesen, die sehr fein ein Schicksal beschreibt. –

Am Abend langte ich dann hier an. –

Um ½3 Uhr ertönten die Sirenen. Ich zog mich an, doch ging ich wieder in das Bett. Am Anfang hörte man sehr starkes Motorengeräusch. Lange blieb es ruhig. In der Ferne wurde entwarnt, da gab die Flak noch einmal einige Salven auf ein vorüberfliegendes Flugzeug ab. Um 3.50 Uhr wurde entwarnt. –

Freitag, 26. XI. 1943

Schnee, Schnee, Schnee. Ganz große Flocken wirbelten herab und blieben auch liegen. 5 cm ungefähr lag der Schnee hoch. Am Nachmittag war ich wegen nervösen Augenzuckens beim Arzt. Er verschrieb mir ¼ l Vollmilch. Er riet mir von meiner Absicht, nach Eßlingen oder Waiblingen umzuschulen, ab und sagte, daß wir in Stuttgart noch mit vielen Angriffen zu rechnen hätten. Also werde ich nach Rottweil zurückkehren und dort bleiben. –

Als wir gerade das Abendbrot richteten, es war um ¼8 Uhr, ertönte die Sirene. Wir ließen uns aber nicht vom Essen abhalten. Als wir gerade das Abendbrot beendet hatten, begann es heftig zu schießen. Auf dem Weg in den Keller spürten wir den Luftdruck von Bombenexplosionen. Lange Zeit wurde heftig geschossen. In einer Feuerpause gingen wir herauf und sahen, daß der ganze Himmel sich rötlich vom Brande gefärbt hatte. (Es waren nur noch wenige Wolken da.) Dieses schaurige Rot spiegelte wider im gefrorenen Schnee. Dann wurde noch einmal für einige Zeit geschossen. – Um ¼10 Uhr wurde entwarnt. Wir geleiteten Maria, die heute gerade hier war, nach Hause, und sahen, daß sogar im Geiger viele Scheiben zertrümmert waren. Über Fellbach, Münster und dem Zentrum Cannstatts standen dicke Qualmsäulen, die von den Flammen beleuchtet wurden. Immer wieder explodierten Bomben und erhellten alles. »Taghell ist die Nacht gelichtet«, dieses Wort aus Schillers »Lied von der Glocke« traf zu. In Berg und im »Vatikan« sah man Flammen lodern, und auch über Untertürkheim war der

Himmel rot. Selbst Luginsland und einige Häuser vor Luginsland brannten.

»Durch der Hände lange Kette, um die Wette, fliegt der Eimer …« Dies ist auch wie aus einer Schilderung eines neuzeitlichen Terrorangriffes. –

Sonnabend, den 27. November 1943

Am Vormittag war ich in Cannstatt, um ein kleines Bild vom Ausmaß der Zerstörungen zu bekommen. Gegenüber vom Kolpinghaus explodierte eine Sprengbombe und zerstörte einige Häuser. Im weiten Umkreis sind Fenster zerstört. In der Wildungerstraße fielen 2 Sprengbomben auf die Straße, und so geht es weiter. Überall sind Schäden. Auch in Stuttgart muß etwas passiert sein; denn die Straßenbahn fuhr nur bis Schloßplatz. Der Daimler soll auch schwer getroffen worden sein. –

Am Nachmittag war ich in dem Film »Der ewige Klang«. Er war wundervoll. Außerdem war es der 1. Film, in dem weder Jazzmusik noch Liebesgeschichten waren. Er schildert das Leben eines Geigenbauers, der ein berühmter Geiger wurde und den es dann wieder in sein Heimatdorf in Tirol zurückzog. –

Heute nachmittag griffen die Engländer auch noch Berlin an, am gestrigen Tage Bremen. Es wurde dabei insgesamt 93 Flugzeuge abgeschossen. –

Sonntag, den 28. XI. 1943 (1. Advent)

Heute nachmittag waren wir in Fellbach. Dort hat es beim Angriff auch tüchtig gebrannt. Der obere Teil der Hinterenstraße ist sogar abgesperrt. Vor allem sind Scheunen abgebrannt. Ein Haus wurde von einer Sprengbombe getroffen. An der Stelle des Hauses ist nur noch ein Krater. Das Haus, das daneben steht, ein altes Fachwerkhaus, hat nur das Dach eingebüßt. – Rotenberg und Uhlbach sollen vom Angriff auch getroffen worden sein. –

Montag, den 29. XI. 1943. Rottweil.

Heute früh mußte ich schon um ½5 Uhr aufstehen; denn um
¼6 Uhr mußte ich schon mit der Straßenbahn von zu Hause
wegfahren; der Zug fuhr heute nämlich vom Westbahnhof ab,
da der Hauptbahnhof auch getroffen wurde. –
Der Zug hatte Verspätung, so daß ich erst zum Schluß der
Englischstunde zurechtkam. –
Heute abend ist ein heftiger Sturm. –

An die Mutter, Rottweil, den 29. XI. 43

Um 10 Uhr, statt 9.38 Uhr kam unser Zug an. Es reichte uns in
der Schule gerade nur noch zum Läuten. Das schadete uns aber
nicht. –
Ich schicke Dir die Marken mit (300 gr Fleisch, 60 gr Fett und
550 gr Weißbrot.) Wenn Du noch Brot brauchst, so schicke ich
Dir welches.

An den Vater, Rottweil, den 30. November 1943

(…) Was wir in der Spielschar machen werden, als erstes, weiß
ich nicht, da wir morgen wahrscheinlich den 1. Dienst haben. –
Der Urlaub am Sonntag war ganz nett. Donnerstagabend fuhr
ich wieder nach Hause, um zum Arzt zu gehen. Er verordnete
mir ¼ l Vollmilch. – Freitagabend hatte ich Gelegenheit, den Angriff mitzuerleben. Es schoß ganz ordentlich. Türen und Fenster wackelten. Im Memberg fielen auch Sprengbomben. Im
Geiger sind daher die Fenster kaputt. Die Tierklinik in der
Waiblinger Straße (gegenüber vom Kolpinghaus) und andere
Häuser wurden durch eine schwere Sprengbombe zerstört. In
Cannstatt, Fellbach, Rotenberg, Uhlbach, Unter- und Obertürk-
heim, Kaltental und Stuttgart, auch in Berg, hat es Schäden gegeben. Der Daimler ist schwer getroffen. Frau Schmied in Fellbach hat eine schwere Wunde am Arm und am Fuß durch eine

losgehende Thermitbombe, mit leichtem Sprengsatz, erhalten. Bei Pfander (gegenüber von Laipples) hat es auch gebrannt. – Am Montag mußte ich vom Westbahnhof abfahren, da der Hauptbahnhof nicht benutzbar ist. –

Donnerstag, den 2. Dezember 1943

In Englisch machten wir ein Diktat. – In der zweiten Stunde bemerkte ich mit Entsetzen, daß ich das Konzept zu meinem Aufsatz »Heimkehr in der Dunkelheit« zu Hause liegen gelassen hatte. Ich schrieb den Aufsatz aus dem Gedächtnis ein. Er wurde 7½ Seiten lang. Ich habe den Eindruck, als ob er sehr gut gelungen sei. – Am Nachmittag war ärztliche Untersuchung. Wir wurden gemessen und gewogen. Ich bin 1,70 m groß und wiege 56 kg. –

Freitag, den 3. XII. 1943

Das englische Diktat bekamen wir heute zurück. Ich habe mit 13 Fehlern befr. erhalten. Die Klasse zusammen machte 603 (!!) Fehler. Das Höchste war 44, das Niedrigste 6 Fehler. Der Durchschnitt ist 21,8 Fehler. –

Sonnabend, den 4. XII. 1943

Am Nachmittag machte ich heute mit einem von meinem Tische einen Ausflug. Mit Alfons Schwaigert zusammen ging ich nach Zimmern, von dort den schönen Weg nach Horgen, von wo aus der Weg, durch das wundervolle Eschachtal, zum Gut Wildenstein führte. Die Eschach führt beinahe Hochwasser, viel fehlt nicht mehr, und dann sind die Wiesen überschwemmt. Das Gut Wildenstein ist recht malerisch. Von dort aus gingen wir zur Ruine Wildenstein, die aus den Resten eines runden Turms besteht. Sie liegt ausgezeichnet. In den Muschelkalkfelsen fanden wir eine kleine, aber tiefe Höhle. Wir stiegen hinein, und als ich mit meiner Taschenlampe leuchten wollte, stellte ich verärgert fest, daß die Batterie verbraucht war. Ich werde aber noch einmal hineingehen, um die Höhle zu erforschen. – Dann stiegen wir wieder in das wundervolle Eschachtal hinab, das dort so schön ist, daß wir am liebsten dort geblieben wären. – Über einen hölzernen Steg, bei dem wir befürchten mußten, daß entweder die Brücke aus Altersschwäche bricht oder wir auf dem Eis, das sie überzogen hatte, ausrutschten, gelangten wir auf die andere Seite der Eschach, die dort teilweise 5 m breit ist. Über Hausen gingen wir nach Hause. Dieser Alfons Schwaigert ist ein recht netter und anständiger Junge, der aus einfachen Verhältnissen stammt und selten Gelegenheit hatte, einmal fortzukommen. Er freute sich natürlich sehr, einen Ausflug von 14 km machen zu können, durch solch schöne Gegenden. Und daß es ihn gefreut hat, hat mich auch gefreut. –

An die Mutter, Rottweil, den 5. XII. 43

Vielen Dank für Deinen lieben Brief. Die Weißbrotmarken, die ich Dir schickte, gehören bis auf 150 gr zu den Marken, die ich für den Sonntag bekam. Ich schicke Dir gleich wieder 150 gr Brotmarken mit. –

Das freut mich aber sehr, daß die Leute jetzt zeigen müssen, daß sie auch ohne HJ und Jungvolk fertig werden. Wir waren nämlich, insbesondere die 10jährigen, gut genug, um den Leuten die dreckigsten und ihnen unbequemsten Arbeiten zu machen. Auf diese Art, daß wir dies nicht zu machen brauchen, werden jetzt auch noch manche Todesopfer gespart, die diese Aufräumungsarbeiten jedesmal unter der HJ und dem Jungvolk gefordert haben. –

Die Gelegenheit, nach Reutlingen zu kommen, würde ich an Deiner Stelle so bald wie möglich benutzen. Reutlingen ist eine alte Reichsstadt, in der noch viele Türme und alte Häuser erhalten sind. Von dort sind es nur wenige Stationen nach Tübingen, das Du bei dieser Gelegenheit auch einmal besuchen kannst. – Zu Weihnachten haben wir voraussichtlich vom 15. XII. bis 10. I. 44 Ferien. Wir dürfen heim, wenn von den Eltern ein Schreiben an das Rektorat der »Stuttgarter Oberschulen in Rottweil« in der Dietrich-Eckart-Oberschule kommt, in dem links »Betreff: Urlaub des … Name … Klasse …« steht und in dem geschrieben ist, daß die Eltern die volle Verantwortung für Hin- und Rückfahrt sowie den Aufenthalt in Stuttgart übernehmen. Ich würde dann vom 20. XII. ab – 10. I. nach Hause kommen wollen. Wann Du das Schreiben absenden mußt, schreibe ich Dir noch. Jedenfalls nicht vor dem 10. XII. – (…)

Sonntag, den 5. Dezember 1943 (2. Advent)

Heute nachmittag machte ich mit Plarre, Schwaigert, Reuchlin und Föll eine Wanderung: Durch Rottweil-Altstadt gingen wir nach Göllsdorf, von dort führte uns der Weg ein Stück auf der Straße nach Feckenhausen, doch, da uns das Tippeln auf der Landstraße zu langweilig wurde, überquerten wir den Knollenbach und gingen in den dort wunderschönen Tannenwald. Lange Zeit folgten wir den Wildpfaden. Schließlich gelangten wir auf eine, dem Lemberg zu, abfallende Hochebene. Wir gingen quer über die schneebedeckten Felder auf unser Ziel, den Lemberg, zu. Die Wolkendecke umhüllte den Berg in 8–900 m Höhe. Als wir wieder auf die Straße kamen, folgten wir ihr bis nach Wilflingen. Dieser Ort ist sehr hübsch und gehört zu Hohenzollern. Hinter dem Ort begann der Berg. Da uns die Straße nicht gefiel, wanderten wir über die steinigen Äcker und Wiesen, auf denen hoher Schnee lag. Je höher wir in den Wald kamen, um so steiler wurde es. Im Wald waren die Hänge besonders steil. Endlich waren wir auf der Höhe angelangt. (Der Berg ist der höchste der Alb und hat 1015 m Höhe.) Vorsichtig bestiegen wir den eisernen, 30 m hohen Aussichtsturm, der schon recht wackelig ist. Die Aussicht war wundervoll. Unter uns stand der winterliche Tannenwald. Alle anderen Berge aber waren unter einer Wolkendecke. Die Sonne beleuchtete sie, so daß sie eine ganz eigenartige Färbung hatte. Über uns war ein schöner blauer und klarer Himmel. Der Blick auf die Wolken, die unter uns waren, war so schön, daß ich ihn gar nicht beschreiben kann. Doch dieser Anblick hielt nicht lange an; denn die Wolken stiegen bis auf die halbe Höhe des Turmes. – Auf dem Rückweg folgten wir der Straße, auf der wir uns das Vergnügen machten, an den steilen Stellen herunterzurennen. – Von Wilflingen gingen wir nach Wellendingen, von wo aus wir mit der Bahn nach Hause fuhren. Die Tour war ohne Bahnfahrt (8 km) 17 km lang. Für uns war sie ein großes Erlebnis. –

In Rottweil kam heute der Nikolaus. Er zog noch am Abend mit einer Glocke durch die Straßen und Gassen der Stadt. –

Montag, den 6. XII. 1943

Am Morgen war heute wieder eine tiefliegende Wolkendecke da. Der Blick vom Lemberg auf die Wolken wird da auch wieder sehr schön gewesen sein. Zu Mittag war blauer Himmel. –

Während dem Abendessen kam der Nikolaus zu uns. Er brachte uns allen Äpfel, Lebkuchen und jedem einen »Weckenmann«, nur der Haag bekam, weil er so gerne mit den Mädchen geht, eine »Weckenfrau«. Alle, die so lange Haare haben, immer so spät kommen und die Frechsten erhielten noch einige Schläge mit der Rute. Wir haben den Nikolaus tüchtig gefrozzelt, da wir feststellten, daß er eine HJ-Uniform anhatte. Es gab viel Spaß. –

An den Vater, Rottweil, den 6. XII. 43

Dein lieber Brief bereitete mir große Freude. Vielen Dank dafür!

Onkel und Tante Schellenberger haben mir jetzt geschrieben. Ich war so lange in Cannstatt, da ich wegen der Nerven zum Arzt mußte, daher erhielt ich auch die Milch. –

Bei dem Angriff auf Cannstatt habe ich gar nicht so viel erlebt, da man eigentlich nur das Schießen der Flak hörte. – (…)

Am Sonnabend ging ich mit einem von meinem Tisch zusammen zur Ruine Wildenstein, die in dem äußerst reizvollen Tal der Eschach liegt. Gestern war ich mit Plarre, meinem Nebensitzer, und drei von meinem Tische auf dem Lemberg (1015), dem höchsten Berg der Alb (...) Die Klassenkameraden sind alle neidisch, daß ausgerechnet ich der war, der als erster der Schule den Lemberg bestieg. –
Während dem Abendbrot kam zu uns der Nikolaus. Die, die so furchtbare lange Haare haben, die, die oft zu spät kommen, und die Frechsten wurden verklopft. Ich war nicht unter denen. Dann bekam jeder Äpfel, Lebkuchen und einen großen Weckenmann. Nur der Haag, der so gerne mit den Mädchen geht, bekam eine Weckenfrau. Heute abend hatten wir recht viel Spaß mit dem Nikolaus; denn wir hatten festgestellt, daß der Nikolaus eine HJ-Uniform unter dem Mantel trug. Einer fragte, ob es im Himmel auch HJ gebe. –
NS. Vielen Dank auch für die Briefmarken und die 1 RM.

Dienstag, den 7. XII. 1943

Heute nachmittag war ich wieder einmal in der Heiligkreuzkirche und betrachtete mir die wunderbar gearbeiteten Altäre noch einmal gründlich. –
Habe von Hans Wohlbold »Wüstenreisen« gelesen. Dieses Büchlein enthält Schilderungen von bekannten Wüstenforschern. Am Abend war ich in dem Harry-Piel-Film »Artisten«. Er war ganz gut, besonders die artistischen Leistungen und die dressierten Tiere waren fabelhaft. – (...)

Mittwoch, den 8. XII. 1943

Den Nachmittag verbrachte ich mit einem Ausflug, den ich mit dem Schäffer, einem von meinem Tisch, machte. Über Zimmern gingen wir nach Stetten und dort die Eschach nach Lackendorf hinauf. Über die Landstraße nach Schramberg kehrten wir nach Zimmern zurück, von wo es nicht mehr weit nach Hause war. –

43

Vielen Dank für Deinen lieben Brief vom 4. XII., den ich heute erhielt. – (…)

Das Attest gab ich ab, doch wird es noch eine Zeit dauern, bis ich die Milch bekomme, weil die Sache erst von Pontius zu Pilatus muß. –

Wegen Weihnachtsurlaub schicke mir bitte das Gesuch; oben links muß stehen:»Betreff: Urlaub meines Sohnes XY Klasse 5b. Außerdem muß das Gesuch den Satz enthalten:»Ich übernehme die volle Verantwortung für Hin- und Rückfahrt sowie den Aufenthalt in Stuttgart.« Für die Zeit des Urlaubes gib bitte vom 19. XII. – 8. I. 44 an; dieses ist der äußerste Termin. Beim Christbaumkauf kann Dir Dietrich helfen, der kommt bälder, fährt aber auch eher. –

Rundbrief der Schule an die Eltern ohne Datum.
Der Text war an die Tafel geschrieben worden und wurde
von allen Schülern abgeschrieben:
Werte Eltern!
Die Weihnachtsferien dauern vom Samstag, den 18. 12. 43 bis Dienstag, den 4. 1. 44 (je einschließlich). Eine Verfügung des Reichsministers für Wissenschaft, Erziehung und Volksbildung ordnet an, daß die Schüler verlegter Schulen über Weihnachten nicht nach Hause fahren können, weil sonst der mit der Verlegung verfolgte Zweck, die Sicherung vor feindlichem Bombenterror, nicht mehr erreicht wird. Angesichts der besonderen Verhältnisse in Württemberg, welche es z.b. nicht erlauben, Sonderzüge für Elternbesuche einzusetzen, will die Minabt. für die höheren Schulen in beschränktem Umfang zulassen, daß die Schüler die Feiertage zu Hause verbringen. Dabei muß jedoch eine unerträgliche Beanspruchung der Verkehrsmittel vermieden werden, die Reisen müssen also auf ein Mindestmaß eingeschränkt werden. Außerdem ist die Luftlage nach wie vor sehr gefährlich, und es soll daher möglichst vermieden werden, daß die Schüler den Verlegungsort über die gesamten Weihnachtsferien mit dem stark gefährdeten Stuttgart vertauschen.

Aus den zahlreichen bis jetzt zugegangenen Gesuchen um Weih-
nachtsurlaub geht hervor, daß die Schüler wohl heimgeschrieben ha-
ben, daß die Eltern die volle Verantwortung für den Aufenthalt in
Stuttgart zu übernehmen haben. Aus begreiflichen Gründen haben
die Schüler ihren Eltern aber nicht mitgeteilt, wie schwer diese Ver-
antwortung in Wirklichkeit ist. Ich mache daher die Eltern nochmals
darauf aufmerksam, daß es geboten ist, die Kinder nur in den drin-
gendsten Fällen nach Stuttgart heimzuholen. Wo die Möglichkeit be-
steht, daß die Schüler bei Verwandten außerhalb der gefährdeten Ge-
biete Württembergs die Weihnachtsferien verbringen können, sollte
davon Gebrauch gemacht werden. Andernfalls sind die Kinder mög-
lichst bald nach Rottweil zurückzuschicken. Wo die Eltern auch auf
diese dringende Mahnung hin doch nicht davon Abstand nehmen, ih-
re Kinder über Weihnachten nach Stuttgart zu holen, erwarte ich
dafür die Rückkehr der Schüler spätestens in der Zeit vom 27. 12. bis
31. 12. 43.

Der Schulleiter   *gez. Dr. Schumm*
                 Oberstudiendirektor

Anlage dazu:

Ihr Sohn hat nach … um Weihnachtsurlaub eingegeben. Durch Ge-
währung dieses Urlaubs ist er gegenüber den hierbleibenden Schülern
wesentlich bevorzugt, da die Luftlage nicht gestattet, Schüler nach
Groß-Stuttgart zu beurlauben. Durch seine Ferienfahrt belastet er
aber die schwierige Verkehrslage über Weihnachten. Es ist daher un-
tragbar, daß er dieses Entgegenkommen dazu ausnutzt, um von sei-
nem Urlaubsort nach Groß-Stuttgart zu fahren. Er würde dadurch
die Bahn doppelt belasten und würde die Maßnahmen zur Ab-
schwächung des Luftterrors unserer Feinde umgehen. Es wird daher
erwartet, daß die Erziehungsberechtigten volles Verständnis für die
Anordnungen aufbringen und ihrerseits die Kinder von einem Besuch
Groß-Stuttgarts abhalten. Die Umgehung der strengen Anordnun-
gen der Regierung könnte für den Schüler bedenkliche Folgen haben.

Der Schulleiter

Gegenunterschrift der Eltern

Donnerstag, den 9. XII. 1943

Jetzt wurde für uns von der Schule der Brauseraum der DEO eingerichtet. Heute haben wir ihn das erste Mal benutzt. (…)

Freitag, den 10. XII. 1943

Am Vormittag hatten wir Unterricht im »Rößle« bei Dr. Allmendinger. Als er der Hitze wegen seine Jacke auszog, taten wir es alle auch, und die ganze Klasse saß in Hemdsärmeln da. »Pfropf« schaute zwar etwas, doch konnte er nichts sagen. – Weil einige Stuttgarter sich im Kino nicht gut aufgeführt haben, hat jetzt die ganze Schule Kinosperre. –

Sonnabend, den 11. XII. 1943

Alles war heute wieder einmal von einer dichten Schneedecke bedeckt, die den ganzen Tag über liegen blieb. –
Eigentlich hätte ich heute nachmittag Dienst gehabt, da ich aber erfahren hatte, daß wieder einmal nur die Personalien aufgenommen werden, dachte ich l.m.a [2], das ist das 1. Mal seit März, daß ich das dachte, und machte die Forschungsreise auf die Ruine Wildenstein, die ich für heute organisiert hatte. Wir zogen aus, um die Höhle zu erforschen, und hatten uns mit Taschenlampen, Stricken und einer Stallaterne ausgerüstet. Wir (Schäffer, Schwaigert, Beck, Haller von 1b und Werner Plarre und ich) wanderten einfach querfeldein. An der Ruine erlebten wir eine große Enttäuschung. Voller Erwartung stiegen wir in die Höhle, und als ich in den vermeintlichen Eingang leuchtete, den ich vor 8 Tagen fand, bemerkte ich, daß das nur eine kleine Vertiefung war. Enttäuscht zogen wir das wundervolle Eschachtal hinab. Als es dann dämmerte, gingen wir aus dem Tal heraus und stapften wieder quer über die Felder auf den Hochturm zu. –

An den Vater, Rottweil, den 11. XII. 43

Hab vielen Dank für Deine lieben Zeilen vom 7. 12., für die 1 RM und die Briefmarken. – Du schreibst da, ich sollte das Fingernägelkauen bleiben lassen. Dazu will ich Dir nur schreiben, daß ich mich jeden Tag darüber ärgere, daß ich mir das abgewöhnt habe; denn jetzt muß ich mich jeden Tag stundenlang hinsetzen und den Dreck von den Nägeln entfernen, und bei näherem Zuschauen entdecke ich jedesmal neuen Dreck. – Hallenschwimmbad gibt es hier, glaube ich, in der NPEA, doch das ist nicht für uns zugänglich. – Mit dem Wintersport steht es hier für mich schlecht, doch ersetze ich ihn durch lange Wanderungen. – Wir haben 1 mal in der Woche 2 Stunden Turnen, doch ist es jetzt bei mir überhaupt nichts mehr, da wir ja seit 15. April keines mehr hatten. – Zum Aufsätzemachen habe ich hier keine rechte Muße, doch sammle ich das auf den Wanderungen Erlebte in meinem Gedächtnis dazu. Mit den Aufsätzen in der Schule ist es auch nicht besonders, denn Dr. Allmendinger will immer etwas anderes im Aufsatz, als das Thema sagt. – Ein Gesuch für Urlaub an Weihnachten habe ich bereits schon abgegeben!- Heute habe ich wieder einen ganz netten Ausflug gemacht. –

Sonntag, den 12. XII. 43 (3. Advent)

Heute blieb ich zu Hause. Habe von Willi Reichert »Schwäbische Schwätzle«, ein nettes Büchlein, gelesen.

Montag, den 13. XII. 1943

Heute früh hielt Leutnant Dr. Lang einen Vortrag in der DEO über den Kampf um Woronesch. Er war sehr anschaulich und zeigte, was die Deutschen in diesem harten Kampf leisten müssen. –

Ich habe heute für mich begonnen, eine Sammlung von Volksliedern aufzustellen. Es sind Lieder, die ich schon alle von früher her kenne, die man aber jetzt kaum noch oder nur noch ganz selten hört, z. B. »Hab' mein Wage vollgelade« oder »Als wir jüngst in Regensburg waren« u.s.w. Jetzt nimmt nämlich der Jazz so überhand, daß ich da nicht mehr untätig zuschauen kann. –

In der Nacht lag ich fast die meiste Zeit wach, da ich immer nur bedacht sein mußte, richtig unter der Bettdecke zu liegen. –

Dienstag, den 14. XII. 43

Unser Weihnachtsurlaub dürfte jetzt so ziemlich geregelt sein. Demnach habe ich vom 17. XII. – 26. XII Ferien in Stuttgart. –

Am Nachmittag hatte unsere Klasse Ausmarsch mit Herrn Birlinger. Er führte uns ein Stück auf der Reichsstraße 27, von wo aus die Stadt Rottweil noch ein recht mittelalterliches Gepräge hat. Dann gingen wir von der Straße ab, durch ein wunderbares einsames Tal auf Göllsdorf zu, von wo aus wir bald zu Hause waren. –

Eine lateinische Klassenarbeit bekamen wir zurück. Ich habe betrüblicherweise V bekommen, doch bin ich zum Glück nicht der Schlechteste. – (…) Heute nacht schlief ich wieder gut, da ich mir zur Sicherheit den Trainingsanzug anzog.

Mittwoch, den 15. XII. 43

Die Klassenarbeiten in Erdkunde und Biologie bekamen wir zurück. Ich habe in beiden 3/4. –

Zwei Stunden des Vormittages verwendeten wir heute dazu, um den Urlaub zu regeln, doch eine ¼ Stunde nach der letzten Stunde erfuhren wir bereits wieder, daß aller Urlaub aufgehoben sei. So ein Mist!-

Am Nachmittag hatten wir Dienst zwecks Erfassung im Jugendstammblatt. –

Am Abend hatten wir nochmals Dienst wegen der Sammlung am Sonntag. Weil wir nicht sangen, wie der Stammführer wollte, jagte er uns bei der IG noch ein bißchen im Gelände herum. –

Von Julius Zerzer habe ich »Das Bild des Geharnischten« gelesen. Dies ist eine nette Geschichte um Wallenstein. –

Frau Schmied in Fellbach ist jetzt an den Folgen der Verletzung durch den letzten Angriff gestorben. Für den Herrn Schmied, der am 26. November Geburtstag hatte, war dies nicht gerade ein schönes Geburtstagsgeschenk. –

Donnerstag, den 16. XII. 43

Der Urlaub ist jetzt neu geregelt worden. Da die Jahrgänge 27 und 28 unserer Klasse im Januar zur Heimatflak kommen, dürfen alle 28iger und 27iger über Weihnachten die ganzen Ferien über nach Stuttgart. Ich darf nach Hause, weil Vati auf Urlaub kommt. –

Wie ich heute erfuhr, sind Großvati und Großmutti beim letzten Angriff auf Leipzig obdachlos geworden. Das hätten sie sich bestimmt nicht träumen lassen, daß sie mit über 70 Jahren noch einmal ohne alles sind. Leipzig soll überhaupt schwer zerstört sein. Wie gut ist es doch, daß ich es im Sommer noch einmal im unzerstörten Zustand sah. –

Freitag, den 17. XII. 43

Heute vormittag haben wir Dr. Allmendinger im »Rößle« noch einmal tüchtig geschippt. Die Strafarbeit, die er uns gab, weil wir »pfui« riefen, werden wir wohl nicht machen. – In dem Aufsatz »Heimkehr in der Dunkelheit« erhielt ich nur eine 3. Das ist allerhand!

Ab heute sind die Weihnachtsferien!-

49

Am Nachmittag zeichnete ich die Stadt von der König-Karls-Brücke aus. Von dort sieht sie noch fast wie im Mittelalter aus. Die Zeichnung ist mir ganz gut gelungen. Anschließend war ich mit Plarre und Dickel zusammen in der Lorenzkapelle. Die Holz- und Steinplastiken und die Altargemälde, die darin aufgestellt sind, sind zum Teil von außerordentlicher Schönheit und stammen alle aus der Zeit von 13–1500. Viele Figuren sind der feindlichen Flieger wegen entfernt. Im Chor stehen die Sandsteinplastiken von der Kapellenkirche, die aber zum größten Teil durch die Witterungseinflüsse sehr zerstört sind. –

Bad Cannstatt, Sonnabend, den 18. XII. 43

So, nun bin ich wieder einmal zu Hause; doch die Umstände, unter denen dies geschah, waren gar nicht so sehr schön: Wie vorgesehen, stand ich am Morgen um ½5 Uhr auf, doch brauchte ich dann zum Frühstücken zu lange. Also blieb mir nichts anderes übrig, als mit dem schweren Rucksack und mit dem noch bedeutend schwereren Koffer zu rennen. Um 6 Uhr, ich war gerade eine ¼ Stunde unterwegs, war ich erst an der Hochbrücke. Nach immer kürzeren Abständen mußte ich absetzen, und mehrmals spielte ich mit dem Gedanken, ob ich nicht lieber wieder umdrehen solle, doch ich tat es nicht, sondern beeilte mich immer mehr. Als ich die hellerleuchtete Bahnhofsuhr sah, bemerkte ich mit Schrecken, daß es schon 6.05 war. Immer weiter rückte der Zeiger vor. Ich konnte kaum noch. Nach einer kurzen Rast ging es wieder etwas besser, und 6.08 Uhr war ich im Bahnhof. Der Beamte an der Sperre rief mir noch nach:»Du hast aber Zeit!« Doch ich achtete kaum darauf. 6.09 Uhr war es, als ich mich mit einer nochmaligen Anstrengung in den Wagen hineinzog, und mit letzter Kraft stemmte ich den Koffer ins Gepäcknetz und sank erschöpft auf den nächsten leeren Platz. Lange zitterte ich noch von dieser Anstrengung. –
Bei Herrenberg erlebten wir dann einen wunderhaften Sonnenaufgang. Einige wenige Wolken, die sich an dem blanken,

der Sonne zu gelblichen Himmel befanden, waren in den eigentümlichsten Farben beleuchtet. –

In Vaihingen stand der Zug dann ½ Stunde lang und mit ¾ Stunde Verspätung fuhren wir in den Stuttgarter Hauptbahnhof ein. –

Sonntag, den 19. XII. 43

Habe von Rudolf Kreutzer »Der Rock des Generals«, zwei wunderbare Erzählungen, gelesen. Außerdem las ich von Gerhardt »Jud Süß. Mätressen- und Judenregiment in Württemberg vor 200 Jahren«, eine sehr interessante Schrift. –

Ich holte heute meine Soldaten vom Boden und spielte die alten Feldschlachten, die ich bis jetzt jedes Jahr lieferte. Bei diesen Spielen tauchten dann auch wieder Erinnerungen auf: Es war, als wir noch in Fellbach wohnten; vom Nikolaus hatte ich den Generalfeldmarschall Mackensen als ersten General meiner kleinen Armee, die aus vielleicht 11 Mann bestand, bekommen. Draußen schneite es, und ich ließ meinen Marschall den Schnee vom Fenster aus sehen; denn der für mich Frischgeborene hatte ja so etwas noch nicht gesehen. –

Mit jedem Soldat ist eine andere Erinnerung verbunden, mit manchen sogar mehrere, und das sind die, die den Anfang meiner Armee bildeten. Diese sind mir auch am liebsten. Am Nachmittag veranstalteten wir eine große Weihnachtsbäckerei. Jeder versuchte, allerlei lustige Figuren zu formen, was uns auch so ziemlich gelang. –

Am Abend kam dann auch Dietrich auf Urlaub. –

Montag, den 20. XII. 43

Auf dem Wirtschaftsamt mußte ich wegen der Lebensmittelkarten heute 2 Stunden stehen. –

Am Abend war von 7.20–9.00 Uhr Alarm. Es wurde kurz geschossen. In der Ferne blitzte es. Doch durch den Nebel war man in der Sicht gehindert. –

Heute früh kam Vati auf Urlaub!-
Den ganzen Tag über gab es heute Besorgungen zu machen,
wie das vor Weihnachten immer ist. –

Mittwoch, den 22. XII. 43

Heute abend war von 7.50–8.30 Uhr Öffentliche Luftwarnung. –

Donnerstag, den 23. XII. 43

»Morgen, Kinder, wird's was geben,
morgen werden wir uns freun.
Welch ein Jubel, welch ein Leben,
wird in unserm Hause sein.
Einmal werden wir noch wach,
heißa, dann ist Weihnachtstag.«–
Da ich heute in den TWS beim Herrn Sattel etwas abzuholen
hatte, benutzte ich auch einmal wieder die schöne Gelegenheit,
den Neckar entlangzugehen. Es machte mir viel Spaß, einige
Möwen, die sich dort aufhielten, zu beobachten. Es sind außer-
ordentlich schöne Tiere. –
Im Radio kam heute abend ein sehr feiner Vortrag über »Der
Ursprung der alten Märchen in der Natur«. –
Alarm von 3.10–3.35 Uhr. –

Freitag, den 24. XII. 1943

Heute früh war alles bereift, doch nicht beschneit, also ist heute
schon das 3. Weihnachten ohne Schnee. Schade!-
Es gab noch recht viel zu besorgen. Am Morgen putzte ich
den Weihnachtsbaum und steckte 12 Kerzen, die noch vom
letzten Jahr übrig waren, an den Baum; denn dieses Jahr gibt es
nämlich keine Kerzen zu kaufen. –

Am Abend war es dann endlich soweit. Der Baum strahlte im Lichterglanz, und die silbernen Kugeln und Fäden warfen es tausendfach zurück. Über ein schönes Schachspiel, das ich erhielt, freute ich mich besonders. Bis 11 Uhr las ich in den neuen Büchern. –

Sonnabend, den 25. Dezember 1943. 1. Feiertag.

Von Fred Schmidt habe ich das Buch »Neue Kapitänsberichte« gelesen. Es enthält viele interessante Fahrten- und Erlebnisberichte, die mich sehr fesselten. –
Am Nachmittag war ich in dem Planetarium (»Theater der Zeit«). In der Wochenschau wurden besonders die Verdienste der Eisenbahner im Osten gewürdigt. In einer europäischen Wochenschau sah man Ausschnitte aus Ausstellungen und Veranstaltungen. In der Ufa-Tonwoche wurde rumänische Weinlese, Herstellung des Cognac, Bekämpfung der Rachitis und der Tuberkulose, Eiskunstläufe u.a. gezeigt. Am Schluß kam ein lustiger Zeichentrickfilm »Armer Hansi«. »Hansi« war die Karikatur eines Kanarienvogels, die die unmöglichsten und tollsten Erlebnisse hatte. Wir haben tüchtig gelacht. –

Sonntag, den 26. Dezember 1943. 2. Feiertag.

Habe »Die Stunde der Bewährung«, zusammengestellt von E. L. Werther, gelesen. Dies Buch enthält Schilderungen vom Leben und den Taten großer deutscher Kämpfer. –

Montag, den 27. XII. 1943 in Rottweil

Heute früh hieß es nun leider wieder Abschied nehmen. Zu schade, daß ich den schönen Weihnachtsbaum nicht mitnehmen konnte. In der Dunkelheit fuhren wir von Stuttgart ab. Auf den Fildern begann es hell zu werden. Dort lag vereinzelt Schnee, doch konnte man nicht viel sehen, weil alles in dichten

Nebel gehüllt war. Mit 35 Minuten Verspätung kam der Zug in Rottweil an. Für mich begann jetzt wieder die Kofferschlepperei; denn der Koffer war heute noch etwas schwerer als am 18. d. M. Zu Mittag aß ich im »Franziskaner«. Dort essen nur 12 Schüler; alle anderen sind fort. Am Abend machten der Herr Dr. Schumm und seine Frau sogar ein Spiel mit uns. –

Als ich gerade las, fuhr ich plötzlich durch eine heftige Erschütterung des Hauses auf. Es war 7.50 Uhr abends. Wenige Sekunden später wiederholte sich dies. Lange zitterte das Haus noch. 7.58 Uhr wiederholten sich die Stöße. –

An die Mutter, Rottweil, den 27. XII. 1943

Heute früh kam ich gut hier an, doch hatte ich mit dem Koffer eine elende Schlepperei. Zu Weihnachten muß es ja im »Franziskaner« großartig gewesen sein: Jeder bekam 1 Pfund Rahmbonbons, mindestens 2 Stück Torte und so viel Apfelsaft, als er trinken konnte. Zum Essen sind jetzt nur noch außer dem Direktor Herr Ottmar und seine Familie und 10 Schüler. –

Wegen des Urlaubs fragte ich Dr. Schumm. Er sagte, Dietrich solle mit beiliegendem Zettel und seinem Schein vom hiesigen Ernährungsamt zum Ernährungsamt gehen, soll dort seine Marken holen. Auf seine Bescheinigung wegen der Eisenbahn soll er schreiben: Urlaub verlängert bis 3.1., und bei Beanstandung durch die Schalterbeamtin den beiliegenden Zettel vorweisen. –

Zu Neujahr wird es im »Franziskaner« auch wieder viel Gutes geben. –

Als ich kam, sagte Direktor Schumm: »Dies ist der 1. Anständige!« –

Das Päckchen von Tante Lotte ist jetzt da. Die Lebkuchen schmecken recht gut. Sonst kam während meines Urlaubes nur eine Karte vom Herzel. –

Dietrich soll bitte das quadrierte Quartbuch nicht vergessen. –

Dienstag, den 28. XII. 43

Um ¾9 Uhr soll gestern, laut Zeitung, noch einmal ein Beben gewesen sein. –
Man hat hier öfter Gelegenheit, Mönche zu sehen. Auch heute sah ich wieder zwei Franziskaner. –
Der Gründer der HJ und 1. Reichsführer der HJ Kurt Gruber ist heute gestorben. Bei einer Geleitzugsschlacht im Nordmeer sank nach hartem Kampf das Schlachtschiff Scharnhorst. – Von Gottfried Keller habe ich die Novelle »Kleider machen Leute«, eine ganz tolle Geschichte, gelesen. –

Mittwoch, den 29. XII. 1943

Heute machte ich mit einem netten Jungen aus der 2c namens Lechler einen schönen Ausflug. Wir gingen auf der Straße nach Schramberg durch Zimmern bis zum Tannwald. Diesen durchquerten wir etwa 1 Stunde lang. Dieser Tann ist äußerst reizvoll. Über Zimmern gingen wir dann wieder nach Hause. Das Wetter war wunderbar: die Sonne lachte aus blauem Himmel. –

Donnerstag, den 30. XII. 1943

Am Morgen war ich mit Lechler in 4 Rottweiler Kirchen (Heiligkreuz-, Kapellen-, Ruhe-Christi-, Pelagiuskirche) und erklärte sie ihm. Ich fand in Lechler einen dankbaren und begeisterten Zuhörer für meine Ausführungen. –
Während des Essens wurde Alarm gegeben. Wir ließen uns aber bei unseren Krautwickeln nicht stören. Eine halbe Stunde später (1 Uhr) wurde entwarnt, und wir konnten unsere geplante Wanderung zum Lemberg beginnen. Ich prophezeite zwar, daß wir entweder nicht die Zeit hätten, den Berg zu besteigen, oder nicht, die Bahn zu erreichen. Auf einem möglichst großen Umweg mit unnötigen Steigungen gelangten wir auf die Landstraße nach Wellendingen. Doch hatten wir nach dort

und nach Wilflingen noch ein ganz schönes Stück zu gehen. Ich konnte nur schwer gehen, da ich in beiden Füßen oberhalb der Fersen Schmerzen hatte. Frau Direktor blieb in Wilflingen. 8 von 23 Mann waren oben auf dem Turm gewesen, da sie sehr rannten. Der Rest (darunter auch ich) mußte ¼ Stunde vor dem Ziel aus Zeitmangel umkehren. Den Zug erreichten wir noch. Meine Voraussage aber stimmte zur Hälfte. – (...)

Silvester 1943

Heute früh war die ganze Landschaft weiß, sogar die Straße. Und immer noch schneite es. –
Am Abend wollten wir uns beim Herrn Direktor bedanken und ihm ein »Gutes Neues« wünschen. Lange berieten wir, wie, und wer es machen solle. Die beiden Ältesten, Ottmar und Schweikart, verschwanden spurlos. Plötzlich sagte der Herr Direktor:»Daur und Müller wollten doch eine kleine Ansprache halten?« Wir wurden beide ganz rot und schwiegen. Es wurden noch einige der schönen Weihnachtslieder gesungen, und dann bedankte sich jeder einzeln beim Herrn Direktor. (...)

1. Januar 1944

Den ganzen Tag über fast hatten wir einen wunderbaren dunkelblauen Himmel. Auch die Aussicht auf den beschneiten Lemberg und die Höhenzüge der Schwäbischen Alb war heute besonders klar. –
Heute gab es zu Mittag wieder Fleisch, und für das Abendbrot bekamen wir sehr viel Wurst. Doch der Nachtisch schmeckte nicht: Die Pflaumen hatten schon etwas gegärt. Wir aßen sie mit »Todesverachtung«. –
Habe von Hermann Hesse »In der alten Sonne«, eine lustige Erzählung, die uns Herr Ottmar am Anfang der dritten Klasse schon einmal vorgelesen hat, gelesen.

Sonntag, den 2. Januar 1944

Zum Mittagessen gab es heute sehr gute Sachen, doch war die Zusammenstellung etwas unmöglich: Nudelsuppe, Fleischbrötchen, Bratentunke, Bratkartoffeln, süßsauren Kürbis, saure Rote Rüben, Apfelsaft und Pudding mit Schokoladentunke. Den Pudding konnte ich, wie viele andere auch, nicht mehr essen; denn ich hätte sonst brechen müssen.

Am Nachmittag war ich mit einem der 1. Klasse namens Haak etwas fort. Wir gingen nach Zimmern und wollten von dort nach Flözlingen, doch so weit kamen wir nicht. Bald nach der Flakkaserne machten wir halt und bauten aus dem Schnee allerhand Dinge, die wir nachher auf verschiedene Arten, meistens durch Bewerfen mit Schneebällen, wieder zerstörten: Zielscheiben, einen Kilometerstein und Festungen. Wir hatten viel Spaß, aber auch ganz nasse Füße, da es heute den ganzen Tag über geregnet und getaut hat. Die Fernsicht auf den Schwarzwald und auf die Alb war wunderbar, nur merkwürdig war, daß die Wälder alle so eine seltsame dunkelblaue Farbe hatten. Auch die Färbung des Himmels war heute abend sehr eigenartig. Die Wolken leuchteten in allen Schattierungen von rot und blau. –

Ich habe jetzt wieder einmal die Märchen von Wilhelm Hauff gelesen, die auch dieses Mal wieder für mich ein Erlebnis waren. –

Montag, den 3. I. 1944

Als ich heute früh zum Fenster hinaussah, bemerkte ich mit Schrecken, daß vom Schnee fast nichts zu sehen war. Es ging ein warmer Wind, und das Schmelzwasser schoß in Bächen die Straße hinab. Überall tropfte es. Die Fernsicht war ausgezeichnet. –

Heute kam der größte Teil unserer Schule wieder zurück. –

Am Abend stürmte es. Der Wind trieb große, schwarze Wolken vor sich her. –

In der Hitze des Gefechtes warf mir Imke heute einen Schuhanzieher an den Kopf, so daß ich ein kleines Loch in der Stirn hatte. –

An die Mutter, Rottweil, den 3. I. 1944

Schon lange wartete ich auf Post, doch außer einer Karte von Werner Plarre zu Silvester, brachte mir die Post nichts, bis endlich heute ein Brief von Dir und vom Vati kam. Vielen Dank dafür. –
Das Neujahrsessen war ganz anständig. Zu Silvester gab es schon Fleisch und am 1. 1. wieder, doch das eigentliche Festessen kam erst gestern: Nudelsuppe, Fleischbrötchen, Bratensoße, Bratkartoffeln, süßsaure Roterüben und süßsaure Kürbisse. Hinterher gab es Apfelsaft und Pudding mit Schokoladentunke. Wir schlugen uns schon am Anfang den Bauch so voll, daß wir keinen Platz mehr für den Pudding hatten. Auch ich konnte ihn nicht mehr vertilgen. –
Zum Abendbrot bekamen wir am 1. 1. über 100 gr Aufschnitt und gestern ⅛ Butter und 100 gr Käse. Ein ganzes Brot erhielten wir auch noch. – (…)
Was bedeutet eigentlich Krösus?-
Wir hatten am Donnerstag auch Alarm, kurz bevor wir den Lemberg bestiegen. –

Dienstag, den 4. I. 1944

Die ganze Nacht und den ganzen Tag über schneite und stürmte es heute. Sogar heute abend heult der Wind immer noch um das Haus. Der Schnee ist schon ordentlich tief. –
Heute kam mit dem Rest unserer Klasse auch Dietrich wieder her. –
Von Will Vesper habe ich »Im Flug durch Spanien«, die Beschreibung einer Spanienreise, gelesen. –

Ab heute aßen wir wieder im »Kreuz«. Dort fand heute eine »Speisung der 10000« statt; denn viele Verpflegungsstellen sind noch geschlossen. –
Morgen beginnt leider wieder die Schule. –

Mittwoch, den 5. Januar 1944

Heute begann nun die Schule wieder, und zwar gleich mit zwei Stunden bei Dr. Allmendinger, der laut eines Ausspruches von Herrn Birlinger geisteskrank sein soll. Dies glaube ich auch!-
Die Geschichtsklassenarbeit bekamen wir wieder zurück. »Pfropf«, der Idiot, hat mir wieder nur 3 gegeben. – Auch die Physikklassenarbeit bekamen wir zurück. In ihr habe ich erfreulicherweise 3. –
Es wurde uns heute bekannt gemacht, daß die Jahrgänge 28 und 27 der 5. Klasse am Montag zur Heimatflak kommen. Jaisle, Plarre, Gundel und ich bleiben hier und gehen ab Samstag in die DEO. –
Am Vormittag hatten wir Sonnenschein, und am Nachmittag schneite es etwas. Am Abend flogen große Wolken über den Himmel und ließen nur ab und zu den Halbmond durchschauen, der dann die Winterlandschaft wunderbar beleuchtete. –
Am Abend hatten wir Appell im Festsaal der DEO, wo der Stammführer und dann auch der Bannführer zu uns sprachen. Das Orchester der Spielschar umrahmte die Feier. –

6. I. 44 (Donnerstag)

Wir hatten heute einen wundervollen Sonnenaufgang. Einzelne kleine Wolkenbänke standen am Himmel. Die tiefliegenden waren dunkelblau und die ganz oben fliegenden waren rosa. Es war ein wunderbares Bild, das noch verschönert wurde durch das Aufsteigen des rötlichen Sonnenballes über den Albbergen. Die Sonnenstrahlen kamen zwischen den Baumspitzen der

59

Albberge hindurch, und viele Millionen Schneekristalle begannen zu glitzern. –

Heute früh hatte es –10°. Den ganzen Tag über hatten wir wunderbaren blauen Himmel. Über Nacht wird es wohl sehr kalt werden; denn es ist eine sternklare Nacht. Das Bild der Altstadt ist wunderbar. Die alten beschneiten Häuschen stehen im Mondlicht, ein Bild, das sich einem tief in der Seele eingraben kann. –

Wir bekamen eine englische Klassenarbeit zurück. Ich habe 4 (14 Fehler). –

Der »Pfropf« wurde heute noch einmal heftig geschippt. Daher fragte er mich heute nachmittag, warum wir dies getan hätten, doch ich zuckte nur mit der Schulter und dachte: »Warte nur, morgen im 'Rößle'!« –

In der Heiligkreuzkirche widmete ich mich besonders dem Studium der Seiten an den Kirchenbänken. Dort sind Fratzen, Tiere, Männlein, Engel und Ranken eingeschnitzt. Man kann sich richtig vorstellen, daß bei Nacht alle die Männlein heraussteigen und in der Kirche beim Mondenschein umhergeistern. –

Freitag, den 7. I. 1944

Im »Rößle« leisteten wir uns noch einmal einen großen Spaß. In der 1. Stunde schwätzten wir dauernd und bewarfen uns mit Nußschalen. Bucher rief: »Au, a Nuß!« und wir lachten. Darauf sagte Dr. Allmendinger: »Komm heraus!« Doch Bucher erklärte, daß er es nicht tue. Nach langem Hin und Her entschloß sich »Pfropf« endlich, zu ihm zu gehen. Er packte ihn bei den Haaren und hieb ihm eine herunter. Bucher erwiderte dies. Es entstand eine Schlägerei, und wir brüllten, was wir konnten. Schließlich schmiß »Pfropf« den Bucher hinaus. Während der folgenden Pause stellten wir uns auf den Gang und sangen: »Ein Pfropf, der fiel vom Dache und brach sich das Genick ...« Zornig kam die Rößleswirtin heraus und schimpfte heftig, darauf ging sie zum »Pfropf«, der ihr klarlegte, daß man uns nichts mehr anhaben könne, da wir nun zur Flak kämen. Er

schrie gerade:»Das sind ganz große Schufte!«als Bucher einen
Luftheuler zum Fenster hereinwarf, der gerade dem»Pfropf«
zwischen die Füße fiel. Erschreckt fuhr er zur Seite, und die
Wirtin rannte zur nächsten Tür hinaus und kam wieder herein,
als die Sache explodiert war.»Pfropf« zitterte am ganzen Kör-
per. In der 2. Stunde ärgerte ihn dann auch noch die 4. Klasse
von draußen, so daß wir in dieser Stunde überhaupt nichts
mehr taten. Noch vor Stundenschluß wurden wir entlassen. Er
ging dann nicht denselben Weg wie wir, sondern machte viele
Umwege. Als wir ihn aber vor der Napo kommen sahen, warteten wir, und als er es bemerkte, hielt er auch. Lachend zogen
wir weiter, doch er bog dann auch wieder vom normalen Weg
ab. Als wir dann vor der Schule standen (in der Großen Pause),
kam er mit Herrn Weinbrenner, dem er eifrig klarlegte, was wir
für Flegel seien. Als er an uns vorbeiging, grüßten wir»Hai-
ler!«, doch er reagierte nicht darauf. Herr Weinbrenner unterhielt sich dann noch lachend mit uns darüber. –

Von ¾12–12.05 Uhr war Alarm, und von 12.15–13.45 Uhr war
Öffentliche Luftwarnung. –

Ich habe jetzt die Würde eines»Unter- und Obermilchaus-
gebers«erhalten. –

Ansichtskarte (Rottweil a.N. Kaufhausgasse):
An die Mutter, Rottweil, den 7. 1. 1944

Warum läßt Du eigentlich nichts mehr von Dir hören? Die letzte Post empfing ich am 3. 1. Die Kameraden der Jahrgänge 28
und 27 fahren heute nachmittag nach Stuttgart, weil sie am
Montag zur Heimatflak kommen. Schreibe mir bitte auch einmal die Adresse von Großvati und Tante Schulze. –

Samstag, den 8. I. 1944

Die Klasse 5 der Stuttgarter Oberschulen in Rottweil bestand
heute aus 7 Mann. Um so schöner war der Unterricht. Das Ver-

hältnis zwischen Lehrer und Schüler wird viel persönlicher. – Latein und Geschichte haben wir ab jetzt bei einem Lehrer genannt »Spartel« (Studienrat Schöllkopf), der mich sehr an Dr. Kerlé erinnert; denn er hält auch kein Blatt vor den Mund. – »Onkel Emil« (Studienrat Köpf) brachte unsere Mathematikklassenarbeit zurück, ich habe 2-. – Heute hatten wir ein besonders schönes Abendrot. – Am Abend war in der NPEA ein Vortragskonzert um die Gebietsmeisterschaft. Es wurde vornehmlich Cello gespielt. Ein Junge von 11 Jahren spielte es sehr fein. Zum Vortrag kamen Schubert, Händel, Bach, Brahms, Beethoven u. a. Professor Müller-Crailsheim gab auch einige sehr feine Violinstücke zum Besten, die uns sehr gefielen. –

An die Mutter, R., den 9. I. 44

Vielen Dank für Deinen lieben Brief. Ich lege Dir die Schulgeldanforderung bei. Überweise das Geld bitte an die Schulpflege. – (…)

In der Schule ist es jetzt wunderschön, seit die Kameraden bei der Flak sind, beide 5. Klassen bestehen zusammen aus 8 Mann. Der Unterricht ist dadurch viel schöner. Zum Glück haben wir jetzt Dr. Allmendinger nicht mehr, weil wir ihn so geschippt haben, daß er nicht mehr zu uns kommt. –

Jetzt muß ich nur noch die Sache mit dem Quartier machen; denn hier halte ich es nicht mehr lange aus. Morgen gehe ich auf die NSV. Als ich gestern dort war, war sie geschlossen. –

Bei uns hat es jetzt wundervollen Schnee. Ist es in Cannstatt auch so?-

Heute nachmittag will ich nach Villingen im badischen Schwarzwald fahren. Diese Stadt ist eine Schwesterstadt von Rottweil. –

Schreibe mir bitte so bald wie möglich wieder; denn es ist furchtbar, wenn ich 5 Tage lang überhaupt keine Post bekomme. –

Am Nachmittag war ich mit Föll zusammen in der alten badischen Stadt Villingen, einer Schwesterstadt Rottweils. Mit der Bahn fuhren wir über Trossingen und Schwenningen dorthin. Der Ort Villingen ist der Anlage nach genau so wie Rottweil. Zwei sich kreuzende Hauptstraßen, und alle Häuser stehen in Traufstellung, doch ist die Lage anders, da die Stadt ganz eben liegt. Über die Brigach (»Brigach und Breg bringen die Donau zuweg«) gelangten wir durch ein kleines Tor in die Stadt. Alle Tore, Türme, Häuser und Straßen sind dort viel zierlicher als hier. Zuerst besichtigten wir eine alte, einfache evangelische Kirche, die sehr hübsch war. Das westliche, nördliche und östliche Tor sind noch erhalten, doch fehlt leider bei letzterem eine Verbindung mit den Häusern, was nicht schön ist. Neben dem östlichen Tor steht ein Kloster zu St. Ursula, ein recht stattlicher Bau. Jedes Haus ist ganz schmal und klein und ist mit einer anderen Farbe getüncht. Schade ist, daß an den Toren große unförmige Uhren angebracht sind, die nicht dorthin passen. Etwas abseits von der Straße steht ein prachtvolles, aus rotem Sandstein erbautes, gotisches Münster mit zwei Türmen, doch gefällt mir der eine nicht, da er etwas zu verspielt ist. Es war gerade Hochamt. Dies ist ein furchtbares Theater mit viel Äußerlichkeit. Durch die Beleuchtung wurde aber das Innere der Kirche noch prachtvoller. In kostbare und reiche Gewänder waren Priester und Ministranten gekleidet. Im Münster war überall Pracht und Reichtum. Besonders schön war der Hochaltar, der die Höhe des Chores hatte. –

Am Münsterplatz standen einige sehr schöne gotische und Renaissancegebäude, darunter auch das Rathaus, zu denen einige andere Häuser überhaupt nicht paßten. Als 3. Kirche sahen wir uns eine schlichte, barocke Klosterkirche, mit einem zierlichen Turm, an. Sie gefiel uns auch sehr. –

Der Mauerring um die Stadt ist fast vollständig erhalten. Viele Türme stehen noch, aus denen drohend die Mündungen von Kanonenrohren blicken. –

Der Besuch in Villingen war für mich ein großes Erlebnis, obwohl ich nur 1½ Stunden dort war. –
In der Dämmerung fuhren wir wieder nach Hause. –

An den Vater, Rottweil, den 9. I. 1944

Vielen innigen Dank für Deinen lieben Brief. Die Verse habe ich ohne alle Anfangsgründe über den Versfuß gemacht, nur mit dem, was Du mir 1941 bei meinem 1. Gedicht erklärt hast. Das Gedicht machte ich, als ich durch die verschneiten Straßen am 31. nach Hause ging, auf dem Heimweg kommen mir immer die besten Gedanken, und wenn ich sie, bis ich zu Hause bin, nicht vergessen habe, nütze ich sie auch aus. –
Am Freitagvormittag haben wir uns alle noch einmal ein großes Vergnügen geleistet. Schon am Donnerstag hatten wir den »Pfropf« (Dr. Allmendinger), den Herr Birlinger am Mittwoch für geisteskrank erklärte, so geschippt, daß er mich auf der Straße anhielt und fragte, warum wir das getan hätten. Doch ich zuckte nur mit der Schulter. Darauf hielt er mir einen Vortrag, wie gut es uns jetzt täte, daß wir zur Flak kämen. Das brachte er in einer so lächerlichen Form vor, daß ich laut lachte; auch Dietrich, der dabei stand, lachte mit. – (…)
NS. Vielen Dank für die Briefmarken.

Dienstag, den 11. I. 1944

Es lag heute früh wieder Schnee, doch nur ganz dünn, der im Laufe des Tages wieder schmolz. –
Ich habe mich ganz ordentlich erkältet und habe wahrscheinlich sogar leichtes Fieber. –
Alle Luftwaffenhelfer der GDO sollen jetzt wieder zurückkommen. –
Von Maria von Ebner-Eschenbach habe ich »Krambambuli« und »Die Spitzin«, zwei feine Erzählungen, gelesen. –

(…) Alle der GDO, die den Jahrgängen 27 und 28 angehören, sind noch einige Zeit zurückgestellt (beurlaubt) und kommen jetzt wieder. –

Am Abend war ich mit der HJ in einem Vortrag des Ritterkreuzträgers Kapitänleutnant (Ing.) Zürn in der DEO. Die Technik der Rede war nicht sehr gut, der Inhalt war ganz gut. –

An die Mutter, Rottweil, den 12. I. 44

Vielen Dank für Deinen lieben Brief vom 10. I. Der neue Erfolg der deutschen Luftwaffe ist ja großartig! Die Kerle werden schon noch tüchtig den Ranzen voll kriegen, dafür wird die Luftwaffe schon sorgen. –

Die Luftwaffenhelfer der GDO sind wieder zurückgekommen, da man sie noch nicht brauchen kann. –

Zu den Adressen: Gibt es in Petersdorf nur Hausnummern und keine Straßenbezeichnung? Heißt die Nummer 44 oder 94? Wie heißt der Ort und die Straße, wo Schwester Emma Bannasch wohnt, ich kann es nämlich nicht entziffern. Soll ich sie mit Tante anreden?-

Frau Heußler hat gesagt, nachdem sie mit dem Chef gesprochen hat, ich solle mich noch etwas gedulden; doch lang halte ich es nicht mehr aus; denn auch jetzt wird die ganze Zeit geschwätzt, daß ich mich überhaupt nicht konzentrieren kann. – (…) Ich werde noch einmal nach Villingen gehen, um zu zeichnen.

Ich lege Dir ¾ l Milchmarken bei, die ich noch übrig habe. –

Donnerstag, den 13. I. 1944

Die Klasse besteht jetzt wieder aus 14 Mann. Heute hatten wir auch wieder den »Pfropf«, der uns jetzt feierlich verboten hat, diesen Namen noch einmal zu gebrauchen. Beim Direktor beschwerten wir uns über ihn und erklärten, daß wir ihn nicht mehr haben wollen. –

Am Nachmittag bestellte mich Frau Heußler ins Alte Gymnasium wegen meines Quartiers. Am Sonnabend werde ich in die Schlachthausstraße 1 zu Herrn Oberlehrer Fader ziehen. Das ist wunderbar; denn mein Freund Hans-Joachim Lechler wohnt dort im selben Stock. Außerdem wohnt Dietrich gleich um die Ecke, zum »Kreuz« ist es eine Minute Weg, und zur Schule sind es 10 Minuten. Hurrah!!

Wie ich erfahren habe, ist Herr Fader Organist an der Dominikanerkirche. –

Am Abend war ich in dem Film »Reisebekanntschaft«, in dem Hans Moser die Rolle eines Privatdetektives spielt, der die Sachen nicht aufklärt, sondern verwickelt. Ich habe tüchtig gelacht. Es wurden außerdem noch ein wunderbarer Kulturfilm »Holzfäller«, mit sehr feinen Landschafts- und Naturaufnahmen, sowie die Wochenschau gezeigt. Sie enthielt u. a. die Besichtigung des Atlantikwalls, mit seinen riesenhaften Befestigungen, durch Rommel. –

Sonnabend, den 15. I. 1944

Eine Beschwerde beim Chef über den »Pfropf« hatte zum Erfolg, daß die 10, die nicht zur Flak kommen, in die 5a-Klasse kommen und dort wieder Studienrat Schöllkopf haben. Das ist sehr schön. –

Am Nachmittag zog ich mit »Sack und Pack« um. Das Zimmer ist sehr fein. Ein Tisch und ein Ofen sind darin. Auch die Familie Fader ist sehr nett. Ich bin also ganz und gar zufrieden. –

Sonntag, den 16. I. 1944

Heute hat mein Tagebuch Geburtstag. –

Am Vormittag spielte ich mit Joachim Schach. –

Am Nachmittag ließ man mich zum Dietrich rufen. Als ich hinkam, war Mutti dort. Ich ging mit ihr noch etwas durch die Stadt. –

Auch heute blieb Mutti noch da. Am Vormittag hatte ich frei und am Nachmittag hatte ich 3 Stunden Schule. Den Abend verbrachte ich mit Joachim beim Schachspiel. –

Dienstag, den 18. I. 1944

1871: Kaiserproklamation zu Versailles. Heute war Mutti auch noch hier. –

Mittwoch, den 19. I. 1944

An vielen Schau- und Schalterfenstern befindet sich jetzt eine schwarze Figur eines Mannes mit einem gelben Fragezeichen daran. Jeder zerbricht sich den Kopf darüber. Heute früh stand an den meisten der Figuren »Pfropf«. –

Im Kino durften wir heute, vom Nachwuchsoffizier Horb aus, 3 feine Filme sehen: »Hunde mit der Meldekapsel«, »Offiziere von morgen« und »Ein Spähtrupp«. Mit letzterem sind einige strategische Preisfragen verbunden, an deren Lösung ich mich wohl auch beteiligen werde. –

Heute abend fuhr Mutti leider wieder ab. Schade!-

An den Vater, Rottweil, den 20. I. 44

Vielen Dank für Deinen lieben Brief vom 15. I. –

Letzten Samstag bin ich umgezogen. Ich wohne jetzt Schlachthausstraße 1 bei Oberlehrer Fader. Dieser ist Organist an der hiesigen evangelischen Stadtkirche. Jetzt habe ich wenigstens Tisch und Ofen, auch ist das Zimmer sehr nett. Dietrich wohnt gleich um die Ecke, und zum Gasthaus zum Kreuz brauche ich nur noch 1 Minute statt 15 Minuten. Auch der Schulweg ist halb so lang, nämlich 10 Minuten. Außerdem wohnt noch ein Freund im Haus, der jeden Tag heraufkommt und mit mir Schach spielt. –

Mutti war, weil Dietrich krank ist, von Sonntag bis gestern hier. –

Unterdessen sind alle Flakhelfer der Daimlerschule wieder zurückgekommen. Wir hatten, weil man wieder zwei Klassen machen mußte, wieder Dr. Allmendinger. Doch wir beschwerten uns darüber beim Chef, und nun wurde die Stammklasse 5 in die 5a versetzt, wo wir jetzt Studienrat Schöllkopf haben, der dem Herrn Dr. Kerlé sehr ähnlich ist. – (…)

NS. Vielen Dank auch für die 1 RM und die Briefmarke. –

Sonnabend, den 22. I. 1944

Da ich heute schon früh 7.30 Schule hatte, hatte ich wunderbar Gelegenheit, einen sehr schönen Sonnenaufgang zu erleben: Im Süden des dunkelblauen Himmels stand die feine, schmale Sichel des Mondes, und in seiner Nähe stand hell und strahlend der Jupiter. Im Westen leuchtete die Venus. Langsam färbte sich der Himmel über den Umrissen der Albberge, hellblau, dann gelb und dann rot, bis aus der Röte der blendende Sonnenball aufstieg. Es war eine wundervolle Ansicht. –

Sonntag, den 23. I. 1944

Da heute früh das Wetter schön war, entschloß ich mich, am Nachmittag einen Ausflug zu machen. Bis zum Mittagessen war ein heftiger Wind aufgekommen, der große Wolken vor sich hertrieb. Doch ich ließ mich nicht von meinem Plan abbringen. Mit Werner zusammen zog ich in Richtung Hausen los. Auf der Ebene hinter Hausen, nach Horgen, hatten wir tüchtig gegen den Wind anzukämpfen. Wir hatten eine wunderbare Fernsicht. Im Vordergrund waren der Hohenkarpfen und der Lupfen und im Hintergrund die Schweizer Alpen zu sehen. –

68

Von Horgen gingen wir nach Niedereschach und überschritten dabei die württembergisch-badische Grenze. Niedereschach ist nicht schön. Es stehen dort einige Fabriken und moderne Bauten, die das Dorfbild zerstören. – Wir folgten dem schönen Tal der Eschach, das mich sehr an das »wandernde Bächlein« von Hans Thoma erinnerte. – Wir kamen in das Gebiet des roten Sandsteins, nach Kappel. Dort gibt es noch sehr viele alte Dächer, die mit Schindeln gedeckt sind. Der Wind wurde immer heftiger, und schließlich begann es auch noch zu regnen. Es war ein Regen, der uns wie Eisnadeln ins Gesicht schlug, doch wir machten uns nichts daraus. – An einem kitschigen Wallfahrtsort vorbei wanderten wir nach Obereschach, einem hübschen Dorf mit einer barocken Kirche. Hinter Obereschach ließ der Wind und dann auch der Regen nach, doch unterdessen waren wir bis auf die Haut naß und froren ordentlich. In der Nähe von Obereschach fanden wir noch stellenweise Schnee. Durch einen großen schönen Wald gelangten wir nach Villingen, überschritten die Brigach und sahen uns die Stadt, das Münster u. a. an. Zum Abschluß gingen wir noch in die Bahnhofswirtschaft, wo wir uns noch eine Limonade leisteten, und fuhren dann mit dem 17.15 Uhr-Zug ab. Der Weg von Rottweil nach Villingen betrug 20 km. Für uns ist der Ausflug ein schönes Erlebnis geworden. –

Montag, den 24. I. 1944

(…) Jaisle ist jetzt, nachdem er seine Einberufung nicht erreichen konnte, wieder zu uns zurückgekehrt. –

An die Mutter, Rottweil, den 24. I. 44

Die Adresse von Onkel Heinz lautet: Militärverwaltungsoberrat Dr. H. P. Feldpost Nr. 18541. –
Ich habe einige Bitten an Dich: 1. Versuch bitte einmal, ob Du bei Vöhringer Füllhalterfedern bekommst, denn ich brauche ei-

ne. 2. Wenn Du mir das nächste Paket schickst, so schicke bitte das Stück Pappe, das im untersten Fach des kleinen Schrankes liegt und auf dem ein Plan aufgezeichnet und ein Haus darauf geklebt ist, mit. Schicke dann bitte auch alle die weiße Pappe mit, die dort liegt. Wenn sie nicht ins Paket geht, mußt Du sie eben zerschneiden. – (...)

Hopf, der jetzt bei der Flak ist, schreibt mir:
»Wenn Dich jemand irgend etwas über Angriffe fragen sollte, so gib die beruhigende Antwort: Ein Tagesangriff auf deutsches Gebiet ist in der kommenden Zeit nicht mehr möglich, und die Nachtangriffe werden in Kürze unterbunden werden! Der deutsche Erfindergeist hat die Überhand gewonnen!«

Das, was er da schreibt, glaube ich gerne, denn er muß es ja wissen. –

NS. Über Briefpapier würde ich mich freuen. –

Mittwoch, den 26. I. 1944

Heute vormittag schneite es, und am Nachmittag taute es wieder. –

Ab heute mache ich wieder beim KLV-Standort Dienst, da die Spielschar ewig keinen Dienst macht. Das ist auch eine echt Rottweiler Schlamperei. –

Zum Abendbrot gab es heute Kaffee und ein großes Stück Streuselkuchen. –

Donnerstag, den 27. I. 44

(...) Am Nachmittag hörten wir in der NPEA einen lebendigen Vortrag eines Kapitänleutnants über die Kreuzerfahrten der »Nürnberg« und über Heldentaten in den einzelnen Flotten. –

Der Fraß zum Abendbrot (Zwiebeltunke) war saumäßig. Die meisten haben ihn ins Klosett geworfen. –

Heute abend war ein wundervolles Albglühen zu beobachten, ein hier ganz seltenes Ereignis. –

Habe »Ewiges Deutschland«, eine sehr feine Gedichte- und Erzählungensammlung, herausgegeben vom WHW, gelesen. –

Sonnabend, den 29. I. 44

Heute war ein wunderbares klares Wetter. Der Himmel war völlig wolkenlos. Die Sonne schien, es war wie im Frühling. – Der hiesige Stadtpfarrer hat mich jetzt ausfindig gemacht und mir vor 2 Wochen eine Karte gesandt, auf der er mich zum Unterricht einlud. Ich bin aber bis jetzt noch nicht dort gewesen. Heute nachmittag bin ich deshalb zu ihm gegangen und habe mich vorgestellt. Er machte auf mich einen ganz guten Eindruck. Da ich nun schon mal konfirmiert werden soll, so möchte ich mich durch ihn und nicht durch Herrn Lamparter konfirmieren lassen. –

Zum Abendbrot gab es heute, zu aller Vergnügen, Käse, Butter und Pellkartoffeln. Das schmeckte!-

Wir bekamen heute die Zeugnisse. Ich bin mit meinem ziemlich zufrieden. Die Glanzleistung ist 2 in Mathematik. Doch in Geschichte und Deutsch habe ich nur noch eine 3. In Physik bin ich eine Note besser geworden und habe 3. –

An den Vater, Rottweil, den 29. I. 44

Für Deinen lieben Brief vom 26. I. 44 vielen Dank. –

Mein Hausgenosse kommt leider mit seiner Klasse am Montag nach Ehingen. Doch weshalb fragst Du, ob ich mit meinem Freunde Stenogramm treibe? Er hat an ihr noch kein Interesse. Ich habe mit 12 Jahren auch noch keines für so etwas gehabt. –

Du brauchst nicht erst nach dem Krieg hierher zu kommen, sondern kannst ruhig mal einen Tag Deines nächsten Urlaubes dazu benützen, um einen allgemeinen Eindruck von Rottweil zu gewinnen. –

Heute bekamen wir die Zeugnisse. Im Durchschnitt ist es gleich geblieben, doch im einzelnen hat sich einiges geändert. Ich setze in Klammern das letzte Zeugnis dazu. Zuerst die Fächer, die wir bei Dr. Allmendinger hatten: Deutsch 3 (2), Geschichte 3 (2), Latein Noch 4 (4). Bei Studienrat Birlinger haben wir Erdkunde 3 (3), Chemie 3 (3), Biologie 3 (3). In Englisch habe ich 4 (4), Zeichnen 3 (3), Physik 3(4), Musik 4 (4), Turnen 5 (4). Wir hatten nämlich keine Leichtathletik. Das Glanzstück aber ist die Mathematik: 2 (4)! –

Mutti schreibt, daß ich von Herrn Lamparter konfirmiert werden soll. Wenn es schon sein muß, daß ich konfirmiert werde, dann nicht von dem, sondern hier von Stadtpfarrer Hecklinger. Am 2. 4. ist die Konfirmation. Schreibe mir bitte, welche Schritte ich unternehmen muß, aus der Kirche auszutreten; denn ich will dies dann nach der Konfirmation bis 20. 4. tun. Du hast ja gesagt, daß ich das dürfe, wenn ich konfirmiert sei, also will ich auch davon Gebrauch machen. –

(…) Vielen Dank auch für die RM, die Briefmarken und das Heftchen. Die Geschichten kenn' ich alle schon, sie sind in einem Buch »Das Rätsel des Anton Brück«, das ich Mutti letztes Jahr schenkte, doch sie gefallen mir nicht sonderlich. –

Letzten Sonntag war ich in Villingen. Diesmal machte ich die Sache zu Fuß. Der Weg führte durch wundervolle Schwarzwaldtäler. – (…)

An die Mutter, Rottweil, 29. I. 43

Vielen Dank für Deinen lieben Brief. Meine Erkältung ist fast vollständig verschwunden. –

Ich bin jetzt bei Stadtpfarrer Hecklinger gewesen. Er ist ein ganz netter Mann. Warum soll ich eigentlich in Cannstatt konfirmiert werden? Dazu bekomme ich nämlich keinen Urlaub. Außerdem möchte ich, wenn es schon sein muß, nicht von Herrn Lamparter konfirmiert werden.

Von Onkel Schellenberger erhielt ich heute ein Päckchen mit zwei Büchern für uns. Großvati schrieb mir auch, auf einem Stückchen Zeitungspapier. – Das Wetter ist heute wunderbar, wie im Frühling. Hoffentlich kommt der Winter dann nicht erst im Frühling. Im Eschachtal sind ja schon die Weidenkätzchen draußen. –

Sonntag, den 30. I. 1944

Zum 11. Jahrestag der Machtübernahme machte der Standort Rottweil einen Propagandamarsch durch die Stadt. Vorne marschierte der Bann-Musikzug, dann die NPEA mit ihrer Fahne, als nächstes kam die Bannfahne, hinter der der KLV-Standort marschierte. Ich marschierte in der 1. Rotte. Anschließend hielt der Kreisleiter im Festsaal der DEO eine Ansprache, in der er die Lage in sehr düsteren Farben malte. – Am Nachmittag wanderte ich mit Werner, Braß und Usebenz zusammen, zur Neckarburg. Von dort aus gingen wir den Neckar entlang, an Schloß und Ruine Hohenstein vorbei, nach Talhausen, von wo aus wir in einer kühnen Kletterei zur Ruine Herrenzimmern gelangten. Wir besichtigten die untere und obere Ruine ausgiebig. Anschließend gingen wir in Herrenzimmern ins »Kreuz« und tranken dort, in Ermanglung eines anderen Getränkes, Bier. Den Rückweg nahmen wir über Hochwald und Zimmern. Es war heute wunderbares Wetter. Doch am Abend wurde es nebelig. –

Montag, den 31. I. 1944

Heute früh wurde die Klasse 2c nach Ehingen/Donau verlegt. Das ist sehr schade; denn damit ging auch der Joachim fort. Jetzt kann ich also nicht mehr mit ihm abends Schach spielen, wie ich das seither gewöhnt war. Schade! –
   Ab heute ist das »Kreuz« geschlossen, und die Fünfer vom »Kreuz« essen jetzt in der »Blume«. Dort ist aber das Essen lan-

ge nicht so gut und so reichlich wie im »Kreuz«; denn man hat nicht mit so starken Essern gerechnet. –

Heute hatten wir 6 Stunden Unterricht. 4 davon waren Physik. Das hat uns sehr geschlaucht. Das Wetter war heute wieder so schön wie an den Vortagen, sogar noch schöner. Daher war heute für uns die Schule eine besonders große Qual. –

Wir erhielten eine Chemieklassenarbeit zurück, ich habe 3/4 und gehöre somit zu den Besseren; denn die anderen haben fast alle 4. –

Dienstag, den 1. Februar 1944

Auch heute war das Wetter wieder wunderbar. Die 7 Stunden Schule waren daher die reinste Menschenschinderei. Viele Jungen haben jetzt schon Kniestrümpfe an. Dies halte ich für etwas zu früh. –

Heute abend ist draußen wieder herrlichster Mondschein. –

Mittwoch, den 2. II. 1944

Heute war das Wetter regnerisch. –

In Deutsch lesen wir zur Zeit die »Jungfrau von Orleans«. Jeder hat eine Rolle zu lesen. So las ich auch schon, außer einigen kleineren Rollen, die Margot, La Hire und Talbot. Außerdem besprach heute Studienrat Kraus die Führerrede vom 30.I. mit uns. Studienrat Kraus ist ein überzeugter Nationalsozialist. Seine Worte und Ermahnungen fielen bei den meisten der Klasse wie ein Korn auf einen Stein. –

Im Zeichnen haben wir jetzt Gotik, und in der Musik bespricht Herr Luz die Orgel, ein sehr interessantes Gebiet. –

Im Dienst »schlauchte« uns Dieter Lung eine Stunde lang, weil einige Dummköpfe, die am Dienst kein Interesse haben, geschrien haben. Er hatte eigentlich vor, das wußte ich, weil ich den Standortbefehl gesehen hatte, daß ein Bunter Nachmittag durchgeführt werden solle. –

Beim Abendbrot schrien wir dauernd, weil Dr. Allmendinger da war:»Da ist er wieder, faßt ihn!« Er ärgerte sich darüber sehr. Als er ging, riefen wir besonders laut, daher verlangte »Dr. Kork«, daß man unseren Tisch bestrafe. »Zur Strafe« mußten wir dann die Stühle richtig stellen. Zum Schluß sagte uns Dieter Lung, daß er uns auch gerne helfen würde beim »Pfropf«-Schippen, doch er dürfe es leider nicht. Deswegen hatte er uns auch so »bestraft«. –

Heute erhielt jeder 40 Rahmbonbons, daher sieht man jetzt alle des Standorts mit einem solchen im Munde herumlaufen. –

Donnerstag, den 3. II. 1944

Heute jährt sich der »Tag von Stalingrad« zum 1. Mal. Wir werden diese Helden immer ehrend im Gedächtnis behalten, und wenn wir vor eine schwere Aufgabe gestellt werden, der wir zu unterliegen drohen, immer ihrer gedenken und durch dieses Gedenken die Kraft gewinnen, die Aufgabe zu lösen. –

Heute war das Wetter warm und feucht. –

Habe von R. Wichtenich und Fr. Th. Pabst das Buch »Carl Peters erobert Ostafrika« gelesen. Dieses Buch ist sehr fein. –

Freitag, den 4. II. 1944

Am Vormittag versuchte es mehrmals zu schneien, zu regnen, und einige Male schien auch die Sonne - richtiges Aprilwetter. – Am Nachmittag setzte ein regelrechter Schneesturm ein. Es schneite so heftig, daß man nicht mehr einen Meter weit sah. Heftiger Wind trieb die Flocken vor sich her. Jetzt blieb der Schnee liegen, doch der Sturm ließ nach, aber unentwegt schneite es noch weiter. Jetzt wird wohl der Winter kommen, auf den wir so lange gewartet haben. –

Laut Wehrmachtsbericht haben deutsche Truppen die Städte Rowno und Luzk (letztere ist 50 km vom Generalgouvernement entfernt) geräumt. Die Lage im Osten ist sehr bedenklich.

Jetzt heißt es, alle Kräfte noch mehr für den Sieg zu mobilisieren; denn wir dürfen den Feind nicht noch weiter vordringen lassen. –

Das Essen in der »Blume« ist jetzt ganz anständig, und nachdem sich die Frau Irion auf uns »Fresser« eingestellt hatte, auch sehr reichlich, so daß wir also keinen Grund zu Beschwerden haben. Dies ist ja die Hauptsache! –

Sonnabend, den 5. II. 1944

Heute hatten wir den ganzen Tag über Schneesturm. Der Schnee liegt jetzt schon ganz ordentlich. –

Nachdem ich gestern und heute zusammen 30 Konzeptseiten an den »Reisen und Abenteuern eines kleinen Sonnenstrahls« weitergeschrieben habe, habe ich dieses Märchen auf Konzept vollendet. Das ist ein schöner Erfolg. –

An den Vater, Rottweil, den 6. II. 44

Hab' vielen Dank für Deinen lieben Brief vom 2. II., das Geld, die Briefmarken und das Heftchen. Daß ich in Cannstatt konfirmiert werde, ist nicht möglich, da wir, wenn wir in Urlaub fahren, keine Marken mehr bekommen, und wenn es nur um den Schein geht, ist es ja egal, wo der Schein ausgestellt wird. Warum verstehst Du mich eigentlich nicht? Wenn ich eine Anschauung vertrete, so muß ich für sie einstehen und kann nicht willenlos zuschauen, welche Betrügereien und Schwindeleien mir aufgebunden werden. Deshalb will ich aus der Kirche austreten. Ich habe Euch versprochen, daß ich mich konfirmieren lasse, Ihr aber habt gesagt, daß ich nach der Konfirmation sofort austreten kann. Und von dieser Erlaubnis will ich sobald wie möglich Gebrauch machen. Wenn ich aber in der Kirche bleibe und trotzdem nicht für die Sache zu haben bin, da sieht das so aus, als ob ich kein Vertrauen zu meiner Anschauung hätte. Ich habe nämlich für meine Lehre, die sich gegen all das

Staatsfeindliche richtet, was es jetzt gibt, schon einige Anhänger (…) Was würden da meine vielen Gegner sagen? Diese Kerle, die entweder nur Jazz und Lotterleben oder die Kirche kennen. –

Seit zwei Tagen haben wir jetzt wieder Schnee. Vorgestern und gestern hatten wir heftigen Schneesturm. Auch jetzt schneit's wieder. –

Am 30. I. machte der HJ-Standort Rottweil einen Propagandamarsch durch die Stadt. Wenn wir an den Kirchen vorbeimarschierten, wurde besonders laut gesungen; denn um diese Zeit war gerade Gottesdienst. Die besten Formationen: NPEA und KLV, marschierten an der Spitze. Ich marschierte gleich hinter der Bannfahne. So konnte ich fabelhaft beobachten, wer die Fahne grüßte und wer nicht. Viele Leute taten es, obwohl Rottweil dafür bekannt ist, daß es sehr schwarz ist, da ja fast alle Einwohner katholisch sind. Der Stadtpfarrer Hecklinger hatte es natürlich nicht nötig, zu grüßen. –

Gestern kam ich nach 4 Monaten Unterbrechung endlich einmal wieder dazu, an den »Reisen des kleinen Sonnenstrahls« weiterzuarbeiten. Ich vollendete es jetzt auf Konzept. –

Die Feuerwehr, die unten im Haus stationiert ist, ist soeben ausgerückt, doch nur mit einem Wagen; mal sehen, was da wieder los ist, vielleicht ist ein Pferd gestürzt?-

Der Schnee liegt jetzt schon 15 cm hoch. Soviel haben wir hier diesen Winter noch nicht gehabt. Ich glaube, daß der Winter jetzt erst kommt.

An die Mutter, Rottweil, den 6. II. 1944

Vielen Dank für Deinen lieben Brief vom 3. 2. Daß ich in Cannstatt konfirmiert werde, ist nicht möglich, da ich keine Marken in den Urlaub bekomme. Das ist nämlich seit einiger Zeit abgeschafft worden. Außerdem, wenn es, wie Vati schreibt, nur um den Konfirmationsschein geht, ist es ja ganz egal, wo ich konfirmiert werde. Außerdem will ich auf keinen Fall von Herrn Lamparter konfirmiert werden, das kannst Du ihm gleich sagen!

77

Ich habe vor einigen Tagen ein Päckchen mit schmutziger Wäsche abgesandt. Das Paket, was Du an Dietrich geschickt hast, schicken wir auch bald zurück. Ich lege ihm einen Stoß Briefe bei. Lege ihn bitte, wenn Du Dich für ihn genügend interessiert hast, unten in den Schrank zwischen die Buchstützen. Wieso ist es denn bei Kleinschmidts so laut, sind die wieder zurück? Seit zwei Tagen haben wir wieder dick Schnee. Vorgestern und gestern hatten wir einen ordentlichen Schneesturm. Jetzt schneit es auch schon wieder. –

Schicke mir bitte eine Füllfeder; denn sie ist so abgeschrieben, daß ich mit dem Federhalter schreiben muß.

Gestern kam ich endlich einmal dazu, »Die Reisen des kleinen Sonnenstrahls« zu vollenden. Endlich; bei Levsens hätte ich niemals die Muße dazu gehabt. –

Zur Zeit haben wir 40 Stunden Schule in der Woche. Das ist etwas zu viel. Wir haben uns darüber beschwert. Mal sehen, was das für einen Erfolg hat. –

Den HJ-Ausweis schicke ich mit dem Zeugnis. –

Ich habe eine Halsweite von 35 cm. –

Haible hat mir geschrieben. Er ist jetzt auch bei der Flak. Die Klassenkameraden der Jahrgänge 27, 28 der GDO sind von der Flak entlassen. Man scheint also noch genügend zu haben.

Schreibe mir bitte, welche Schritte ich unternehmen muß, um aus der Kirche auszutreten, weil ich dies nach der Konfirmation tun will. Dieser Laden bricht nämlich bald zusammen, weil er schon an allen Ecken und Enden faul ist und stinkt.

NS. Osterferien gibt es dieses Jahr keine, obwohl wir 14 Tage Herbstferien gut haben!

Montag, den 7. II. 1944

Heute nacht hat es gefroren. Am Nachmittag schneite es wieder. –

Wie uns heute der Chef sagte, kommen wir voraussichtlich in nächster Zeit für 1 Woche ins Schilager auf dem Fohrenbühl bei Schramberg. Wir freuen uns schon alle sehr darauf. Da habe ich dann endlich Gelegenheit, das Schifahren zu lernen.

Als ich heute durch den verschneiten Stadtgraben ging, konnte ich viele Vögel beobachten, die es in Stuttgart nicht oder nur selten gibt: Dompfaffen, Blau- und Kohlmeisen, Hänflinge und Goldammern. Besonders gut gefallen mir die Dompfaffen, die ich hier das erste Mal sah. –

Dienstag, den 8. II. 1944

Als ich heute früh in die Schule ging, regnete es, dann taute und schließlich schneite es wieder, was es aber heute den ganzen Tag, bis auf wenige Ausnahmen, getan hat. Überall war es furchtbar glatt und matschig. –

Am Abend bin ich hier das 1. Mal in den Unterricht (Konfirmanden) gegangen. Nach dem Unterricht hatte ich mit Stadtpfarrer Hecklinger eine einstündige Unterredung, oder besser gesagt, einen Wortkampf, in dem ich ihm verschiedene kleinere Fragen über und um das Christentum vorlegte, die er mir zum Teil beantwortete, zum Teil aber auch nur mit Bibelsprüchen und Redensarten beantwortete, die aber keine Antwort auf die Fragen waren. Als ich dann mit »gröberem Geschütz« auffuhr, d. h. die Frage vorlegte: »Warum verhindert das Christentum und die Kirche nicht Kriege. Sie sollte es doch als ihre vornehmste und 1. Aufgabe betrachten, statt dessen führt sie noch Kriege?« kniff er aus und beantwortete sie nicht. Warte nur! Das nächste Mal habe ich noch einige Fragen, die noch anders sind! Von einem Pfarrer lasse ich mich nicht unterkriegen. –

Diese Unterredung hat meinen Glauben und meine Ansicht noch verstärkt!-

Mittwoch, den 9. II. 1944

Heute nacht hat es auch wieder geschneit. Auch den Tag über schneite es fast immer. –

Heute war es im Dienst sehr schön: Gleich zur Begrüßung, das geschah auch mit den anderen so, fiel die ganze Bande über mich her und seifte mich zweimal ein. Das war für beide Seiten recht belustigend. (Ich war mit denen angetreten, die entweder einen Schlitten oder gar nichts hatten.) Wir marschierten dann zur Heerstraße, wo man sehr gut fahren kann. Ich entdeckte die Reste einer Schneeburg und machte mich mit etwa 20 Mann daran, die Burg wieder aufzubauen, um so den Angriff der anderen herauszufordern. Mit einem, der glaubte, alles kritisieren und zerstören zu können, geriet ich in einen Wortwechsel, aus dem eine Keilerei wurde, wobei ich einen Schlag ins Gesicht erhielt, daß mir Mund und Nase jetzt noch geschwollen sind. Dieser begann bei den anderen auf der Schlittenbahn zu hetzen und ihre Aufmerksamkeit auf mich und mein Werk zu lenken. Unterdessen waren aus den 20 Mann 8 geworden. Als der »Feind« angriff und es ein kurzes Gefecht gab, liefen 3 über. Mit den restlichen 4 Mann zog ich mich schnell zurück, denn Fritz Herre, der Führer der Gegenpartei, folgte auch schnell. Schließlich ließ er aber von der Verfolgung ab, zog sich zurück und zerstörte die Burg. Ich beschloß, mit meinen »Truppen« den Feind von der anderen Seite her anzugreifen, durch den Stadtwald hindurch. Um zu ihm zu gelangen, machte ich einen großen Bogen um die Feindmacht herum. Doch ich wurde genau beobachtet. Fritz Herre ging auf der Landstraße vor und schickte zwei Trupps auf die Seite, die uns einkesseln sollten. Dies erkannte ich zum Glück rechtzeitig. Ich ging mit meinen »Truppen« auf eine Abteilung von 6 Mann aus meiner und der Parallelklasse zu und bat sie um Beistand, den ich auch sofort erhielt. Wir stießen wieder vor, dem weichenden Feind nach, überrannten dann die zerstörte Burg, in der er sich festgesetzt hatte, und haben somit gegen eine Übermacht, das Verhältnis war 11:50, gewonnen. Ganz durchnäßt kam ich nach Hause. Aber es war schön gewesen! –

Heute hat es fast den ganzen Tag über geschneit. Jetzt haben wir schon 20 cm Schnee.

Am Nachmittag machten wir alle keine Hausaufgaben, da wir »Schneeferien« nachmittags haben. –

Im Turnen, das wir heute das 1. Mal wieder hatten, fochten zwei der Parallelklasse mit Säbel und Florett. Es war sehr interessant. –

An die Mutter, Rottweil, den 10. II. 44

Ich schicke Dir hier das Zeugnis, den HJ-Ausweis und die Seifenkarten. Schicke mir bitte Zeugnis und Ausweis bald wieder zurück. Ersteres muß ich am 1. März wieder haben. – Über meine einstündige Aussprache nach dem Konfirmandenunterricht mit Pfarrer Hecklinger, bei der mir der Pfarrer fast keine Frage beantworten konnte, will ich Dir im nächsten Brief berichten. Vielen Dank für die Schuhe und das kleine Päckchen mit den Strümpfen.

NS. Wir sollen demnächst auf den Fohrenbühl auf ein Schilager kommen.

Sonnabend, den 12. II. 1944

Auch heute hat es wieder etwas geschneit. Am Nachmittag vergnügte ich mich damit, daß ich über die Wiesen im Schnee stapfte und in die Schneewehen sprang, um möglichst tief einzusinken. –

An den Vater, Rottweil, den 12. II. 44

Am selben Tage, an dem Stadtpfarrer Hecklinger Euch geschrieben hat, hat er auch mir eine unverschämte Karte geschrieben. Er hat sich dafür am Dienstag bei mir entschuldigt! Er hatte nämlich von mir behauptet, ich sei im Kino gewesen, wie fast alle anderen, die den Unterricht besuchen. Ich war aber an diesem Abend so krank, daß ich nicht in den Unterricht gehen konnte, sondern nach dem Abendessen um 7 Uhr ins Bett ging. –

Wie Du in diesem Zusammenhang auf eine Hetze über Dr. Allmendinger kommst, kann ich mir nicht erklären; denn wir haben ihn ja schon länger als 1 Monat nicht mehr. Daher interessiert er mich auch nicht! –

Das Zeugnisheft habe ich mit Seifenkarten und HJ-Ausweis nach Cannstatt geschickt. Ich habe keine so schlechten Zeugnisse, daß Ihr sie nicht sehen dürft. – (…)

Am Dienstag hatte ich eine mehr als einstündige Unterredung mit Herrn Hecklinger. In dieser habe ich den Schwindel so deutlich erkannt, daß es für mich gar keinen anderen Weg gibt, als dieses sinkende Schiff zu verlassen. Warum ist jetzt die Kriminalpolizei so hinter den Pfarrern her? Warum stellt sie in der Schule Verhöre sogar gegen den Herrn Ottmar an?

Stadtpfarrer Hecklinger konnte mir auf keine der Fragen, die ich gestellt habe, antworten. Ein Zeichen dafür, daß der Schwindel stur geglaubt wird. Er antwortete stets nur mit Bibelsprüchen, die aber keine Antwort sind. –

Meine letzte Frage aber an diesem Abend konnte er nicht einmal mit Bibelsprüchen beantworten, sondern mußte zugeben, daß er keine Antwort darauf habe. Diese Fragen, die ich stellte, sind alle so, daß ich sie leicht beantworten kann. Ich habe noch einige für nächsten Dienstag, die sogar für mich noch etwas schwierig sind.

Ich kann das nicht, daß ich stur an etwas glaube, was mir andere vorreden. Ich gehe der Sache auf den Grund, und wenn ich sehe, daß sie ein Lügengespinst ist, mit dem man den Leuten die Augen zubindet, dann kann ich mich nicht mehr dafür begeistern, sondern wende mich der Anschauung zu, von der ich überzeugt bin. –

Du schreibst, daß ich mich umstellen soll. Dieses werde ich niemals tun, sondern ich werde so den Weg weitergehen, den ich begonnen habe (…) Ich will kein so oberflächlicher Mensch sein, der auf jeden Schwindel hereinfällt, den man ihm vormacht.

Daß Du mich damals in den Weltanschaulichen Unterricht gehen ließest, darüber brauchst Du Dich nicht zu ärgern; im Gegenteil, freue Dich; denn da habe ich auch die andere Seite kennengelernt und weiß jetzt die Mittel, mir diese und die christliche Anschauung vom Leibe zu halten. – Ich fühle mich dazu berufen, daß ich den Menschen zeige, welchem Betrug sie zum Opfer gefallen sind! Alle aber hindern mich daran. Wenn man so etwas tun will, dann darf das keine Halbheit sein, sondern man muß ungehindert alles über Bord werfen, was veraltet ist. Das ist bei allen Religionen, ob sie nun politischer, wirtschaftlicher oder religiöser Natur sind, so. Geschieht dies nicht, dann wird das Kind, was man zur Welt bringen will, eine Mißgeburt. Und daß es nötig ist, daß eine neue und wahre Religion kommt, das merkt man am besten darin, wenn ein Pfarrer nicht einmal mehr seine Religion auslegen und andere davon überzeugen kann.

Mich kosten diese Kämpfe meine ganze Gesundheit, das merke ich daran, daß ich dauernd krank bin. Aber der Glaube wird dadurch nur härter und fester. Ich kann es nicht, daß ich allen den Kämpfen entsage und dann in den Tag hineinlebe, heute das und morgen das glaube. Was ich glaube, davon bin ich fest überzeugt, und für das andere kann ich nichts übrig haben. Ich kann nur den einen Glauben vor Gott verantworten, den er mir selbst gegeben hat, nicht aber ein Machwerk von ruhmsüchtigen Menschen anerkennen! Warum versteht Ihr mich denn nicht?

Wenn Du das »kleine unreife Launen« nennst, dann bist Du vollständig auf falschem Wege. – (…)

Hoffentlich merkst Du aus diesem Briefe endlich einmal richtig, was ich will. Hoffentlich wirst Du auch noch einmal davon erfaßt und dafür begeistert. Bald ist der Tag da, an dem das Lügengewebe der christlichen Kirche zerreißt, und dann kann jeder die bloße Lüge, die dann endlich nach 2000 Jahren entlarvt wurde, an ihrer Stelle stehen sehen. Denn wenn die Anhänger und die Beauftragten dieser Anschauung ihre oberste Pflicht, nämlich für ihr Vaterland an erster Stelle zu stehen, vergessen, dann wird sie die göttliche Strafe bald ereilen. Da lobe ich mir die Englische Kirche, die betet sogar, obwohl es sich mit ihrem Glauben nicht vereinen läßt, für den 1. Kirchenfeind, der aber der Verbündete des Vaterlandes ist. In Deutschland aber bringen es diese Leute nicht einmal so weit, daß sie die Regierung, die ihnen Gutes bringt, anerkennt. Pfui! Überlege Dir dies bitte einmal alles genau und laß es Dir durch den Kopf gehen, und Du wirst bald davon überzeugt sein.

NS. Vielen Dank auch für die Briefmarken.

Sonntag, den 13. II. 44

In der Jugendfilmstunde wurde heute früh »Der weiße Traum« gezeigt. Dies ist ein Eislaufrevuefilm. Die Aufmachung ist großartig, doch fehlt jeglicher Geist vollständig. Ein Stück ist sogar noch verjazzt. Daß so etwas in der Jugendfilmstunde, die doch zur Erziehung beitragen soll, gezeigt wird. –

Am Nachmittag stapfte ich eine Zeitlang durch den Schnee auf der Ebene zwischen Rottweil und Göllsdorf. Dann fuhren wir etwas Schlitten. Es hat uns natürlich auch einmal »neig'haue«. Dann ging ich heim, weil ich meinen Absatz verloren hatte. –

Den Nachmittag über beschäftigte ich mich mit dem Bau einer Stadt aus Papier; denn ich habe jetzt die Mittel dazu, wenn auch recht behelfsmäßig. –

Montag, den 14. II. 1944

Heute hat es auch wieder einige Male geschneit. –

Am Nachmittag hatten wir des Schnees wegen frei. Wir bekamen für diese Woche einen neuen Stundenplan, wonach wir jeden Nachmittag frei haben, dafür aber am Vormittag 5 und 6 Stunden. Also mit etwas gutem Willen geht doch der Stundenplan durchzuführen, den wir schon lange gewünscht haben!-

Dienstag, den 15. II. 1944

Den ganzen Tag über war heute die Luft sehr feucht. Diese Nässe setzte sich überall in Form einer Eisschicht fest. –
Am Abend war ich im Unterricht. Daß sich Stadtpfarrer Hecklinger über seine Niederlage sehr ärgerte, merkte ich daraus, daß er mehrere Dinge sagte, deren Spitzen sich auf das von mir Festgestellte richteten. Doch daraus mache ich mir nichts. –

Mittwoch, den 16. II. 44

Auch heute schneite es wieder etwas. –
Am 26.II. kommt die Klasse ins Schilager. Nach einem Gerücht sollen die 29iger nicht mitdürfen. Das wäre gemein. –

Donnerstag, den 17. II. 44

Der heutige Tag blieb auch nicht ganz ohne Schnee. –
Walter Hirt, der Führer der Spielschar, bat mich heute, wieder in die Laienspielschar zurückzukommen. Er winkte dabei mit einer Führerstellung. Ich werde doch nicht so dumm sein und diese Gelegenheit hinauslassen. –
Wir bekamen eine englische Klassenarbeit zurück. Ich bin mit 3/2 der Beste. –
Im Turnen lernen wir jetzt das Boxen. –

Freitag, den 18. II. 1944

Wie an den letzten Tagen, so schneite es auch heute wieder. Es war ganz schön kalt. –
Zum Mittagessen gab es heute eine Suppe, in der sehr viel Fett, besonders Butter, war. Es folgten Fleischküchlein. Zum Abendbrot gab es Kartoffelpuffer, von denen das Fett tropfte. Ich habe an meinem Tisch, mit 8 vertilgten Puffern, den Rekord

aufgestellt. Hinterher gab es noch Griesbrei mit eingemachten Pflaumen. Das schmeckte! –

An den Vater, Rottweil, den 18. II. 1944

Vielen Dank für Deinen Brief vom 14.II.44.

Da Dich die Fragen, die ich Stadtpfarrer Hecklinger vorlegte, interessieren, will ich sie Dir schreiben:

1. »Hat Christus wirklich gelebt? Kann er nicht auch die Erfindung eines anderen oder ein Idealbild sein? Kann er nicht auch ein Philosoph gewesen sein, der sich für Gottes Sohn hielt?«

Diese Fragen lehnte Stadtpfarrer Hecklinger ab, ohne sie zu beantworten.

2. »Ist er tatsächlich das, wofür er sich ausgibt, nämlich Gottes Sohn?«

Antwort: »Jesus zog mit seinen Jüngern einige Tage in die Wüste« (in ein »Schulungslager«, wie sich Stadtpfarrer Hecklinger ausdrückte.) »Als er mit ihnen zurückkehrte, fragte er die Jünger: ›Für wen halten mich die Menschen?‹ Petrus antwortete: ›Für den Messias oder einen Propheten.‹ ›Für wen haltet Ihr mich?‹ ›Du bist der Sohn Gottes.‹ Darauf sprach Jesus: ›Das kommt nicht von Deinem eigenen Fleisch, sondern das hat Dir mein Vater im Himmel gesagt.‹«

Wenn ich an die Bibel glaubte, wäre das für mich eine Antwort, da ich es aber nicht tue, ist es keine!

3. »Warum brauchen wir einen Erlöser, der sein Blut um unserer Sünden willen gab? Verleitet dieser Gedanke nicht zu größeren Sünden? Es ist doch besser, wenn jeder selbst für seine Sünden eintritt!« (siehe Beispiel katholische Kirche Beichte.)

Darauf erhielt ich keine Antwort. Dies steht eben fest, nach der Meinung des Christentums, und daran soll man nicht rütteln.

4. »Kann nicht auch eine andere Religion die richtige sein? Es gibt doch so viele. Richtig ist doch bestimmt die, die Gott a l l e i n zum Mittelpunkt hat.«

Antwort:»Die christliche Religion ist die am höchsten entwickelte. Nach anderen Auffassungen sind auch die Götter Sünder (siehe germanische Religion).«

Frage:»Kann sich daraus oder unabhängig von ihr, nämlich der christlichen Religion, nicht noch eine höher stehende Anschauung entwickeln?«

Antwort:»Nein.« (Das nehme ich nicht als genügende Antwort an.)

5. »Ist das Treiben mit den vielen Heiligen in der Kirche nicht Götzendienst?«

Antwort:»Auf diese Art ist die christliche Religion auch dem einfachen Volke zugänglich.«

(Es ist traurig, wenn man so etwas braucht.)

6. »Sollte es nicht die höchste und vornehmste Aufgabe der Kirche sein, Kriege zu verhindern, statt daß sie noch Kriege führt?«

Auf diese Frage erhielt ich keine Antwort. (...)

Du fragst, wer meine vielen Gegner sind? Das sind die, die allen staatsfeindlichen Ideen, so Kirche, Jazz u. ä. nachlaufen. Wenn sich z. B. einer beschwert, daß im Hindenburgbau in Stuttgart jetzt Beethoven gespielt wird, statt dem sonst vor der Bombardierung üblichen Jazz, so habe ich den schon gefressen. Ich bin diesen Elementen zu langweilig, weil ich da nicht mitmache, sondern, wenn sie Schlager singen, Volkslieder singe; denn das habe ich mir in der letzten Zeit eine ganze Anzahl gelernt; wenn sie mit Mädchen rumbusieren, dann bin ich im Bett, wenn sie in Kaffeehäusern und Gaststätten herumsitzen und rauchen, dann bin ich draußen in der Natur. Sie haben mir vorzuwerfen, daß ich nicht ihr Lotterleben mitlebe. Ich bin der einzige der 5. Klasse, der noch kein Mädchen hat! –

Die politische Führerstelle, die Du mir abrätst, habe ich seit zwei Tagen. Ich bin Führer in der HJ-Spielschar. Genau weiß ich es noch nicht, aber so viel ich weiß, Scharführer. In der Beziehung kann also keiner der Klasse mehr auf mich heruntersehen. Auf eine Art muß ich mich mit ihnen messen können, wenn nicht im Sport, so in deren HJ-Rang. Morgen wird mich Studienrat Schott von der DEO in mein Amt einführen. Eigentlich war ich ja aus der Spielschar ausgetreten, weil sie keinen Dienst machte, doch jetzt, da es so weit ist, kam der Führer der Gefolgschaft, von uns »Sonatenonkel« genannt, weil er mit 17 Jahren der beste Rottweiler Geiger ist, zu mir und bat mich, wiederzukommen. –

Das heißt aber lange nicht, daß ich in der Schule jetzt nachlasse, sondern im Gegenteil, ich muß auch dort als Vorbild wirken!-

Wenn ich von meinen Freunden sage, daß sie für mich die Kastanien aus dem Feuer holen würden, so heißt das noch lange nicht, daß sie es tun müssen! Ich habe wenig Freunde, die aber sind mir viel wert; denn es sind echte Freunde! Damit Du Bescheid weißt, ich will kein Prophet sein, sondern wenn ich in Ruhe gelassen werde, lasse ich auch die anderen in Ruhe, Hauptsache aber ist, daß ich ungestört meinen Anschauungen nachgehen kann. –

Wenn Du schreibst, ich hätte noch 60 Jahre zu leben, so will ich Dir nur sagen: wenn ich Glück habe; denn was kann einem in 60 Jahren alles geschehen. Sonst gebe ich mich natürlich nicht mit 60 Jahren zufrieden!-

Im Turnen lernen wir jetzt das Boxen. Das ist ganz unterhaltend und interessant, und wenn man dabei wirklich einmal den Ranzen vollbekommt, so ist das auch nicht so schlimm. –

Jetzt haben wir schon über zwei Wochen Schnee. Am 26.II. sollen wir aufs Schilager auf den Fohrenbühl bei Lauterbach kommen. Doch haben da nur 35 Mann Platz, und 44 Mann sind wir. Jetzt geht das Gerücht herum, die 29er dürften nicht mit. Das wäre gemein. –

Gestern bekamen wir eine englische Klassenarbeit zurück, ich habe mit 3/2 die beste. –

Diese Woche haben wir einen neuen Stundenplan erhalten, wonach wir nachmittags frei haben zum Schifahren. Dafür haben wir morgens 6 Stunden Schule. Doch das macht nichts. Leider gilt er nur so lange, wie der Schnee liegt.

Heute in der Schule war es mir furchtbar schlecht. Fieber hatte ich auch. Deshalb legte ich mich am Nachmittag ins Bett und schlief. Viel geholfen hat das aber nicht. –

Sonntag, den 20. II. 1944

Am Vormittag war es mir etwas besser als gestern. Nach dem Mittagessen war ich wieder »ganz auf Draht«. Daher ging ich eine Stunde lang spazieren. Am Nachmittag wurde ich von hohem Fieber befallen, weshalb ich schnell das Bett aufsuchte. –

20./21. II. 44

Von ungefähr ¼4 Uhr – ¾5 Uhr war Alarm. Die Warnung hatte ich nicht gehört. Doch hörte ich den allgemeinen Aufbruch im Haus. Beinahe ¾ Stunden lang flogen englische schwere Bomber über uns weg nach Stuttgart. Oh weh! –

21. II. 44, Montag.

Heute nacht waren die Engländer wirklich in Stuttgart, vor allem Cannstatt, und haben dort furchtbar gehaust. Laut OKW waren die Flugzeuge gestern am Tag in Leipzig. Blieb den ganzen Tag im Bett. –

Dienstag, den 22. II. 44, Fastnacht!

Die tollsten Gerüchte gehen herum. Neues Schloß, Theater, Naturalienkabinett, Hauptbahnhof, Gaskessel u.s.w. wurden getroffen. In Stuttgart muß es toll aussehen. –

Heute abend stand ich aus dem Bett auf und ging wieder zum Essen. Alle benahmen sich wie die Verrückten. Es gab Glühwein. Der wurde am Schluß noch über die Tische geschüttet. – Ich bin noch sehr unsicher im Gehen. –

Mittwoch, den 23. II. 1944

Heute bin ich 15 Jahre alt. – Ich habe bis jetzt noch keinen einzigen Geburtstagsbrief oder ähnliches bekommen. Entweder haben mich alle vergessen oder ist alles in Stuttgart liegen geblieben. – Von zu Hause erhielt ich heute Nachricht. Türen, Fenster und das Dach sind kaputt. Das ging noch einmal. – Heute früh um 5 Uhr rückte die Feuerwehr aus. Sie fuhr in die Schramberger Straße 83. Dort ist fast der ganze Dachstuhl abgebrannt. Wie froh bin ich, daß ich nicht mehr dort wohne, denn sonst hätte ich bestimmt auch etwas verloren. Der Grund zu dem Brande ist: Auf dem Boden wurde eine Holzkiste mit glühender Asche aufgestellt. So ein Leichtsinn. – Heute früh sprach ich mit Studienrat Schott, dem Leiter der Spielschar. Er sagte mir meine neue Rolle. Er ist ein ganz netter und lustiger Mann. –

An die Mutter: Rottweil, den 23. II. 1944

Deine Karte »durch Eilboten« erhielt ich heute. Sie brauchte zwei Tage, so lange also wie ein gewöhnlicher Brief hierher braucht, wenn er sich verzögert. Gestern kam ja überhaupt keine Post aus Stuttgart. – Nach dem, was wir so hören und erlebt haben, sieht es ja in Stuttgart böse aus. ¾ Stunden lang flogen die Engländer über Rottweil. Ich war in dieser Nacht aber vom Fieber, das ich schon an den vorhergehenden Tagen gehabt habe, so geschwächt, daß ich nicht einmal aus dem Bett aufstehen konnte. Jetzt ist die Grippe vorbei.

Ich versuche morgen auf Grund Deiner Karte Urlaub zu bekommen für Sonntag, den 26., und noch einige Tage. In dieser Zeit sind die anderen im Schilager. Ich kann nicht mit, da ich noch sehr unsicher auf den Füßen bin. Außerdem fehlen mir die richtigen Schuhe dazu. Ich habe auch keinen Einberufungsbefehl bekommen, kann also auch aus diesem Grund nicht gehen.

Ich kann dir dann gleich beim Fensterausglasen helfen, ein Saugeschäft. – – –

Heute nacht ist in der Schrambergerstraße 83 der Dachstock abgebrannt. Die Ursache: Jemand hat in einer Holzkiste glühende Asche auf den Boden gestellt. So ein Leichtsinn. Das Zimmer, in dem die NS-Schwester wohnte, ist ganz ausgebrannt; was mit meinem ehemaligen Zimmer geworden ist, kann ich nicht sagen. – (…)

Ich habe bis jetzt von niemandem einen Geburtstagsbrief oder ähnliches erhalten; entweder haben mich alle vergessen, oder ist es in Stuttgart liegengeblieben wegen des Angriffs, vielleicht auch verbrannt. Ob ich Urlaub bekomme, ist nicht sicher!

An den Vater, Rottweil, den 24. II. 44

Vielen Dank für Deinen lieben Brief vom 21. II. 44., für das Geld und die Briefmarken.

Die erste neue Märe, die ich Dir zu berichten habe, ist: Gestern früh um 5 Uhr brannte der Dachstock in dem Hause Schramberger Str. 83 ab, also ist mein ehemaliges Quartier auch verbrannt. Wie froh bin ich doch, daß ich rechtzeitig »Lunte roch« und dort verschwand. Glück muß man haben! –

Am Samstag fährt die Klasse ins Schilager. Die Eisenbahnfahrt führt durch eine wundervolle Gegend des Schwarzwaldes und dauert mehrere Stunden, obwohl die Entfernung Rottweil-Fohrenbühl nur rund 30 km beträgt. Die Eisenbahn fährt aber auf großen Umwegen dorthin. –

Den Angriff auf Stuttgart habe ich hier im Bett mitgemacht. Ich hatte nämlich einige Tage Grippe. In dieser Nacht war ich so schwach vom Fieber, daß ich nicht aufstehen konnte. –

Unterdessen sind schon bei vielen Hiobsbotschaften eingetroffen. –

Nach dem Lager kommt der Rest der Klasse zur Flak, daß also nur noch wenige Mann da sind. –

Das 1., was wir jetzt in der Spielschar machen, ist ein Stück von Hans Sachs »Das Kälberbrüten«. Es ist sehr lustig. Ich spiele darin die Hauptrolle. Damit gehen wir dann an den Sonntagen in die Lazarette und in die entfernten Dörfer des Kreises. Das ist eine ganz interessante Beschäftigung. Mein Rang in der HJ ist gestern genau festgelegt worden. Ich bin stellvertretender Scharfführer. (Eine Schar = 30 Mann, doch bei uns ist das beliebig.)

Heute abend will ich einmal ins Kino gehen. »Kollege kommt gleich« wird gegeben. Besonders ist er nicht, er ist eben zum Lachen.

Donnerstag, den 24. II. 44

Heute ist wunderbarer Sonnenschein. –

Am Abend war ich im Kino. »Kollege kommt gleich«. Der Film war, von einigen witzigen Situationen abgesehen, nichts Besonderes. –

Um 21.50 Uhr hatten wir Alarm. Englische Flieger flogen über uns weg. Nach einer Stunde hatten wir Öffentliche Entwarnung, dann Fliegeralarm, Öffentliche Entwarnung und Entwarnung. Man sah viele Leuchtschirme und -bomben. Am Horizont Feuerschein. Stuttgart wird wohl das Ziel gewesen sein. –

Freitag, den 25. II. 1944

Heute hatten wir wundervollen Sonnenschein. –

Von 13.15–13.55 Uhr war Fliegeralarm. In dieser Zeit sollen in Cannstatt 3 mit Bomben beladene Flugzeuge abgeschossen worden sein. –

Morgen geht's auf den Fohrenbühl. Hurrah!!-

An die Mutter, Rottweil, den 25. II. 44

Vielen Dank für den Geburtstagsbrief. Vom Herzel erhielt ich außerdem 10 RM und von Sattels ein Päckchen mit Gutsle. Mit dem Urlaub machen wir es so: Schreibe bitte demnächst ein Gesuch für Sonntag, 12. III. Grund und Bemerkung:»Ich übernehme die volle Verantwortung für Hin- und Rückfahrt sowie für den Aufenthalt in Stuttgart.

Morgen fahren wir ins Schilager! Jetzt habe ich meinen Einberufungsbefehl dazu erhalten. – Heute nacht die 4½ Stunden Alarm, das war ja eine Sauerei. Stuttgart hat wohl auch wieder etwas abgekriegt? Meine Bettwäsche war in Dietrichs Paket mit drin.

Nach dem Schilager kommen die Klassenkameraden jetzt endgültig zur Flak. Das ist fein!

Z. Z. haben wir hier wundervollen Sonnenschein, doch frißt leider die Sonne den ganzen Schnee. Na ja, einmal muß es ja Frühling werden.

Du schreibst, daß es besser wäre, wenn ich mit dem HJ-Führer bis nach der Konfirmation gewartet hätte. Das ist nicht richtig; denn da hätte ich ihn nicht bekommen. Es wird einem nicht jeden Tag geboten, daß man vom Gewöhnlichen zum Stellvertretenden Scharführer wird; denn da liegen 3 Rangstufen dazwischen. Wenn der Eugen Sommer das hören würde, der würde grün vor Neid. Jetzt ist es ja auch so, daß mein ehemaliger Kameradschaftsführer mir zu gehorchen hat. Das alles siehst Du hoffentlich ein.

25./26. II. 1944

Heute nacht hatten wir 5 Stunden Alarm. Auf der Stettener Höhe stürzte ein englischer Bomber ab. –

Fohrenbühl. Sonnabend, 26. II. 1944

Heute früh stiegen wir voll Erwartungen in den Zug ein, der uns nach Fohrenbühl bringen sollte. Über Villingen, Triberg,

kamen wir nach Hornberg. Die Fahrt durch die Winterlandschaft und durch die verschneiten Täler des Schwarzwaldes
mit seinen Einzelhöfen war sehr schön. Wir durchfuhren 36
Tunnel. –
  Hornberg ist ein kleines Städtchen am Fuße einer großen
Burg in einem Talkessel. Es ist nicht besonders schön. Die
Straße führte durch ein tiefeingeschnittenes Tal mit vielen kleinen Mühlen und alten Schwarzwaldhäusern. Bald gingen wir
von der Straße ab einen Feldweg den Berg hinauf. Da hatten
wir ordentlich zu keuchen. Als wir oben auf dem Berg waren
und oft genug über den tiefen Schnee geschimpft hatten, merkten wir, daß wir auf dem falschen Weg waren. »Oh Kinderlein
Hohn!« So mußten wir wieder auf die Straße zurück. Ihr entlang kamen wir dann bald in die »Ortschaft« Fohrenbühl. Dort
bogen wir ab und kletterten auf den Mooswaldkopf hinauf.
Dort war unser Ziel. Es ist ein Aussichtsturm, an den zwei
Schwarzwaldhäuser angebaut sind. Das eine beherbergt die
Wirtschaft, das andere die »JuHe«. –
  Die Köchin Charlotte und der Lagerleiter, Hauptstammführer Karl Mohr, kamen erst am Nachmittag. Nachdem wir uns
eingerichtet hatten, ich liege Zimmer 20 – mit 10 Mann belegt,
in einer der unteren Fallen, hatten wir Schiausgabe. Ich habe
ein Paar ganz gute Schi erwischt. Das Abendbrot war sehr ma-
ger. Anschließend war Schiwachsen. –
  Um 9 Uhr war Zapfenstreich. –

Sonntag, den 27. II. 44

Am Vormittag fuhren wir mit den Schiern aus. Doch da meine
Bindung nicht in Ordnung war, kehrte ich um und fuhr allein
beim Haus. –
  Nachmittags fuhren wir allerlei steile Hügel hinab. Da habe
ich mich oft hingesetzt und mir dabei ein Loch in die Hose ge-
rissen. In Sulzbach kehrten wir ein. Ich trank 4 Flaschen süßen
Sprudel. Auf dem Heimweg haben wir dann bei einem Bauern
noch Holz für die Küche geklaut. –

Montag, den 28. II. 44

Heute bin ich krank. Habe Grippe und Durchfall. 6 andere sind auch noch krank. 3 davon haben Verstauchungen. –

Dienstag, den 29. II. 44

Bin noch krank. Der Arzt kam. Er bestätigte mir, daß ich Grippe habe. Gerber wurde von den Kameraden, weil der Arzt Verdacht auf Dyphterie bei ihm hat, ins Krankenhaus Schramberg gebracht. (2. III.: keine Dyphterie.). –

Mittwoch, den 1. III. 44

Bin immer noch krank. –

1./2. III. 1944

Heute nacht flogen feindliche Flugzeuge lange über das Haus, doch wir machten uns nichts daraus. –

Donnerstag, den 2. III. 44

300 m vom Haus warfen die Engländer ungefähr 20 Brandbomben. Was die hier suchen? Heute nacht waren sie in Stuttgart und warfen vor allem Minen. –

Bin aufgestanden und mache Innendienst: Kehre die Stube und helfe in der Küche. –

Die Kameraden, die am Montag zur Flak kommen, gingen heute früh weg. –

An die Mutter, Fohrenbühl, den 2. März 44

Deinen Brief, den Du mir zum Geburtstag sandtest, mit der Schilderung des Angriffes, erhielt ich gestern nachgeschickt. Vielen Dank dafür.

Letzten Samstag fuhren wir hierher. Die Fahrt war lang und schön und führte durch 36 Tunnel. Gegen 12 Uhr kamen wir in Hornberg (Baden) an. Auf einem Weg von 3 Stunden kamen wir hierher. Wir machten dummerweise große Umwege, sonst hätten wir ihn in 1½ Stunden geschafft. –

Die Köchin und der Lagerleiter kamen erst am Abend. Hier oben ist die verschneite Landschaft wundervoll. Überall die schönen Schwarzwälder Einzelhöfe. Samstagabend war Schiausgabe. –

Das Essen ist hier sehr knapp, doch da ich doch nichts essen kann, stört mich das nicht weiter, doch will ich immer der Reihe nach erzählen:

Sonntagfrüh war Ausfahrt, doch da meine Bindung nicht in Ordnung war, konnte ich nicht den anderen folgen. Daher fuhr ich für mich allein beim Haus einige Hügel hinunter. –

Am Nachmittag fuhren wir wieder fort. Dieses Mal ging es aber ziemlich steil hinunter. Das Meiste der Zeit, die ich dazu brauchte, lag ich im Schnee. Am Abend rasteten wir in einem Gasthaus. Dort trank ich 4 Flaschen süßen Sprudel. Daher war es mir am Abend schlecht. – Am Montag hatte ich Grippe. Am Vormittag sägte ich Holz und kehrte die Stube. Nachmittags lag ich im Bett. Wir hatten an diesem Tag 6 Kranke. (3 hatten sich etwas verstaucht. 3 lagen im Bett.) Dienstag kam der Arzt. Bei mir stellte er Grippe fest, und wegen unnormal hohen Pulses hatte er Verdacht auf Herzstörungen. Das fehlte mir gerade noch! Gerber wurde wegen Dyphterieverdachts ins Krankenhaus nach Schramberg gebracht. Inzwischen hat sich aber herausgestellt, daß er keine hat.

Gestern, Mittwoch, lag ich auch im Bett. Fieber hatte ich zwar keines mehr, aber wenn ich aufstand, war mir schwindelig. Die Kameraden brachten mir aus der Apotheke NovalginChinin mit, was mir der Arzt verordnet hatte. –

Die Kameraden, die am Montag zur Flak kommen, rückten vor ½ Stunde (um 10 Uhr) nach Hornberg ab. Wir fahren übermorgen früh. –

Hier ist es ganz ordentlich kalt; denn nur in einem Schlafraum ist ein Ofen, in dem, in dem ich schlafe, aber nicht. –

Jeden Tag rücken einige Mann mit Sägen und Äxten aus, um im Wald Holz (ganze Bäume) zu schlagen. Am Sonntag lief bei dieser Gelegenheit auch einmal ein Teil der Holzbeige eines Bauern mit. Das macht aber nichts. Unsere 15½ Jahre alte Köchin nimmt das immer freudig entgegen, und wir staunen, was für riesige Klötze in unsere großen Kachelöfen hineingehen.

Heute nacht flogen wieder lange feindliche Bombenflugzeuge in großen Massen über uns hinweg. Wo die nur wieder waren? Hier erfahren wir ja überhaupt nichts. –

Heute bin ich aufgestanden und besorge den Innendienst (Stubekehren u.s.w.), doch überarbeiten tue ich mich dabei bestimmt nicht.

Einen Nachteil hat das Lager: man wird hier so furchtbar schnell schmutzig, weil hier alles dreckig ist. Nachts liegen wir mit allen Sachen im Bett und ziehen nur den Training drüber, damit es uns nicht zu kalt wird.

Freitag, den 3. III. 44

Am Vormittag half ich wieder in der Küche beim Gelbe-Rüben-Putzen und Kartoffelschälen. –

Am Nachmittag fuhr ich Schi. Es war wunderbar, es hat mich kaum »neig'haue«. Dann schossen wir mit KK. Alle brachten von 5 Schuß nur zwei in die Ringe. Ich war der Zweitbeste der Liegendschießenden und schoß auf 75 m Entfernung 7 und 8 Ringe. In Sulzbach kehrten wir ein und tranken Coca Cola, ein böses Gesöff. –

Rottweil, Sonnabend, den 4. III. 44

Wie üblich, war heute früh 7 Uhr Wecken. Wir packten unsere Sachen, dann putzten wir bis ½11 Uhr das Haus. Dann ging es ab. Hurrah! Wir mußten jeder 1 Paar Schi nach Rottweil auf den Bann mitnehmen, doch da meine nicht in Ordnung waren,

steckte ich den Stock durch die Bindung und zog sie hinter mir her. –
Die Fahrt hierher war wieder wundervoll. Am Bahnhof Rottweil empfing uns der Chef und sagte uns Fünfern, daß wir morgen oder übermorgen für 8 Tage nach Stuttgart müssen, um in der Schule, bei den Lehrern und zu Hause bei den Instandsetzungsarbeiten zu helfen. –

Bad Cannstatt, Sonntag, den 5. III. 44

Heute nachmittag fuhr ich hierher. Um 7 Uhr war ich am Hauptbahnhof. Die Straßenbahn fuhr erst von der Schillerstraße an. Auf dem Weg dorthin sah ich, daß das Neue Schloß vollständig ausgebrannt ist. Auch die beiden Theater sind zerstört. Die Häuser Ecke Schiller-/Neckarstraße sind auch sehr zerstört. Die Straßenbahn fuhr bis Bahnhof Cannstatt. Dort war die ganze Bahnhofstraße kaputt. Von hier aus mußte ich mit meinem Gepäck laufen. Überall waren Schäden. Einer der neuen Häuserblocks an der Nürnbergerstraße war durch eine Luftmine vollständig zerstört. Dort hat es auch Tote gegeben. Als ich nach Hause kam, sah ich, daß das Dach abgedeckt und Türen und Fenster kaputt waren. Vati war auf Urlaub da. Welch eine Freude! –

Montag, den 6. III. 44

Heute sah ich erst die Bescherung: Vor das Haus Nr. 8 (30 m von uns entfernt) war eine schwere Sprengbombe gefallen, so daß dieses Haus geräumt werden mußte. Auch in eine der Obstwiesen (60 m von unserem Haus weg) war eine schwere Bombe gefallen. An beiden Stellen sind große Trichter. Die Läden wurden vom Luftdruck herausgerissen, Wände, Türen und Fenster eingedrückt und Dächer abgedeckt. Am Tag vorher war unseres erst fertig gedeckt. Es sieht hier lieblich aus!

Auf dem Gang in die Stadt sah ich: In die Gärtnerei Sigloch, ins Krankenhaus, in den Kurpark, in die Taubenheimstraße waren Bomben gefallen. Daimlers Wohnhaus ist zerstört. In der Theodor-Veiel-Straße vernichtete eine Mine 4 Häuser. Und so geht es weiter. Überall Schäden. In der Johannes-Kepler-Oberschule holte ich mir, nachdem ich 3 Stunden gestanden war, meine Lebensmittelmarken. – Die Zustände sind hier großartig. Es gibt kein Wasser im Haus, weil die Bombe die Wasserleitung zerstörte. Man muß es im Krankenhaus eimerweise holen. Essen können wir auch keines kochen. Es muß in der Mercedes-Schuhfabrik geholt werden. – Zu Hause gab es viel zu tun: Die Fenster waren auszuglasen und mit Drahtrollglas zu vermachen. Das ist besser als nichts. Türen mußten repariert und Schlösser eingesetzt werden. Viel Arbeit! –

Dienstag, den 7. III. 44

Heute war ich fast den ganzen Tag unterwegs. Mit Maria besorgte ich im Kriegsschädenamt 5 qm Bretter, mit denen wir das Fenster der Wohnstube vernageln wollen. Am Abend war ich im Geiger. Dort sieht es bös aus. Ein Haus wurde durch eine Sprengbombe, 5 durch eine Mine zerstört. Mehrere Häuser brannten aus. –

An den Bruder in Rottweil, Bad Cannstatt, den 7. III. 44

Sonntagabend kam ich, nachdem ich vom Bahnhof Cannstatt bis hierher den Koffer schleppen mußte, hier an. Vati hat auch Urlaub. Es sieht hier lieblich aus: (…) Die 8 muß geräumt werden, bis sie wieder in Stand gesetzt ist. Überall sind große Löcher in den Wänden, auch in unserem Haus. Unsere Fensterläden hingen nach dem Angriff auf dem Gartenzaun. Die Kästen, in denen sie aufgerollt waren, fielen herunter. Die Fensterkreuze und natürlich auch das Glas wurden zertrümmert. Durch den Laden vom kleinen Fenster in unserem Zimmer schlug ein Splitter und fuhr über meinem Bett in die Wand. Das Dach ist am Mittwoch fertig gedeckt gewesen, in der Nacht aber wurde dieser Vorgang vollständig rückgängig gemacht. In den Bodenkammern, im Treppenhaus und in den oberen Wohnungen kommen die Gipsdielen von den Wänden und Decken. Bei Gütters und Hufenbechers kommen die Kästen auf dem Flur mit den Sicherungen heraus. –

Alle Türen fast sind kaputt. Die Schlösser und Scharniere zertrümmert, die Füllungen herausgedrückt. Die Türe der Wohnstube bestand nach dem Angriff nur noch aus der Hälfte des Rahmens. Unterdessen haben wir vieles schon wieder vernagelt und die Fenster, außer denen der Wohnstube, mit Rollglas zugemacht. –

Z. Z. sind gerade Russen damit beschäftigt, die Wasserleitung für unseren Block zu flicken; denn sie wurde von den Bomben durchschlagen. Unser Wasser holen wir am Hydrant. –

Unter diesen Umständen kann ich natürlich nicht in der Schule helfen; denn hier gibt es genug zu tun. Friedrich-List-Heim und die Kaserne wurden vom Luftdruck dieser Bomben auch abgedeckt. Unserer Häuser aber haben bewiesen, daß sie sehr stabil sind. –

Die Bücherei Cannstatt ist durch einen Volltreffer vollständig zerstört. Auch die Martin-Luther-Turnhalle. – In der Theodor-Veiel-Straße zertörte eine Luftmine 4 Häuser. In der Gärtnerei Sigloch fiel eine Bombe vom gleichen Kaliber wie bei uns auf das Gewächshaus und verwandelte dieses in einen Trichter. –

Durch die zweite Bombe bei uns wurden 18 Obstbäume vollständig zerhackt. Das »Hüttle« ist nur noch ein Bretterhaufen. Auch der Birnbaum Ecke Kemmelberg- und Badbrunnenstraße ist nur noch ein Stumpf. Im Geiger sieht es auch bös aus. Das Haus vom Vetter ist auch ganz ausgebrannt. Auch gab es dort Tote (beim Haug?). In den Kurpark fielen zwei Sprengbomben (1 auf den Spielplatz und die nächste auf die Lichtung gleich beim oberen Eingang), die 3. fiel auf die Straße vor Daimlers

Wohnhaus, wodurch dieses und das gegenüberliegende Haus innen ganz zusammenstürzten. –

Das neue Gesundheitsamt und die Häuser darum sind zerstört. Auch das alte neben der Schule ist kaputt. Das Wirtschaftsamt ist jetzt auch in ihr untergebracht. – Der Wilhelmsplatz ist nur noch ein Trümmerhaufen. – Der große Gaskessel steht nur noch zur Hälfte. –

Deinen Klassenkameraden Morlock traf ich heute, er hat gerade Urlaub. Seine Uniform steht ihm gut, auch sonst sieht er recht gut aus.

Mittwoch, den 8. III. 44

Von Eberhard König habe ich das Buch »Wenn der Alte Fritz gewußt hätte«, gelesen. Es ist eine Geschichte um Rübezahl, die sehr fein ist und auch manch lustige Stelle enthält. –

Am Vormittag war ich in der Stadt (Cannstatt) und sah mir bei Gelegenheit einmal den Wilhelmsplatz an. Dort sieht es ganz »schön« aus. Auch in der Marktstraße sind etliche Häuser kaputt. –

Zu Hause gab es viel zu tun. –

Donnerstag, den 9.III.44

Auch heute vormittag mußte ich wieder Besorgungen in der Stadt machen. –

Am Nachmittag war ich in Stuttgart. Das Neue Schloß sah ich mir an. Es kann wieder aufgebaut werden. Im Hof des Alten Schlosses explodierte eine Sprengbombe und zerstörte die schönen Galerien. Gebrannt hat es dort auch wieder. Das Auslandsinstitut, Karlsschule, Naturalienkabinett und Staatsarchiv haben auch gebrannt. –

Ab heute läuft das Wasser wieder. Wie froh sind wir alle darüber. –

Heute früh war ich mit Vati in der Stadt und machte einige Besorgungen. Auch waren wir auf dem Kriegsschädenamt im Kursaal nach Glas, damit wir unsere Fenster selbst einglasen können, doch erhielten wir keines.

Wir benützten die Gelegenheit und gingen auch einmal durch die Altstadt Cannstatts. Dort legte ein Flächenbrand fast die ganze Brunnenstraße und eine Seite der Spreuergasse nieder, u.a. auch den schönen Fachwerkbau der Spitalschule und das schöne mittelalterliche Haus »Zur alten Reichspost«, wohl eines der ältesten Häuser Cannstatts. In der Vorstadt brannte das alte Postgebäude der Thurn und Taxisschen Post, die ehemalige Zentrale für ganz Süddeutschland, nieder. –

Den Nachmittag über gab es noch viel zu tun. –

Von E.T.A. Hoffmann habe ich »Die Elixiere des Teufels – nachgelassene Papiere des Bruders Medardus, eines Kapuziners«, gelesen. Dieses Buch beschreibt die geheimnisvollen und furchtbaren Schicksale eines Mönches. –

Sonnabend, den 11. III. 1944

Weil es heute zu Hause nicht mehr viel zu tun gab, ging ich in die GDO, um dort zu helfen. Zuerst mußte ich Fenster ausglasen. Dann wurde mir die Aufgabe zuteil, einen Raum auszuräumen, in den eine Phosphorbrandbombe gefallen war. Dieser Raum war ein gutes Beispiel dafür, daß die gefürchtete Phosphorbrandbombe durch schnelles und entschlossenes Zugreifen gut gelöscht werden kann. Als ich einen Papierkasten, der mit Schutt gefüllt war, hinunter in den Hof trug, sprang plötzlich aus einem schwarzen Fleck ein kleines Flämmchen und brannte lustig, wobei es viel Qualm entwickelte. Zuerst schaute ich interessiert zu, doch dann habe ich das Flämmchen gelöscht. –

Zu Mittag aß unser Einsatztrupp in der Schuhfabrik. »Gaisburger Marsch«, der etwas Fleisch enthielt, gab es. Hinterher tranken wir noch ein Glas Bier. –

Vor dem Kursaal kommen jetzt die ersten Krokusse heraus. Es wird ja auch langsam Zeit!-

Als ich nach dem Essen zu Hause ankam, durfte ich gleich Dachziegel tragen, die an der Straße abgeladen worden waren. Zur Zeit sind nämlich die Dachdecker, tschechische Soldaten, da. Anschließend habe ich noch einmal tüchtig gegessen. –

Von Edwin Erich Dwinger habe ich »Zug durch Sibirien« gelesen. Dies ist die Schilderung der Tragödie der Weißen Armee nach dem russischen Zusammenbruch. –

Sonntag, den 12. III. 1944

Heute ließ ich es mir wohl sein und ruhte mich tüchtig aus. Fast den ganzen Nachmittag las ich. –

Heute abend muß Vati leider wieder zurück nach Köln fahren. Das ist zu schade. –

Montag, den 13. III. 44

Heute regnete es fast den ganzen Tag, daher war es gut, daß unser Dach heute von Tschechen fertig gedeckt wurde. –

Morgen muß ich fort von hier, nun, da kann man eben auch nichts machen. Ich wäre zwar gerne noch hiergeblieben. –

Rottweil, Dienstag, den 14. III. 44

Heute früh fuhr ich mit dem Zug nach Tübingen um 8 Uhr in Cannstatt ab. Dort stieg ich um und fuhr über Hechingen nach Balingen weiter. Dort hatte ich 1½ Stunden Aufenthalt. Diese Zeit verbrachte ich im Wartesaal; denn draußen schneite es sehr. Dort konnte ich wunderschön verschiedene Menschen beobachten. Besonders gefiel mir ein alter Mann. Unterdessen wurde aus dem Schneien ein Schneesturm. Von Balingen aus fuhr ich mit der Bimmelbahn, die an jeder Station oft lange rangierte, hierher. Das letzte Stück führte durch die verschneiten Albberge, ein wunderschöner Anblick. – Von Martin Luserke habe ich das Buch »Die hohe See«, ein Wikingerroman, gelesen. In ihm wird der Kampf der Nordmänner gegen das Christentum in sehr feiner Art und Sprache gezeigt. –

An die Mutter, Ansichtskarte (Rottweil, Hochbrücktorstraße):
R., den 14. III. 44

Nach 6stündiger Reise kam ich fahrplanmäßig hier an. In Balingen blieb ich im Wartesaal, weil das Wetter zu schlecht war, um etwas zu unternehmen. Meinen Ausweis konnte ich ganz gut gebrauchen. Auf der Alb lag wunderbar Schnee, doch hier schmilzt er wieder.

An den Vater, Rottweil, den 14. III. 1944

So, jetzt bin ich wieder hier angelangt! Als ich gestern früh in die Daimlerschule ging, bekam ich Bescheid, daß ich heute früh hierher fahren müsse. Zu allem Überfluß erhielt ich noch ein Paket mit 80 Zeitschriften, das ich mitnehmen mußte. – (…)
  Gestern gab es der Dachziegel wegen noch einen großen Krach. Auf der einen Seite standen Herr Weinschenk und Herr Möhrle und auf der anderen Frau Michalski und Frau Maxein. Beide Parteien schrien sich gegenseitig heftig an. Der Hausbesitzer der 6 wollte nämlich seine Ziegel von uns zurückhaben, um sie in seinem Keller (!) aufzubewahren, falls wieder einmal das Dach abgedeckt werde. Der soll doch gleich seine Ziegel einsalzen, oder in Gläsern einkochen, und sich dazu! Das ist doch ein Blödsinn, wenn viele andere Häuser der Umgegend gar nicht gedeckt sind. –
  Für heute will ich schließen, da Dietrich kam und mir über unserer Unterhaltung der Faden abriß. (…)

Heute hatten wir in der 4. Klasse Schule, aber nur mehr als Zuschauer als als Teilnehmer. In der Großen Pause mußte ich zu Herrn Studienrat Schott kommen. Er gab mir meine Rolle im »Krämerskorb« von Hans Sachs. Ich muß den Knecht spielen. Am Nachmittag besprach Studienrat Schott dieses und das Stück »Kälberbrüten« mit uns (3 Jungen und 3 Damen) im Biologiesaal. – Am Abend war ich in der DEO in der HJ-Singstunde. –

An die Mutter, Karte: Rottweil, den 15. III. 44

Nur schnell will ich Dir mitteilen, daß ich voraussichtlich am Freitagabend nach Stuttgart komme. Ich muß für Herrn Studienrat Schott die Kostüme holen, die wir für unser Laienspiel brauchen. Zu den Lebensmittelmarken will ich Dir nur schreiben, daß alles stimmt. Auf dem Zettel steht: verpflegt vom 27. II. – 4. III. 44. In dieser Zeit war ich aber im Schilager, also habe ich richtig die Marken vom 6. III. – 13. III. 44 erhalten. Am Freitag bringe ich keine Marken, dafür aber Naturalien mit. – Der Chef ist z. Z. nicht hier, sonst hätte ich des Einsatzes in Cannstatt wegen schon einen »Anhaucher« bekommen, doch der Chef ist, solange er schreit, nicht gefährlich, erst wenn er damit aufhört. Also, das kann doch einen Seemann nicht erschüttern. – Heute habe ich meine beiden Rollen für die Laienspiele »Der Krämerskorb« (Knecht) und »Das Kälberbrüten« (Bauer) erhalten. Heute nachmittag haben wir (3 Damen und 3 Jungen) schon geprobt. Eine der Damen ist die Turnlehrerin der DEO, die andere die Tochter des Konditors Lehre.

15./16. III. 44

Kaum war ich im Bett, so ertönten auch schon (10.10 Uhr) die Sirenen. Es blitzte und krachte furchtbar. Man hörte die Flieger deutlich. Das Angriffsziel war Stuttgart. Der Angriff war wohl der schwerste, den Stuttgart bis jetzt gehabt hat. In Lackendorf, 7 km von hier, fielen Bomben und töteten 9 Personen. Entwarnung 0.30 Uhr. –

Donnerstag, den 16. III. 44

Heute vormittag sollten wir wieder einmal Turnen haben, doch mit der Klasse 3a zusammen. Von unserer Klasse waren (mit mir) 2 Mann da. Wir überlegten uns gerade eine Ausrede, da uns das Turnen mit der 3a zusammen nicht paßte, als Fliegeralarm gegeben wurde (11 Uhr). Freudig gingen wir nach Hause; da es draußen heftig brummte, suchte ich den LS-Raum auf. Wahrscheinlich waren die Flieger noch einmal in Stuttgart (*Randnotiz*: Feindliche Flugzeuge haben laut OKW-Bericht Ulm und Augsburg angegriffen). Um 13.30 Uhr wurde entwarnt. Um 2 Uhr bekamen wir zu essen. Als wir dann in die Schule gingen, beeilten wir uns überhaupt nicht, so daß wir erst 10 Minuten nach Beginn der 2. Stunde kamen. Daher bekamen wir von Dr. Allmendinger eine Strafarbeit, die er uns dann aber wieder schenkte. Bei ihm hatten wir 5 Mann Latein. Wir lachten viel; denn Dr. Allmendinger versuchte uns einige Dinge bildlich klar zu machen. Jetzt, nachdem wir nur noch so wenige sind, ist der Unterricht beim »Pfropf« schöner. –

Freitag, den 17. III. 44

Eigentlich sollte ich heute mit dem Kurrle zusammen nach Stuttgart fahren, um Kostüme für das Laienspiel zu holen. Doch da der Chef mich »auf der Latte hat«, weil ich in Stuttgart nicht in der Schule gearbeitet habe, ließ er mich nicht gehen. Einenteils bin ich aber ganz froh darüber; denn sonst müßte ich von Böblingen bis Cannstatt laufen. Außerdem soll die Schulstraße in Stuttgart abgebrannt sein. – Was bin ich doch für ein Esel, daß ich letzten Sonnabend in der Schule noch gearbeitet habe; denn der Chef und Studienrat Birlinger legen das so aus, als ob ich gewußt hätte, daß wir noch länger in Cannstatt bleiben sollen. Das laß ich mir aber nicht gefallen. –

Heute nachmittag hätte ich eigentlich Schule gehabt, doch Studienrat Schott wünschte, daß ich an der Probe teilnehme, daher versprach er mir, mich für die ersten 2 Stunden zu entschuldigen. Der Chef hat sich anscheinend darüber auch geärgert. Was kann ich dafür?-

Sonnabend, den 18. III. 44

Am Vormittag hatten wir 4 Arbeitsstunden in der Klasse 3a. Von dieser wurde Dr. Allmendinger so »geschippt«, daß er einen Stock ergriff und einige damit jämmerlich verhauen hat. –
Um 13.05 Uhr wurde Fliegeralarm gegeben. »800 Flugzeuge im Anflug« wurde gemeldet. (*Randnotiz:* Bomben auf Friedrichshafen und München. 98 abgeschossen). Um 15.00 Uhr verließ ich den Keller, weil jemand erzählte, daß die Flugzeuge zurückkehrten und ein Teil schon vorbei sei. Ein Verband von 50 viermotorigen Bombern überflog geschlossen die Stadt. Ein Jäger flog über sie hinweg und warf einen Sprengkörper in den Verband. Ein Flugzeug verließ ihn und verlor ständig an Höhe. Ihm scheint noch die Landung geglückt zu sein. Ein zweites verlor an Höhe, kurvte und trudelte plötzlich steil hinab. Ein drittes begann zu brennen und zerplatzte in der Luft und fiel als 3 brennende Fackeln zu Boden. Die Leute, die zum größten Teil ihre Keller verlassen hatten, jubelten alle bei diesem Schauspiel, das nicht länger als 3 Minuten dauerte. Ein zweiter und dritter Verband mit je 50 Maschinen folgten dem ersten, 1 Jäger hinter ihnen her. Es knatterte einige Male, doch man sah keinen Erfolg. Ein vierter Verband mit 100 Bombern kam heran. 3 Jäger hinterher. Eine Maschine flog ganz langsam hinterher. Die Jäger stürzten sich auf sie und schossen. Sie stürzte ganz steil ab, die Besatzung stieg mit dem Fallschirm aus. Ich sah diesen Absturz leider nicht, da ich in diesem Augenblick meinen Platz wechselte, um ihn besser zu sehen. Das war eines der größten

Erlebnisse, die ich bisher hatte. – Das Rottweiler Tagesgespräch von heute. – Um 15.50 Uhr wurde entwarnt. Am Abend war noch Rudolf Braß ein Stündlein bei mir und zeigte mir eine kleine Bildergeschichte mit Versen aus dem Zwergenreich, eine erstaunliche Leistung für sein Alter. – Um ½ 21 Uhr wurde Alarm gegeben. Kaum war ich im Keller, so wurde auch schon wieder entwarnt (22.50 Uhr). So ein Ärger! –

An die Mutter, Karte: Rottweil, den 18. III. 44

Ich komme nicht, da der Chef es nicht erlaubt!
Heute war für Rottweil ein erlebnisreicher Tag. 800 Flugzeuge überflogen die Stadt. 250 davon habe ich in 3 Verbänden über die Stadt zurückkehren sehen. Ein großartiger Anblick. Besonders schön war es aber, als ein Jäger aus einem dieser Verbände 3 viermotorige Bomber abschoß, die im Westen vom Kreis Rottweil niedergingen. Einer konnte wahrscheinlich landen, ein zweiter stürzte trudelnd ab, und der dritte fiel in Form von 3 großen Fackeln zu Boden. Ein vierter Bomber, der hintendrein kam, wurde auch noch über uns abgeschossen, kippte ganz plötzlich ab und stürzte senkrecht in die Tiefe. Überall auf der Straße waren große Menschenansammlungen, die jedesmal, wenn einer herunterkam, vor Begeisterung laut schrien. So etwas Wunderbares habe ich schon lange nicht erlebt. Hoffentlich wurden die Verbände auf ihrem Rückweg noch erheblich gelichtet!-
Von Dir habe ich bis jetzt noch gar nichts gehört, seit ich hier bin. Was ist denn los? Herzel hat bei mir auch schon angefragt. Schicke mir bitte auch einen genauen Bericht über den letzten Angriff. –

Sonntag, den 19. III. 1944

Heute ist »Tag der Wehrmacht«. Sonst war ich an diesem Tag immer gewöhnt, in der Kaserne zu essen, doch das fällt dieses

Jahr auch weg. Mein Scherflein habe ich aber trotzdem gegeben. –

Den Nachmittag über lernte ich meine Rolle vom »Krämerskorb« auswendig. –

Nachmittags ging ich mit dem Rudolf Braß aus: über Hausen nach Horgen, eigentlich wollte ich nach Villingen, doch da es zu naß war, denn dort liegt noch überall Schnee, kehrten wir um und gingen über Zimmern zurück. In einem Steinbruch bei Horgen fanden wir einige interessante Versteinerungen. Nachher war Rudolf noch bei mir etwas. Ich zeichnete ein Schneeglöckchen und ein Weidenkätzchen, die ich mir zu diesem Zweck mitgebracht. Beide sind mir gut gelungen. –

Montag, den 20. III. 44

Die Schule begann für uns heute erst mit der 3. Stunde (9.10). In ihr hatten wir Arbeitsstunde in der 3. Klasse. Dr. Allmendinger gab bei ihr Deutsch und sprach über die Lautmalerei und las Gedichte als Beispiele vor, so den Vers aus Storms »Regentrude«, mit dem die Trude geweckt wird, und als Abschluß den »Feuerreiter« Mörikes, doch diesen trug er sehr ungeschickt vor. –

Anschließend saß ich mit dem Föhl zusammen (die anderen mußten bei Studienrat Birlinger helfen) in der Klasse 4b, wo Herr Schöllkopf Geschichte gab (das Thema war: Beginn der Freiheitskriege). Mit der 5. Klasse der DEO zusammen hatten wir Deutsch beim »Pfropf«. Er behandelte genau das gleiche wie in der 3a, nur reichte es ihm nicht mehr, den »Feuerreiter« vorzutragen. Die Rottweiler sind auch alle schon davon überzeugt, daß der »Pfropf« ein Dackel u.s.w. sei. In der 5. Klasse der DEO sind einige feine Jungs. Nur schade, daß wir nicht noch andere Fächer mit ihnen zusammen haben. –

Wir gingen nach dieser Stunde heim; denn in der Schule wurde Öffentliche Luftwarnung gegeben. Kurz darauf war Alarm von 12.00–12.45 Uhr. –

Im Laufe des Tages versuchte es einige Male zu schneien. Zum Glück blieb der Schnee nur an wenigen Stellen liegen. –

Jetzt ist fast die ganze Klasse da. 1 Mann fehlt noch. –
Am Nachmittag probte Herr Schott mit uns. Jetzt sind die
Kostüme da, doch sind fast alle zu klein. Mir paßt eine rote We-
ste und eine Zipfelmütze. Anschließend ging ich noch ein
bißchen ins Kaffee. –
Von ½ 22–23 Uhr war Fliegeralarm. –

Dienstag, den 21. III. 44

Heute ist Frühlingsanfang, oder sagen wir besser, soll sein,
denn es schneit fast den ganzen Tag. Doch richtig liegenbleiben
tut der Schnee zum Glück nicht. –
Vor 11 Jahren war der »Tag von Potsdam«. –
Wir erhielten einen neuen Stundenplan, wonach wir 39 Unterrichtsstunden (Arbeitsstunden eingerechnet) haben. –
Am Vormittag hatten wir wieder mit der Klasse 5 der DEO
zusammen Deutsch beim »Pfropf«. Könnte man eigentlich
nicht auch solche Stunden wie Zeichnen, Musik mit denen zusammen haben?-
Am Nachmittag hatten wir auch Schule. Heute abend war
ich im Konfirmandenunterricht. Zum zweitletzten Male. Oh
wie bin ich froh! –

Mittwoch, den 22. III. 44

(…)Am Abend war Probe für das Laienspiel. Heute klappte alles recht gut. Ich war außerordentlich in Form. Hoffentlich bin
ich das bei der Aufführung auch! Nach der Probe wurden wir
noch mit Kaffee und Kuchen bewirtet. Um 11 Uhr kam ich
nach Hause, gerade als Öffentliche Luftwarnung gegeben wurde. Mal sehen, ob jetzt noch Alarm daraus wird?? – Um 11.10
Uhr wurde entwarnt. –

Donnerstag, den 23. III. 1944

Heute hatten wir nach mehrwöchiger Unterbrechung wieder einmal Turnen. Doch wir konnten fast alle nichts mehr. Besonders schlimm ging es mir in dieser Beziehung. –
Am Nachmittag hatten wir Gesundheitsappell. Wir wurden gemessen und gewogen. Ich bin 1,70 m groß und wiege 57,5 kg, habe also seit dem 3. XII. um 1½ kg zugenommen. –
Heute abend hatten wir im Zeichensaal der Mädchenoberschule Hauptprobe des »Krämerskorbes«. Morgen abend soll er im Lazarett aufgeführt werden. –
Die Klasse ist jetzt wieder vollständig. –
Von 22.45–23.40 Uhr war Fliegeralarm. –

Freitag, den 24. III. 44

Heute früh kam ich 1 Minute zu spät in die Schule, das kam daher, daß ich mich ewig nicht erheben wollte, obwohl doch schon die ersten zwei Stunden ausfielen und die Schule erst 9.10 Uhr begann. –
Von 10.05–10.50 Uhr war Alarm. –
Zum Mittagessen aß ich heute außer einer Suppe und einem Teller voll Apfelmus 11 Kartoffelküchle, von denen eines ungefähr 100 gr wiegt. Dafür konnte ich aber zum Abendbrot nicht viel essen. –
Die Aufführung des »Krämerskorbes« findet erst in 14 Tagen statt, da dann die räumlichen Verhältnisse im Lazarett besser sind. –

Sonnabend, den 25. III. 44

Den ganzen Tag über hatten wir heute den schönsten Sonnenschein. Nur wenige kleine Wölkchen waren an dem schönen blauen Himmel und machten ihn dadurch noch reizvoller. –

111

In der 3a hatten wir heute zwei Arbeitsstunden. Als sich »Pfropf« seine Jacke auszog, haben wir das alle auch getan und sogar noch die Hemdsärmel hochgekrempelt und das Hemd aufgeknöpft. Dann haben wir noch tüchtig gesummt. »Pfropf« ist tüchtig gestiegen. – In der 5. Stunde hatten wir mit den 4. Klassen zusammen Physik beim Chef. Er zeigte Versuche mit Winkel- und Stechheber. –

Am Nachmittag machte ich mit einem der 2. Klasse (Hans Müller) einen kleinen Spaziergang über die Wiesen nach Bettlinsbad, einem großen Gut mit einem Weiher. Dort tranken wir in der Wirtsstube Sprudel. Durch den Wald, in dem noch überall Schnee lag, kamen wir nach Hausen, von wo aus wir wieder über die Wiesen zurückkehrten. Von diesem Gang habe ich eine Anzahl Schneckenhäuser mitgebracht, um meine Sammlung zu vergrößern. –

Heute wurde in der »Blume« das Amt eines Tischobmannes auch eingeführt. Ich bin Obmann von Tisch 3, wo außer mir 5 Mann sitzen, u. a. der Braß. Unser Klassenkamerad Karl Walz (»Gips«) ist heute von uns gegangen; denn er hat seine Einberufung erhalten (Jahrgang 26). –

Im Radio wurde gestern eine ganz geschickte Einrichtung getroffen: Alle vollen Stunden wird gemeldet, ob feindliche Flugzeuge in Deutschland eingeflogen sind. Es wird das Gebiet angegeben, ob es starke oder leichte Verbände oder gar nur Störflugzeuge sind. Jetzt kann sich jeder also mit dem Ins-Bettgehen darauf einrichten. –

Sonntag, den 26. III. 1944

»Tag der Verpflichtung«.

Um ¼ 10 Uhr mußte der KLV-Standort bei der Mädchenoberschule antreten. Von dort marschierten wir zur DEO. Fast der ganze Saal war mit den zu Verpflichtenden gefüllt. Wir standen die Wände entlang. Die Einleitung bildete der Fanfarenruf und ein Chor mit Orchesterbegleitung. Nicht gerade schön war es, daß Fräulein Staiger, die die Leitung des Chores hatte, ihren

dicken Hintern immer den Zuschauern zuwandte. Recht ungeschickt war es auch, daß der Sprecher von hinter dem Vorhang
her sprach. Er wirkte wie eine»Stimme aus dem Hintergrund«.
Ein Vertreter der Schule, der wie eine Karikatur wirkte, sprach.
Dann kam eine feierliche Musik und der Chor»Deutschland,
heiliges Wort«. Der Hoheitsträger der Partei wies u. a. in seiner
Ansprache darauf hin, daß man den Abstand zwischen uns
und den Ausländern wahren solle. Anschließend las der»Mantel Schorsch« den Tagesbefehl vom Reichsjugendführer vor. –
Die eigentliche Verpflichtung wurde mit dem Fanfarenruf
eingeleitet. Dann folgten HJ-Fahnenlied, Sprecher:»Wo einer
schreitet…« und die Nationalhymnen, die wie die Bekräftigung
des eben gegebenen Schwures waren. –
Für uns, die wir schon verpflichtet sind, soll der heutige Tag
eine Erneuerung des Eides sein, den wir schon gegeben haben:
»Ich verspreche alle Zeit meine Pflicht zu tun, in Liebe und
Treue zum Führer und zur Fahne!«
Der»Tag der Verpflichtung« ist noch eine zu neue Einrichtung, als daß von allen der Sinn dieses hohen Feiertages erkannt worden ist. Man steht eben noch auf dem veralteten
Standpunkt, daß Konfirmation oder Kommunion die Feier sei-
en. Wenn es anderen Leuten nach ginge, so wäre für mich die
Konfirmation am nächsten Sonntag auch die Feier, doch ich
habe den Wendepunkt des Lebens eben schon letztes Jahr am
28.III. gefeiert. Hoffentlich haben bald alle den Sinn dieses Tages verstanden!-
Ab heute trage ich an meiner Uniform eine rot-weiße Schnur,
die ich zu diesem Zweck ganz neu von Jaisle bekam. Ich muß
doch auch nach außen den HJ-Führer zeigen. –
Im Laufe des Vormittages kam Mutti her. Nach dem Essen
machten wir mit ihr einen Spaziergang über den Hochturmweg nach Zimmern, von wo aus wir, die Heerstraße entlang,
wieder nach Rottweil kamen. Anschließend zog ich meinen
neuen Anzug mit den langen Hosen an, und wir gingen miteinander ins Café Lehre. Bei Faders machten wir noch einen kleinen Besuch, und dann war der Nachmittag schon wieder vorbei. –

Heute mittag reiste Mutti wieder ab. Ich wollte sie eigentlich noch an die Bahn bringen, doch Dr. Allmendinger, der in dieser Stunde Deutsch gab, ließ mich nicht gehen. Viel hätte ich nicht versäumt! – In der letzten Stunde saßen wir mit der Klasse 3b zusammen im Physiksaal, wo diese Mathematik hatte. Am Schluß der Stunde zeigte der Chef noch die Kraft des Elektromagneten an Hand von Versuchen. –

Am Nachmittag sahen wir in unserer Filmstunde einen Film vom Grenzschutz, wie dieser zwei Devisenschmuggler festnimmt. – Dann kam »Thomas«, ein fetter Mann, der in lustigen Versen vor »Kohlenklau« warnte. – In der Wochenschau wurden Aufnahmen aus der Heimat: Schwimmfest, Stollenbrand, u. a., von der Front: Kämpfe an der Ostfront und in Süditalien gezeigt. –

Anschließend ging ich noch mit Kameraden ins Kaffee Hirsch und trank dort Kaffee. Dann gingen wir miteinander ins Gasthaus zur »Hochbrücke«, tranken dort Orangensprudel, süßen Sprudel und Bier. Alles durcheinander. Im Nebenzimmer des Gasthauses war die ganze Lehrerschaft versammelt. Als sie dann ging, lachten alle, nur Dr. Allmendinger guckte ganz bissig. Der Chef und der »Spartel« lachten am meisten. Als letzterer aber sah, daß wir unsere Chemiebücher vor uns liegen hatten, lachte er noch mehr und rief: »Oh Bu, pack ei!«. –

An die Mutter, Karte: Rottweil, den 27. III. 44

Es tut mir sehr leid, daß ich Dich nicht zum Bahnhof geleiten konnte, aber Dr. Allmendinger, der in dieser Stunde Deutsch gab, ließ mich nicht gehen. Ich hätte aber nichts versäumt! Dietrich, den ich dann ersuchte, es zu versuchen, durfte auch nicht gehen. Die Schulgeldanforderung habe ich jetzt gefunden; sie war in meiner Brieftasche. Ich gebe sie Dir, wenn Du am Freitag kommst. – (…)

Den ganzen Tag über hatten wir das schönste Wetter, aber 9 Stunden Unterricht. – Mit der Stundenzahl machen wir jetzt nicht mehr so weiter, wir können überhaupt nichts mehr lernen! Deshalb beschwerten wir uns beim Klassenlehrer, doch ich glaube nicht, daß der etwas dafür tut. Bei uns gehen jetzt Verse um, wie:»Wir brauchen keine 40 Stunden Schule / wir kommen auch mit 25 aus / und wenn's der Gustav nicht genehmigt / so fliegt er aus der Schule raus. Schschscht bum!« oder :»Ich brauche keine Millionen / mir fehlt kein Pfennig zum Glück / ich brauche weder Lateinisch / noch Physik, Physik, Physik!« oder:»Mit Physik, Lateinisch / durch das ganze Jahr / werden wir gepeinigt / das ist leider wahr«. Diese Dinge singen wir auf verschiedenen Melodien. –

Am Nachmittag hatten wir zwei schöne Stunden Physik, in der uns der Chef feine Versuche zeigte. U. a. elektrisierte er uns auch wieder einmal. –

Am Abend war ich im Unterricht. Das letzte Mal! Dort erhielt ich die Frage, die ich am Sonntag sagen muß. –»Was heißt den Nächsten lieben?«

Antwort:»Den Nächsten lieben heißt: es nicht nur mit demselben getreulich meinen, ihm alles Gute von Herzen wünschen und gönnen, mit Worten und Gebärden sich freundlich gegen ihn bezeigen und mit Trost, Rat und Tat ihm beispringen, sondern auch seine Schwachheit mit Geduld ertragen und durch sanftmütige Bestrafung seine Besserung suchen.« –

Mit Studienrat Birlinger hatten wir heute eine Aussprache, in der wir uns über die 40 Stunden Unterricht beschwerten. Er schimpfte auch darüber. –

(...) Heute bekam ich den Text für das nächste Laienspiel
»Der Räuberjunge« von Martin Luserke. Ich spiele voraussicht-
lich Don Abondio und werde dann am Schluß erstochen. –
Am Nachmittag war ich im Kino. In der Wochenschau wurde
ein Besuch bei Freiherrn Börries von Münchhausen auf seinem
Schloß anläßlich seines 70. Geburtstages gezeigt. Weiter sah
man einen fernlenkbaren, mit Sprengstoff geladenen Panzer
»Goliath«, der so groß ist wie ein Kinderwagen und zur
Bekämpfung von Bunkern und Panzern eingesetzt wird.
Außerdem wurde ein feindlicher Luftangriff auf Berlin gezeigt.
– Ein Kurzfilm hieß:»Zwischenfall auf Strecke 7« und warnte
vor Gesprächen über kriegswichtige Dinge.»Vorsicht bei Ge-
sprächen, Feind hört mit!« Der Kulturfilm zeigte den Erzberg in
der Steiermark. Arbeit im Stollen und im Tagbau - bis zur Ver-
flüssigung des Eisens in den Hochöfen. – Der Hauptfilm hieß
»Schwarz auf Weiß« (Hans Moser und Paul Hörbiger). Der
Film war sehr lustig. –
Ab jetzt essen wir abends erst ¼ 7 Uhr. Das ist Quatsch; denn
die Zeit zwischen Schulschluß und Essen ist dann verloren, da
arbeitet man ja doch nicht. –
Am Abend hatte ich noch Dienst (Singen) in der DEO. –

Donnerstag, den 30. III. 44

Ab heute haben die Rottweiler Schulen Ferien. Wir haben aber
keine Aussicht darauf.»Wi. Wo. Fe.« ist jetzt unser Schlag-
wort. – (...)

Freitag, den 31. III. 44

Von 1.40 Uhr (nachts) bis 2¾ war Fliegeralarm. –
Heute hat es fast den ganzen Tag über tüchtig geregnet, der
Schnee verschwand wieder, doch am Abend war alles wieder
ganz weiß. –

Wir bekamen einen neuen Stundenplan, wonach wir jetzt, während die Rottweiler Ferien haben, nur vormittags Schule, aber immerhin noch 31 Stunden haben. – Heute abend kam Mutti, sie wird bis Montag bleiben. –

An den Vater, Rottweil, den 31. III. 44

Vielen Dank für Deine Karte vom 20.III. und die Briefmarken, die ich heute erhielt. – Jetzt kommen so viele Geschenke zur Konfirmation. Das ist mir gar nicht recht. Viel lieber wäre es mir, ich hätte sie letztes Jahr zum Tag der Verpflichtung erhalten. Tante Lotte schickte mir 50 RM, Onkel Adolf 20 RM, Herzel 40 RM und einen ganz frommen Brief. Von Frau Bauer erhielt ich ein Buch »Das indogermanische Ahnenerbe des deutschen Volkes und die Kunstgeschichte der Zukunft« von Josef Strygowski. Der Kunsthistoriker zeigt in diesem Buche auch sehr deutlich, daß sich das Wesen der christlichen Religion nicht mit dem germanischen Wesen vereinbaren lassen kann. Dies Buch paßt also fabelhaft zur Konfirmation!-

Ich will dir mitteilen, daß ich die Absicht habe, mich zur SS zu melden, und zwar zu der Standarte »Kurt Eggers« als PK-Mann. Ich muß mich jetzt bald melden, denn es dauert gar nicht mehr lange, dann werde ich dazu ausgehoben. Der Jahrgang 28 wurde schon vor einigen Monaten ausgehoben. Und da ist es besser, ich melde mich schon vorher. Außerdem bin ich noch der einzige der Klasse, der sich noch nicht freiwillig zur Wehrmacht gemeldet hat, und da will ich auch nicht zurückstehen. Die SS ist aber die Elitetruppe und außerdem die größte Gegnerin der Kirche, das Werkzeug unseres Führers. Später aber stehen mir nach dem Krieg, wenn ich in der SS war, noch viel mehr Tore offen. –

Heute abend kommt Mutti. –

(…) Wir haben über Ostern nur 4 oder 5 Tage Ferien, statt 14 wie die Rottweiler. Die übrige Zeit haben wir 31 Stunden Schule, doch zum Glück nur am Vormittag, bis heute hatten wir

40 Stunden pro Woche, die alle so gelegt waren, daß wir keine Hausaufgaben mehr machen konnten.

NS. In der Spielschar bereiten wir jetzt ein Stück von Martin Luserke »Der Räuberjunge« vor. (…)

Sonnabend, den 1. April 1944

Heute früh lag auch noch Schnee, doch da blanker Himmel und Sonnenschein war, schmolz er bald. – Zwischen 8.00 und 9.00 Uhr war ¼ Stunde Luftwarnung. Von ¾ 10–10.00 Uhr Alarm, von 10.00–10.20 Uhr Öffentliche Luftwarnung, von 10.20–11.30 Alarm und dann bis 12.15 Uhr Öffentliche Luftwarnung. – Am Nachmittag hatten wir in der Dominikanerkirche Probe für die Konfirmation. U. a. wurden auch die Fragen abgehört. Ich habe mich dabei total verheddert, doch verstand ich es, trotzdem nichts davon merken zu lassen, d. h. denjenigen, der den Spruch nicht kann. – Seit der Probe bin ich heute nachmittag furchtbar aufgeregt und habe Lampenfieber. Hoffentlich habe ich das morgen nicht. Der Pfarrer hat mir schon empfohlen, einen Zettel bei der Hand zu haben, auf dem die Frage steht. –
Fast die ganze Nacht über schlief ich nicht. –

Sonntag, den 2. April 1944

Heute war nun Konfirmation. Die Kirche war bis auf den letzten Platz gefüllt. Bei den Fragen war ich furchtbar aufgeregt. Als ich dran kam, konnte ich den Anfang, doch plötzlich fiel mir das letzte Wort nicht ein. Ich sah auf meinem Zettel, doch konnte ich es nicht lesen, da es mir ganz rot vor den Augen wurde. Schließlich kam es mir wieder. Ich glaube, es hat mir jemand gesagt, vielleicht sogar der Stadtpfarrer. Nachher war ich natürlich noch aufgeregter. – Endlich kam nach der Predigt die Einsegnung. In der Predigt sagte Stadtpfarrer Hecklinger, daß

die Kirche ewig bestünde, der Ruhm der Helden und Großen aber nicht. Dazu braucht man bloß zu sagen, daß Alexander der Große lange vor der Kirche lebte. –
Nach dem Gottesdienst erhielt jeder ein Büchlein mit den 4 Evangelien. –
Nach dem Essen ging ich mit Mutti und Dietrich noch ein bißchen spazieren. –
Um 2 Uhr war Unterredung, die Studienrat Ottmar hielt. Dieser spazierte immer selbstgefällig im Talar vor uns auf und ab und »fabrizierte Blech«. –
Von Faders waren wir dann zu Kaffee und Kuchen geladen. –
Den ganzen Tag über war heute schönes Wetter. –
Heute ist der 1202. Geburtstag Karls des Großen (geb. 742). –

Montag, den 3.IV.1944

Heute ist es sehr warm und teilweise bewölkt. Wir haben uns heute beim Chef des Essens in der »Blume« wegen beschwert. Das wird jetzt bald besser werden. –
Am Abend kam eine Dame von der RJF und eine vom Gebiet zu uns und fragte, was für Beanstandungen wir hätten. Einer stand auf und sagte einiges, worauf der Tisch 6 und 7 sofort das Gegenteil behaupteten (die beiden Tische bekommen ja auch immer eine Extrawurst). Wir Fünfer wollten uns auch beschweren, doch da Herr Fuchs da war, ging das nicht, der bekommt nämlich bei Irions in der Wohnung auch noch allerhand. Die Dame in der RJF sagte darauf: »Die Mehrzahl sagt, das Essen sei gut, so muß es also auch so sein.« (60 % haben nämlich gar nichts gesagt.) Als Tischspruch habe ich heute abend dann genommen: »Mehrzahl ist Unsinn! Verstand ist stets bei wenigen nur gewesen! Otto von Bismarck.« Das hat eingeschlagen. Jaisle hat dann den Damen in der Küche das Nötige vor Frau Irion gesagt. – Na ja, der Chef wird auch noch dreinhauen. –
Im Kino sahen wir außer der Wochenschau, die ich ja bereits gesehen habe, einen Kulturfilm »Vogelparadies der Arktis«. Ein Film mit feinen Aufnahmen. –

Heute ist wieder schönes Wetter. – Am Nachmittag machte ich einen kleinen Spaziergang, und am Abend hatte ich noch einmal Unterricht, dieses Mal mit den Rottweilern zusammen; wir wurden über das Heilige Abendmahl unterrichtet. –

Mittwoch, 5. April 1944

Heute war abwechselnd Regen und Sonnenschein. – Zur Mittagszeit fuhr Mutti ab. Ich konnte sie nicht zur Bahn bringen, da der Chef solches nicht mehr erlaubt. – Am Nachmittag rückte ich mit Zug 4 (Herre) aus. Mit 6 Mann verzog ich mich in den Wäldern um Bettlinsbad, wo Zug 4 uns suchte. Wir gingen kreuz und quer. Auf einer Wiese konnten wir einmal wunderbar 3 Rehe beobachten. Zug 4 hat uns nicht gefunden, doch dafür Zug 1, hat uns zersprengt und dann »verkloppt«. – Anschließend an diesen 4½ Stunden Dienst ging ich in den Stammdienst. Der neue Standortführer Kölltsch (einer der bei uns in der Schule studierenden Verwundeten) erzählte uns vom Kampf auf Sizilien und über die italienischen Zustände. –

An die Mutter, Rottweil, den 6. IV. 44

Dieser Brief an Dich lag einem Brief bei, den Onkel Adolf mir gesandt hatte. Er kam gestern früh an. Leider konnte ich ihn Dir nicht eher schicken; denn ich bin sehr beschäftigt. Gestern z. B. hielt ich 4½ Stunden Geländedienst, und dann hatte ich noch 2½ Stunden Standortdienst. Heute nachmittag habe ich Schießen, habe dann noch einige Sonderaufgaben, und heute abend muß ich in die Kirche. Leider konnte ich Dich nicht zur Bahn bringen; denn der Chef läßt keinen mehr zu diesem Zweck weg. Vielen Dank für das Ei!

(Grün-)Donnerstag, den 6. IV. 1944

Heute ist der letzte Schultag vor Ostern. Am Vormittag hatten wir Duschen in der DEO. – Am Nachmittag hatten wir (KLV) KK-Schießen auf dem IG-Farben-Schießplatz. Ich schoß mit 5 Schuß 36 Ringe (12er-Scheibe). – Zum Abendbrot gab es heute ein Ei! ah! – Heute abend nahm ich in der ev. Kirche am Abendmahl teil. – Damit bin ich jetzt fürs erste von der Kirche frei!-

Karfreitag, den 7. April 1944

Heute früh war es nebelig. – Am Nachmittag ging ich mit Klasse 1 (Herre) zusammen hinaus. In der Gegend vom Linsenberg machten wir ein kleines Geländespiel. –

Sonnabend, den 8. IV. 1944

Um ¼ 7 Uhr früh mußten wir Marschverpflegung fassen. Heute war Ganztagsausmarsch. Ich ging für mich allein. Um 7 Uhr zog ich los über den Hochturmweg nach Zimmern und von dort nach Flözlingen. Tausend Vögel sangen. Die Sonne stieg empor, doch war sie hinter Wolken versteckt. In Flözlingen saß eine verliebte Amsel auf einem Dachfirst, putzte und drehte sich und gab die seltsamsten Töne von sich. Es war recht ulkig. Flözlingen ist ein wunderhübsches Dorf. Von hier aus wanderte ich nach Sinkingen, Fischbach und Erdmannsweiler, lauter hübschen Orten. Die Landschaft ist auch wundervoll dort. Es versuchte zu regnen, doch kam es zum Glück nicht dazu. Der nächste Ort, den ich besuchte, war Königsfeld, ein 1806 von der Herrenhuter Brüdergemeinde gegründeter Höhenluftkurort. Dort reden alle Leute nur Hochdeutsch. Die Straßen sind breit und sauber, und lauter kleine Häuschen stehen daran. Der Hauptplatz heißt Zinzendorfplatz. Jetzt ist der größte Teil des Ortes Lazarett. –

Von hier aus ging ich nach Mönchweiler, wo ich einkehrte, und dann weiter nach Villingen. Um 14.30 Uhr langte ich dort an. Der Zug nach Rottweil war vor ½ Stunde gefahren. Der nächste fuhr in 2½ Stunden. Diese Zeit verbrachte ich mit Apfelsafttrinken. – Ich bin heute 30 km gewandert, doch es hat sich gelohnt. –

Ostersonntag, den 9. IV. 1944

Vor 4 Jahren besetzten deutsche Truppen Dänemark und Norwegen. –
Der gesamt KLV-Standort brachte heute früh dem Chef ein Morgenständchen, worüber er sich sehr freute. –
Heute war das Essen großartig. Als wir hereinkamen, fand jeder an seinem Platz eine Serviette vor, die mit Bonbons, Gutsle, zwei Eiern und einer Packung gedörrter Zwetschgen gefüllt war. Nach dem Essen bekam jeder noch ein großes Stück Torte, von bester Sorte. Das schmeckte. –
Am Nachmittag war ich im Kino. Als erstes wurde gezeigt: »Alpenkorps im Angriff«, dann kam »Thomas«, der den Kohlenklau bekämpfte, dann die Wochenschau mit Bildern u. a. aus dem »Urfaust«, Schneesturm an der finnischen Front, deutsche Truppen rücken in Ungarn ein und Kämpfe um Cassino. Der Hauptfilm hieß »Gefährlicher Frühling«. Ein Professor der Chemie kommt in seine Heimatstadt zur 200-Jahrfeier seiner ehemaligen Schule. Dort trifft er sich mit seinen Klassenkameraden. Er lernt ein Fräulein kennen und über diese seine ehemalige Freundin. Der Film spielt in Tübingen und zeigt sehr schöne Außenaufnahmen von dort. Auch sonst ist er sehr lustig und interessant. –
Danach machte ich einen Spaziergang Hardthaus zu. Auf den Wiesen blühen jetzt überall Gänseblümchen, Himmelschlüssel und Veilchen. Ich fand eine Wiese, von der große Strecken ganz blau waren von lauter Veilchen. – Überall auf den Feldern hört man jetzt wieder die Lerchen tirilieren. – An der Reichsstraße 27 konnte ich sehr schön einen wundervollen

Buntspecht beobachten. Leider kam ein Auto, das einzige in der ganzen Zeit, in der ich fort war, und so flog er davon. – Alarm von 10.55–11.30 Uhr. –

Ostermontag, den 10. IV. 1944

Da ich an der linken Ferse eine Entzündung durch eine Wasserblase habe, blieb ich daheim. Um ¾ 12 Uhr war 5 Minuten Öffentliche Luftwarnung. Von Wachtmeister Peter, einem Wellendinger, habe ich »Ritt ins Morgenrot«, herausgegeben von Wilhelm Kohlhaas, gelesen. Das Buch enthält eine Schilderung des napoleonischen Winterfeldzuges 1812 und der Freiheitskriege und gibt einen feinen Einblick in das Soldatenleben der damaligen Zeit. Das Buch erhielt ich von Mutti zur Konfirmation. –

Dienstag, den 11. IV. 1944

Um 8.30 Uhr hatten wir Befehlsausgabe an der Mädchenoberschule. Doch da ich keine Lust hatte, ins Eschachtal zu gehen, machte ich mich mit Gundel zusammen auf. Wir beschlossen, auf den Hohenzollern zu gehen. Nach Balingen fuhr aber erst um 12.25 Uhr ein Zug. Also liefen wir. Da es nach Balingen »nur« 24 km sind, gingen wir zu Fuß. Abmarsch ½ 9 Uhr. Lange marschierten wir auf der Reichsstraße 27 - an Hardthaus vorbei. Dort fanden wir über 100 Kröten auf der Straße liegen, die von den Autos breitgefahren waren - ein entsetzlicher Anblick. Das erste Dorf war Neukirch, ein richtiges Albdorf. Dort fanden wir an den Bächen Sumpfdotterblumen und viele Himmelschlüssel. – Kurz vor Schömberg (13 km hinter Rottweil) überschritten wir die Kreisgrenze. Schömberg ist ein kleines, altes Städtchen, bei dem man jetzt noch Teile der Wehrbefestigung erkennt. Dort bogen wir von der Straße ab und gingen an einer Wallfahrtskapelle vorbei, einen Feldweg entlang, der nach Dotternhausen führt. Dotternhausen besitzt eine kleine wuchtige

Kirche. Neben dem Ort steht eine große häßliche Zementfabrik, der die Steine durch eine Seilbahn vom Plettenberg gebracht werden. Am Ortsausgang ist ein stattliches Adelsschloß mit einem großen Gutshof. – Von hier aus sah man den Hohenzollern als einen großen spitzen Kegel vor den anderen Bergen aus dem Dunst aufsteigen. – Der nächste Ort war Erzingen. In der Nähe fanden wir im Straßengraben große Klumpen Froschlaich. – Endingen, wohin wir dann kamen, kommt schon nicht mehr auf meiner Karte. Von hier an war die Straße ganz neu. Ein großes, graues Band, an dessen Seiten alle 10 m ein weißer Pfosten leuchtet. – Die Straße führte an Balingen vorbei, und da es schon ½ 1 Uhr war, hatten wir keine Zeit, uns aufzuhalten; denn um 2 Uhr wollten wir ja schon auf dem Zollern sein, der uns mit jedem Schritt näher rückte. Wir konnten jetzt schon deutlich seine Zinnen sehen. – Bald verließen wir die langweilige Landstraße und gingen quer über die Felder auf ihn zu. Das nächste Dorf, an das wir kamen, war Bisingen (8 km von Balingen entfernt). Dort wurde uns im Gasthaus, in dem wir die Rast des ganzen Marsches machten, gesagt, daß es noch eine starke Stunde Weges sei; und jetzt hatten wir ½ 3 Uhr. Oh weh! Nachher fiel uns am Anfang das Laufen sehr schwer; denn die Füße wollten nicht mehr. An einem Bach hinter Bisingen beobachteten wir ein Wiesel. Dort fanden wir auf den Wiesen auch Anemonen! Das nächste Dorf war Zimmern (10 km von Balingen), das sehr hübsch unten am Berg liegt. – Von dort führt ein Weg hinauf in unzähligen Windungen, die wir oft abschnitten, dadurch daß wir Wildpfade durch den Wald benutzten. Kurz unterhalb der Burg stießen wir auf die Fahrstraße, doch auch von dieser zweigte bald ein Weg ab, der uns schnell vor das Tor brachte. Die Burg ist recht groß und stattlich. Durch 4 oder 5 Tore, die mit Zugbrücken versehen sind und zum Teil übereinander liegen, kamen wir in den Burghof. Wir schlossen uns gleich einer Führung an, die durch das Hohenzollernsche Landesmuseum ging. Dort sind Römer- und Alemannenfunde, Kirchenbilder und Schnitzereien. In einem Saal befinden sich Folterwerkzeuge und Waffen, u.a. ein Maulkorb für Klatschbasen. Über den

Führer, einen alten Mann, haben alle Leute sehr gelacht. Oft erzählte er nämlich den größten Unsinn. – Wenn wir zu dem Zug, der kurz vor 5 Uhr in Zollern fuhr und 5.12 Anschluß in Balingen nach Rottweil hatte, kommen wollten, mußten wir jetzt gehen; denn um 4 Uhr waren wir erst oben. Doch wir beschlossen, mit dem nächsten Zug zu fahren, der ∫ 21.07 Uhr fuhr. Also sahen wir uns die Burg noch weiter an. Die nächste Führung ging durch einen Teil des ersten Stockwerkes. Was das für reiche und prunkvolle Gemächer waren! –

Um 5 Uhr gingen wir von der Burg nach Zollern hinunter. Wir wollten Autos anhalten, damit sie uns nach Rottweil mitnähmen. Bis Bisingen-Steinhofen hatten uns zwei Autos überholt, doch keines hielt. In Engstlatt gingen wir auf den Bahnhof - es war 8 Uhr -, lösten uns Karten nach Rottweil und fuhren mit dem Zug 8.03 Uhr nach Balingen. Wir wollten uns, obwohl wir kaum noch laufen konnten, die Stadt ansehen bis zur Abfahrt unseres Zuges nach Rottweil. In Balingen angekommen, erfuhren wir mit Schrecken, daß der Zug nicht fahre. »Der nächste fährt morgen früh 5 Uhr!«, sagte man uns. So lange wollten wir aber nicht warten, sondern ließen uns das Fahrgeld zurückgeben. Um ½ 9 marschierten wir mit gesenkten Köpfen ab. Kurz nach Balingen überholte uns ein Auto, doch es hielt nicht, trotz unserem Winken. In Endingen war es bereits dunkel. Traurig, wütend und hoffnungslos zogen wir durch Erzingen. Wir hatten immerhin noch einen ordentlichen Schritt, doch bald wurde es anders. In Dotternhausen mußten wir bereits schon das 1. Mal rasten. Vor Schömberg kam wieder ein Auto, doch das hielt auch nicht. Hinter Schömberg war das nächste Mal Rast. Wir trösteten uns: Wenigstens schon im Kreis Rottweil. Außerdem hatten wir den Trost, daß es jetzt nicht mehr so heiß war, doch es wurde immer kälter, und bald sagten wir, es wäre besser, die Sonne schiene. Vor Neukirch rasteten wir wieder. In der Ferne hörten wir Flak schießen. Als wir durch Neukirch hindurch waren, ging der Vollmond auf. Immer schwerer wurde unser Gang, wir konnten uns kaum noch aufrecht halten. Immer öfter rasteten wir, und wenn wir uns nicht immer wieder aufgerafft hätten, wären wir im Straßengraben

eingeschlafen. – 5 Minuten vor ½ 2 Uhr morgens kamen wir hier an. 5 Minuten später schlief ich schon fest. –
Heute, am 13. IV. 1944, liegt dieser Weg wie ein böser Traum hinter mir. Wir sind 75 km gelaufen! – (*Randnotiz:* Wir sind jetzt schön braun gebrannt.)

Mittwoch, den 12. IV. 1944

Heute früh stand ich spät auf. Den ganzen Tag über konnte ich kaum laufen. Auch müde bin ich noch. Am Nachmittag legte ich mich wieder ins Bett und schlief. –
Die Knospen an den Bäumen, besonders den Kastanien, öffnen sich. –

An die Mutter, Rottweil, den 13. IV. 44

Endlich komme ich nach einigen erlebnisreichen Tagen wieder einmal dazu, Dir zu schreiben. Für Deinen Brief vom 6.4. danke ich Dir herzlich.
Am Ostersonnabend machte ich eine Ganztageswanderung in den Schwarzwald. Über Königsfeld nach Villingen. Es war wunderschön. Königsfeld ist eine Niederlassung der Herrenhuter Brüdergemeinde, die den Ort 1806 als Höhenluftkurort anlegte. Er ist sehr sauber und gepflegt. Die Einwohner sind alles Norddeutsche. –
Vorgestern machte ich mit Gundel zusammen eine Wanderung. Wir gingen nach Balingen und von dort auf den Hohenzollern. Zurück wollten wir fahren; doch der Zug fuhr nicht, und so mußten wir laufen. Es war eine furchtbare Anstrengung. Gestern früh um 1 Uhr kamen wir todmüde hier an. Wir sind also, ohne zur rasten, 75 km gelaufen. Der Hohenzollern ist wunderschön. Auch die Landschaft um ihn herum.
Mit Schrecken bemerkte ich neulich, daß meine Taschenuhr nicht läuft. Ich werde sie in den nächsten Tagen hier zum Uhrmacher tragen. –

Faders schenkten mir zur Konfirmation eine schöne Brieftasche, die ich als Schreibmappe benutzen werde. –

Heute nachmittag muß ich mit der Klasse 1b einen Ausmarsch zur Neckarburg machen. –

Ich schicke Dir zwei Bilder mit, die die Klassenkameraden anläßlich der Einberufung von Karl Walz machten. Ich war damals nicht dabei. Tue sie bitte in mein Album. Auf dem Gruppenbild sind von links nach rechts: Gundel, Herre, Walz, Jaisle, Plarre und Föhl; letzterer liegt zur Zeit im Krankenhaus hier. –

Donnerstag, den 13. IV. 1944

Heute früh war für die KLV Flaggenhissung vor der DEO. –

Für den Nachmittag war Ausmarsch in den Klassen angesetzt. Ich war Klasse 1b zugeteilt. Als ich am Treffpunkt ankam, sagten die Erstklässler mir, ich sollte ihnen helfen, den Herrn Wieland zu »schippen«, doch ich sagte ihnen, ich könne das nicht. Sie verschwanden im Gebüsch, und ich mußte ihnen versprechen, sie nicht gesehen zu haben. Also stellte ich mich an die Straße und wartete auf Herrn Wieland. Als er kam (2 Uhr), wurde gerade Fliegeralarm gegeben. Er fragte mich nach seiner Klasse, doch ich sagte, ich hätte sie nicht gesehen, sei auch gerade erst gekommen:»Vielleicht sind sie der Luftlagemeldung wegen nicht gekommen.« (Diese lautete:»Starke feindliche Bomberverbände im Anflug auf Südwestdeutschland.«) 4 Rottweiler sagten zu uns, in einem Wald seien Stuttgarter. Also gingen wir zu diesem Wald. Es waren wirklich die Gesuchten. Sie benahmen sich sehr laut. Herr Wieland sagte:»Das ist meine Klasse nicht.« Also kehrten wir um. In der Ferne hörte man es schon brummen. Aus den Wolken stieß ein Verband von 50 Bombern in großer Höhe, mit langen Kondensstreifen hinter sich her, heraus. Ihm folgten noch einige kleinere Verbände. Ungefähr 100 Flugzeuge überflogen die Stadt. Im Osten krachte es. Was war das? Flak? Das kann nicht sein; denn in dieser Richtung ist keine. Aber aus den Wäldern hinterm Hardthaus stieg eine riesige Dreckfontäne. Ein Bomber, der weit hinter dem Verband, der in Richtung Friedrichshafen flog, zurück war, warf seine Bomben im Notwurf. – Herr Wieland und ich gingen miteinander heim. Als dann Vorentwarnung gegeben wurde, ging ich in seinem Auftrag noch einmal zum Treffpunkt. Zwei der Klasse traf ich noch. Sie erzählten mir, sie seien der Flieger wegen in den Wald gegangen. (Das Verhalten ist schon ganz richtig.) Dies erzählten sie dann auch noch dem Herrn Wieland, der uns entgegenkam. – Morgen will er die Sache weiter untersuchen. (Hoffentlich werde ich aus dem Spiel gelassen.) Seinen Äußerungen entnahm ich aber, daß er ganz froh ist über den ins Wasser gefallenen Ausmarsch. Zu mir sagte er:»Da haben wir wenigstens einen freien Nachmittag.« Um ¼ 5 Uhr war, nachdem noch einmal Vollalarm und Entwarnung gegeben worden waren, der Alarm vorbei. –

Sonnabend, den 15. IV. 44

Heute ist es ein Jahr her, daß wir das erste Mal vor den Trümmern von Cannstatt standen. –

Wir sollten eigentlich 4 Arbeitsstunden haben, doch der Chef gab uns zwei Stunden Physik (Schall und Schwingungen). –

(…) Mutti schickte mir die Lederhose, die ich natürlich gleich anzog. –

Am Abend war ich in einem Chor-, Dombra- und Balaleikakonzert»Lieder von 6 Nationen«. Es waren sehr gute Darbietungen von bulgarischen, norwegischen, finnischen, rumänischen, ungarischen und deutschen Volksliedern und Märschen. Schuberts»Am Brunnen vor dem Tore« war auch darunter. –

Daß ich in dieses Konzert ging, hat sich bestimmt gelohnt. –

Sonntag, den 16. IV. 1944

Am Nachmittag machte ich mit meinem Hausgenossen Kopp einen Spaziergang zur Neckarburg. Auf den Wiesen sahen wir die herrlichsten Blumen, besonders Himmelschlüssel und Veilchen. Aber auch Gänseblümchen, Hahnenfuß und Löwenzahn und noch viele andere große und kleine Blumen und Blüten waren zu sehen. In den Büschen der Palmkätzchen summten Hunderte von Bienen. An der Neckarburg zeichnete ich die kleine Kapelle und kolorierte diese Zeichnung. Sie ist die schönste geworden, die ich jemals gemacht habe. Von hier aus gingen wir weiter zum Schloß Hohenstein und gingen über den hübschen Ort Dietingen wieder nach Hause. – Im Laufe des Tages versuchte es mehrmals zu regnen, doch es kam nie dazu. –

Montag, den 17. IV. 1944

Wir erhielten heute einen neuen Stundenplan. Er enthält 38 Stunden und keine einzige Arbeitsstunde, trotzdem haben wir bloß am Montag und Dienstag Nachmittagsschule. –

(…) Am Nachmittag sahen wir im Kino die Wochenschau, die u.a. die Kämpfe von Cassino enthielt, und einen schönen Film von einem KLV-Lager am Bodensee. Die Jungen veranstalteten dort eine kleine Seeschlacht. – Am Abend hatten wir noch Standort-Führerdienst. Es waren aber nur 9 Mann da. –

An den Vater, Rottweil, den 17. IV. 44

Für das Buch und den Brief vom Ostersonntag herzlichen Dank. – Ich bin noch nicht dazu gekommen, es zu lesen, denn ich habe gerade ein Buch, das mir Fräulein Hausdörfer schenkte, Hans Spemann »Leben und Forschung« »in der Mache«. Dieses ist sehr schwer zu lesen, obwohl es ein Thema behandelt, das wir in der Biologie schon hatten (Trennen von Zellen); denn der Forscher gebraucht dabei sehr viele biologische Fachausdrücke, die ich noch nicht kenne. –

Am Osterdienstag machte ich eine Wanderung mit einem Kameraden zusammen. Das Ziel war der Hohenzollern. (…) Samstag vor Ostern machte ich auch eine wunderschöne Wanderung, weit in den Schwarzwald hinein. (…)

Am Donnerstag flogen einige Verbände der Engländer über Rottweil. Es waren ungefähr 100 Flugzeuge. Eines davon warf einige Bomben in die Wälder östlich der Stadt. Ich konnte die Einschläge sehr gut beobachten; denn ich stand westlich der Stadt auf einer Anhöhe.

Seit Freitag haben wir wieder Unterricht.—- Gestern zeichnete ich bei der Neckarburg eine Kapelle und kolorierte das dann. Es ist die beste Zeichnung geworden, die ich überhaupt gemacht habe. Sie ist in den Strichen und auch in den zarten Farbtönen sehr fein geraten. – Doch nun muß ich schließen, denn ich muß jetzt zum Essen und dann in den HJ-Führerdienst. –

Dienstag, den 18. IV. 1944

Heute vor 3 Jahren haben die Jugoslawen kapituliert. – Heute vormittag hatten wir warmen Frühlingsregen. – Überall öffnen sich jetzt die Knospen. Die Forsythia blüht. – Am Nachmittag hatten wir Schule. –

Am Abend war ich in der DEO. Dort zeigte die Württembergische Landesbühne einen Teil des »Faust« (1.Teil) (Vorspiel im Himmel - Hexenküche). Die Darsteller waren ausgezeichnet. Besonders die des Faust und Mephistopheles. Auch Wagner ist fein charakterisiert. An manchen Stellen kann ich Faust mit mir vergleichen. Er ist mit seinen Erfolgen nicht zufrieden und sucht und strebt nach dem Vollkommenen. – Sehr hübsch war die Szene in Auerbachs Keller. Aber auch der Osterspaziergang und die anderen Szenen gefielen mir sehr gut. Die Hexenküche machte einen besonderen Eindruck auf mich. – Die Technik der Beleuchtung etc., auch die Kulissen sind für die Verhältnisse des DEO-Festsaals sehr gut. –

Mittwoch, den 19. IV. 1944

Heute vor 5 Jahren bin ich ins Jungvolk eingetreten und vereidigt worden. –

Heute hatten wir, nachdem wir erst gestern 2 Stunden Physik hatten, wieder eine Stunde. Der Stoff ist sehr trocken, da die Schwingungen, Fall und Bewegung besprochen werden, und dies alles nur mit mathematischen Gleichungen. – Am Nachmittag hatten wir Probe für das »Kälberbrüten« im Biologiesaal, d.h. wir haben es nur vom Blatt abgelesen. – Von Hans Spemann habe ich »Forschung und Leben« gelesen (von Fräulein Hausdörfer zur Konfirmation). Es war für mich sehr schwer zu lesen, da der Forscher viele biologische Fachausdrücke gebraucht. Das Thema ist u. a. die künstliche Zelltrennung. – Am Abend war ich noch einmal im »Faust«. Heute wurden die Gretchenszenen gezeigt. Mephistopheles war noch mehr in Form als gestern und überragte Faust ganz. Sehr hübsch waren die Szenen in Marthens Garten, wo Mephisto Frau Marthe vom Tode ihres Mannes berichtete. Die Gartenkulisse war sehr schön. Sehr ergreifend waren das Gebet Gretes an die Maria und Valentins Tod. Das Gebet im Dom war ein Meisterstück der Schauspielerin. – Phantasievoll war die Walpurgisnacht, auch in den Kulissen. – Die Kerkerszene kam nicht ganz zur Geltung, das lag an Faust und Mephisto, trotzdem war sie aber noch recht tragisch. – Einen feinen Abschluß bildete das Bild »Vorhof in Fausts Schloß« und Fausts Tod. – Kulissen und Spiel waren jedoch ausgezeichnet. –

Donnerstag, den 20. IV. 1944

Heute hat unser Führer seinen 55. Geburtstag. Möge er noch lange zum Segen und Wohl des deutschen Volkes leben und regieren. – Die ganze Stadt ist beflaggt. Der KLV-Standort ging heute in Uniform in die Schule. –

Ich bin heute noch sehr müde von gestern, vorgestern und Montag, weil ich da immer erst spät (gegen ½–¾ 11 Uhr) ins Bett kam und am nächsten Morgen um ½ 7 Uhr bereits wieder aufstehen mußte. –

Der Chef hielt mit uns heute im Rektorat eine wunderbare Weltanschauungsstunde, in der er u. a. sagte, daß einer der eine Religion habe, noch lange nicht in der Kirche sein müsse und umgekehrt. In der Stunde gab er uns allerhand Weisheiten und Lehren mit, die man nicht gleich wieder feilgeboten bekommt. –
Am Nachmittag mußten wir (KLV) an der DEO antreten. Hauptlagermannschaftsführer Bromm wies kurz auf die Bedeutung des Tages hin. Anschließend machten wir einen Marsch durch die Stadt, der gut klappte. Er dauerte 1½ Stunden. –
(…) Am Abend war ich in der Parteifeier anläßlich Führers Geburtstag. Sie war sehr schön. –

Bad Cannstatt, den 21. IV. 1944

Heute erhielt die Klasse Urlaub, und so fuhren wir nun fröhlich miteinander in einem Abteil, ärgerten die Leute, an denen wir vorbeifuhren, und erzählten Witze, sangen Lieder. –
Hier in Stuttgart ist der Frühling schon viel weiter. Die Obstbäume blühen, die Kerzen der Kastanienbäume werden schon sichtbar, und alle Bäume schlagen schon aus. –

Sonnabend, den 22. IV. 44

Als wir heute früh in Fellbach waren, traf ich nach 6 Jahren wieder einmal den Herrn Krauß.
Gegen Abend war Öffentliche Luftwarnung. Die Leute ließen alles stehen und liegen und rannten zum Stollen im Geiger. Als wir auf dem Weg dorthin waren, wurde Alarm gegeben. Wir saßen dann ungefähr ½ Stunde im Stollen. –

22./23. IV. 1944

Von 2–3 Uhr saßen wir im Stollen, weil Alarm war. –

Gegen Mittag war 1 Stunde Öffentliche Luftwarnung, von 15–16 Uhr Alarm. Bei letzterem gingen wir in den Stollen. Während der Öffentlichen Luftwarnung wurde in der Ferne kurze Zeit geschossen. – Am Abend mußte ich leider wieder fahren. Ich konnte ein wunderschönes Abendrot auf der Fahrt beobachten. Um ½ 24 Uhr kam ich hier an. –

Rottweil, Montag, den 24. IV. 44

Heute schien den ganzen Tag über die Sonne wunderbar. – Um 12.30 Uhr wurde Öffentliche Luftwarnung, 5 Minuten später Alarm gegeben. 200–300 Bomber überflogen in großer Höhe Rottweil. Um 15 Uhr wurde Vorentwarnung gegeben und 15.20 Uhr entwarnt. Infolgedessen kamen wir natürlich sehr spät zum Essen. –

Ich bin, wie ich jetzt erfuhr, einer der besten KK-Gewehrschützen des KLV-Standorts. Dietrich gehört auch dazu. – Um ¾ 16 Uhr waren wir im Kino und sahen dort einen hübschen Film über das Leben im niedersächsischen Bauernhof und die Wochenschau. –

Von ¾ 16–17 Uhr war wiederum Öffentliche Luftwarnung. –

Am Abend war ich in dem Festsaal der DEO. Dort gastierte die Schwabenbühne mit dem Lustspiel »Gustav Scheible senior«. Es war sehr hübsch. –

24./25. IV. 44

Von ½ 1–½ 4 Uhr war Fliegeralarm. Karlsruhe wurde angegriffen. Dort brannte es tüchtig. Die Rottweiler Bevölkerung war furchtbar aufgeregt. –

133

Dienstag, den 25. IV. 44

Über Nacht hat es etwas geregnet, am Morgen schien die Sonne, doch bald war der Himmel wieder mit dicken Wolken verhängt. –
Um 9.05 Uhr war Alarm. Eine Zeit lang saßen wir im Schul-LS-Raum. Dann ging der Chef mit uns hinauf und trieb 1 Stunde Physik. ½ 11 Uhr kam Vorentwarnung und 10 Minuten später Entwarnung. –
Um 11 Uhr wurde wieder Alarm gegeben. Daher wurden wir nach Hause geschickt. Doch der Alarm beruhte auf einem Versehen. – Am Nachmittag hatten wir Schule. –
Gegen Abend regnete es kurz heftig, doch bald schien die Sonne wieder. –

Mittwoch, den 26. IV. 44

Da heute nacht Öffentliche Luftwarnung war, begann der Unterricht erst mit der zweiten Stunde. –
Heute ist das Wetter sehr unfreundlich. Es geht ein sehr kalter Wind. –
Am Nachmittag hatten wir Schießen (5 Schuß 21 Ringe). Wie ich später erfuhr, lag das schlechte Ergebnis am Gewehr. Anschließend war Probe in der DEO fürs »Kälberbrüten«. Am Abend machte ich mit Walter Hirt noch einen kleinen Spaziergang. –

26./27. IV. 44

Von 1.00– ¼ 4 Uhr war Fliegeralarm. Es brummte heftig.

Donnerstag, den 27. IV. 44

Heute ging ich nicht in die Schule, weil ich mich gestern sehr erkältet habe. Den Nachmittag über schlief ich, und am Abend fühlte ich mich wieder so wohl, daß ich zum Essen ging. –

Von Erwin Wittstock habe ich »Das Begräbnis der Maio«, eine Novelle über den Kampf der Siebenbürger Sachsen um ihr Deutschtum, gelesen. – Von 19.20–20.00 Uhr war Fliegeralarm. In der Ferne wurde geschossen. – 1941: Einmarsch in Athen. –

27. IV. / 28. IV. 44

Von 1¼–3¾ Uhr war Fliegeralarm. Die Bomber flogen zum Teil im Tiefflug über die Stadt. –

Freitag, den 28. IV. 44

Von 9.10–9.35 und 10.00–10.25 Uhr war Öffentliche Luftwarnung. –
In der Chemie machte Herr Birlinger Schwefelwasserstoff. Es stank verheerend. –
Das Wiesenschaumkraut blüht jetzt überall auf den Wiesen. Auf dem Adolf-Hitler-Platz konnte ich sehr schön 6 Dompfaffen beobachten. –
An der NPEA sah ich ein Weilchen zu, wie die Jungmannen exerzierten. Da kann sich die gewöhnliche HJ ein Beispiel daran nehmen! Viele sind sich der Sache auch bewußt und sind daher so wütend auf die Napo. –
Wir bekamen eine lateinische Klassenarbeit zurück, die wir vorgestern gemacht haben. Ich habe die beste Arbeit mit 3. –

An den Vater, Rottweil, den 28. IV. 44

Vielen Dank für Deinen lieben Brief, das schöne Büchlein, das Geld und die Briefmarken. –
Du kannst mir glauben, daß ich den weiten Weg zum Hohenzollern und zurück gefahren wäre, wenn es möglich gewesen

wäre, ich habe damit gerechnet, daß wir fahren könnten, doch »mit des Geschickes Mächten ist kein ew'ger Bund zu flechten!« Der Zeichenunterricht hier bei Herrn Fuchs befriedigt mich gar nicht. Ich freue mich schon, daß ich nach den Sommerferien Herrn Holl wieder in diesem Fach habe. – Du brauchst keine Sorge zu haben, daß ich mich durch meine Liebhabereien zu sehr ablenken lasse. Als Beispiel dafür: Vorgestern machten wir eine lateinische Klassenarbeit, ich habe die beste Arbeit (3). Sie gilt schon für das Abschlußzeugnis. Das Osterzeugnis erhielten wir noch nicht, da der Klassenlehrer Dr. Kneile krank ist. Letzte Woche wurde Goethes Faust hier gegeben. Am 1. Abend der I. Teil bis zur Hexenküche, die mich nicht ganz befriedigt hat. Die Geisterbeschwörung war großartig. Hübsch, besonders in der Stimmung, war der Osterspaziergang. Auch die Szene mit der Unterzeichnung des Pakts mit dem Teufel war sehr gut. In Auerbachs Keller ging es toll zu. – Am 2. Abend wurden der Schluß (die Gretchenszenen) und die Schlußszenen des II. Teils gezeigt. Reizend war die Szene in Marthes Garten. Sehr erschütternd waren Gretchen am Spinnrad, das Gebet zu Maria, Valentins Tod und dann die Kerkerszene, doch kam diese nicht ganz zur Geltung; dies lag an Faust und Mephisto. Sehr gespenstisch war die Walpurgisnacht. Fausts Tod war ein wundervoller Abschluß, der dem ganzen Stück noch die letzte Vollendung gab. – Über Sonntag (Freitag - Sonntag) war ich in Stuttgart. Dort blüht und grünt schon alles wunderbar. Hier ist die Natur noch lange nicht so weit. – (…) Z. Z., d. h. diese Woche fiel bei uns sehr viel Unterricht wegen Fliegeralarm aus. Bis jetzt sind 11 Stunden ausgefallen. 3 Stunden wurden während Alarm oder Öffentlicher Luftwarnung gehalten. 17 fanden ohne Alarm statt. – Wie die Engländer neulich München angriffen, überflogen 300 Bomber in großer Höhe die Stadt. –

Sonnabend, den 29. April 1944

Heute war schlechtes Wetter. – Am Vormittag hatten wir 3 hohle Stunden, die wir zum Teil im Wald hinter der Schule verbrachten. –

Am Nachmittag habe ich mich mit einem KLV-Abzeichen beschäftigt. Oben steht »KLV«, dann schräg über das Feld »Stuttgart« und unten »Rottweil«. Das Abzeichen befriedigt mich noch nicht ganz. –

Sonntag, den 30. April 1944

In der Jugendfilmstunde sahen wir den Film »Schrammeln« (mit Hans Moser). Er war ganz lustig, sonst bedeutet er nicht viel. – In der Wochenschau sah man u. a. Ausschnitte aus den Kämpfen um Cassino. –

Am Nachmittag machte ich mit Werner Plarre zusammen einen Ausflug: Wir gingen nach Zimmern, wo wir uns zuerst einmal eine 8,8 cm-Flak genauer besahen, von dort nach Flözlingen und in das reizende Teufenbachtal. Dort stauten wir den Bach an einer Stelle und bauten Hafenanlagen und anderes. Am Schluß zerstörten wir sie wieder. – Wir gingen weiter den Bach aufwärts. Kurz vor Locherhof hörten wir, daß die Sirenen Öffentliche Luftwarnung gaben (18.05 Uhr). ½ Stunde später wurde wieder entwarnt. Wir gingen an den ehemaligen Wällen einer Ruine vorbei ins Echachtal und folgten diesem bis nach Lackendorf. Dort sahen wir auch die Schäden durch die Bomben, die vor einigen Wochen dort fielen. Da ist allerhand kaputt. In Lackendorf kehrten wir ein. Dann gingen wir auf der Straße Rottweil-Schramberg nach Zimmern und über den Hochturmweg nach Hause, wo wir um ½ 22 Uhr anlangten. –

30. IV. / 1. V. 1944

Von ¼ 24–¼ 1 Uhr war Alarm. Lange überlegte ich mir, ob ich aufstehen solle, tat dieses schließlich kurz nach Mitternacht, und als ich gerade vor dem Haus stand, wurde entwarnt. –

Weil es mir heute ziemlich schlecht war, ging ich nicht mit dem KLV-Standort auf den Lemberg, sondern blieb zu Hause. – Heute haben Vati und Mutti ihren 18. Hochzeitstag. – Von ¼ 12–12 Uhr war Öffentliche Luftwarnung. – Von Theodor Fontane habe ich »Sein Leben / Ellernklipp / Die Poggenpuhls / Grete Minde«, lauter hübsche Erzählungen, gelesen, herausgegeben von Dr. Joh. Rohr. Das Buch erhielt ich von Tante Lotte zur Konfirmation. – (…) Von ½ 19–19 Uhr war Fliegeralarm. –

Dienstag, den 2. V. 1944

Da heute nacht Luftwarnung war, hatten wir erst in der 2. Stunde (8.20 Uhr) Schule. – In der Physik zeigte uns der Chef allerlei Versuche (Thema: Schallerzeugung), doch hatten wir sie alle schon in Cannstatt bei Studienrat Mayer gesehen. –

Vom Bann 119 erhielt ich den Befehl, am 5. 5. in Stuttgart bei einer jugendärztlichen Untersuchung zu sein. Der Chef läßt mich nicht gehen, also schreibe ich ab. –

Gundel kroch heute zum Spaß in den Kasten neben dem Pult und sang. »Ein ›Pfropf‹, der fiel vom Dache …« In diesem Augenblick kam der Besungene herein und setzte sich an den Pult. Gundel blieb im Kasten und machte die ganze Stunde über Faxen, daß wir uns das Lachen kaum »verheben« konnten. Dr. Allmendinger hat sich zwar geärgert, daß wir lachten, doch wußte er nicht, warum. – (…)

An die Mutter, Rottweil, den 2. V. 44

Vielen herzlichen Dank für Deinen Brief vom 30. 4. – Die beiliegende Befehlskarte brachte ich dem Chef. Der sagte mir, daß ich an den Bann 119 schreiben solle, daß ich für diese Zwecke keinen Urlaub von ihm bekäme. (*Randnotiz:* habe dies bereits besorgt.) Er sagt ganz richtig, daß es hier oben auch Ärzte gibt, die das besorgen können. Ich glaube, daß man auf dem Bann Stuttgart 119 gar nicht weiß, daß ich mit der KLV fort bin. – Du scheinst mir ja sogar zuzutrauen, daß ich mich nachts herumtreibe, wenn Du fragst, ob ich vor dem Alarm um ½ 12 Uhr noch nach Hause gekommen sei. – Den ganzen Nachmittag über war ich mit Plarre im Schwarzwald. Dort haben wir einen Bach gestaut, oder besser gesagt, versucht zu stauen. Todmüde kamen wir abends um ½ 10 Uhr nach Hause. Um ¼ 12 Uhr war dann der Alarm. Lange habe ich mir überlegt, ob ich aufstehen solle. Kurz nach 12 tat ich dies auch – es fiel mir sehr schwer. Als ich gerade vor der Haustüre stand, wurde entwarnt (0.15). – Doch nun muß ich unterbrechen, denn ich muß zum Essen, und anschließend habe ich im Schwarzen Tor Dienst. – – –

Die neuen Zuhörer beim Stadtpfarrer Hecklinger haben sich gleich in der 1. Stunde einen tollen Streich erlaubt: Als sie »Nun danket alle Gott!« singen sollten , sangen sie: »Von der Weser bis zur Elbe« – ein Marschlied. Herr Hecklinger hat sich natürlich furchtbar darüber aufgeregt. – Ich bin der Meinung, daß das, was die sich da geleistet haben, doch etwas zu viel war.

Mittwoch, den 3. V. 1944

Heute ging ich nicht in die Schule, sondern verbrachte den ganzen Tag im Bett. Ich bin furchtbar erkältet und so heiser, daß ich nicht mehr sprechen kann. Schlecht und schwindelig ist es mir außerdem. – Von 12–1 Uhr war Öffentliche Luftwarnung. –

3./4. V. 1944

Um Mitternacht war ungefähr ¾ Stunde Alarm. Ich blieb im Bett. –

Freitag, den 5. V. 44

Heute wurden die 1. Maikäfer in die Schule gebracht. Dr. Allmendinger durfte 7mal einen von seinem Kragen wegnehmen. – Wir beginnen jetzt mit dem Caesar in Latein. – (…)

Am Abend hatte ich Probe. Zuerst im Schwarzen Tor für den »Räuberjungen« und dann im Kaffee Lehre für »Kälberbrüten«. Von Frau Lehre wurde ich dann noch zu Kaffee und 2 Stück Kuchen eingeladen. –

Sonnabend, den 6. V. 44

Am Nachmittag machten wir den Frühjahrsgeländelauf. Ich brauchte 362 sek (1000 m). – Am Abend war ich in dem Film »Die goldene Spinne«. Er zeigte sehr gut die Arbeit der Spione. Als Vorfilm wurde ein farbiger Film über die Tierwelt auf dem Grund der Adria gezeigt, der sehr schön war. In der Wochenschau gute Aufnahmen über den Kampf der deutschen Luftabwehr mit den feindlichen Bombern. –

Sonntag, den 7. V. 1944

Für heute war für den KLV-Standort Ganztagesmarsch angeordnet. Ich ging mit der Klasse 1. Befohlen war für diese: Neckarburg - Herrenzimmern und zurück. Nach meinem Plan wurden die beiden Klassen getrennt. Die eine (b; Gundel und Nickerl) ging diesen Weg so wie vorgeschrieben, die andere machte (a; Fritz Herre und ich) ihn umgekehrt. Wir (a) marschierten die Schramberger Straße über Zimmern–Hochwald hinaus und bogen bald in einen Feldweg, der nach Herrenzimmern führt, ab. Dort rasteten wir im Wald, und nachdem wir uns durch unseren Mundvorrat gestärkt hatten, gingen Herre und ich in den Wald, um einen günstigen Platz für eine Befestigung zu suchen, den wir auch bald fanden. Mit zwei Mann ging ich an den Waldrand Richtung Herrenzimmern. Dort baute ich eine Tarnung, hinter der wir aus 5 m Entfernung noch nicht gesehen wurden. Von hier aus wurde der Weg beobachtet, auf dem der Feind anrücken mußte. Da die Sicht durch ein gegenüberliegendes Waldstück sehr beschränkt war, ging ich an eine Stelle, von wo aus ich den Dorfausgang beobachten konnte. 1½ Stunden hielten wir Wache. Es war heute sehr kalt (der 1. Eisheilige), und wir hatten Sommerdienstuniformen an. Schließlich wurden wir in das unterdessen gebaute Lager (ein Meisterstück!!) zurückgeholt, wo wir uns alle ganz still verhielten. Als der Feind um ¼ 2 Uhr immer noch nicht da war, verließen wir das Lager und gingen den Waldrand entlang nach Herrenzimmern. – Dort sahen wir uns die Burg an. Von jetzt an ging es immer das Neckartal entlang, über Hohenstein, Neckarburg. Um ½ 7 Uhr waren wir in Rottweil. –

Montag, den 8. V. 1944

Heute morgen hat es gereift. – In der Schule waren wir nur 4 Mann. 3 sind krank und 3 in Bad Podiebrad in Böhmen. – Wir erhielten das Osterzeugnis. In Musik habe ich jetzt 3 (früher 4), Latein 4 (früher 4–), Erdkunde, Chemie, Physik 4 (3), Mathematik 3. Alles andere ist gleichgeblieben. – In der Jugendfilmstunde (für KLV) durften wir heute den Film mit Willy Birgel »Kameraden« sehen, den ich vor 2 (oder 3) Jahren schon in Cannstatt sah, dazu die Wochenschau (Inhalt s. Eintr. 6. V.). – Ab heute bin ich Tischobmann an Tisch 1. –

Dienstag, den 9. Mai 1944

Heute ist Schillers Todestag. –
Vor 15 Jahren wurde ich getauft. – (…)
In der Chemie hat sich Studienrat Birlinger sehr flegelhaft benommen. Er schrie, hetzte gegen die Keplerschule in einem fort, und jeden, der etwas nicht wußte, boxte er in den Rücken und gab ihm 6. Wir lassen uns doch von diesem eingebildeten Kerl nicht mehr wie ABC-Schützen behandeln, wir sind doch immerhin in der 5. Klasse! Wenn sich dieses Benehmen nicht bald ändert, erfolgt eine Beschwerde bei der »Mina«. Dann be-

kommt er wieder so eine Verwarnung wie vor einigen Monaten. Daß er sich jetzt noch darüber ärgert, hat er aus seinen Reden oft ungewollt herausblicken lassen. »Ich werf Euch den Dreifuß an den Kopf; es soll mir darauf nicht ankommen!« »Haben sich diese Kerls in der IKO durchbeschissen in die nächste Klasse, bei uns wären sie schon in der 2. Klasse geflogen.« (Siehe als Beispiel dafür, daß die 5a hier (vor Jan. 44) bedeutend schlechter war als 5b!) In diesem Stile waren seine Reden. Mich hat dieses Verhalten aufs Tiefste verletzt, und ich habe lange dazu gebraucht, um meine innere Ruhe wieder herzustellen. –

Von 9.45–10.20 Uhr Fliegeralarm am Vormittag. –

Mittwoch, den 10. V. 44

Heute vor vier Jahren begann der deutsche Einmarsch in Frankreich. – (…)

Im Zeichnen machten wir einen Schwarzpapierschnitt: Maske. Mir ist sie ganz gut gelungen. –

Fast den ganzen Nachmittag über verbrachte ich beim Jaisle, wo auch die anderen 3 Klassenkameraden waren, indem wir Unfug trieben. –

Am Abend hatte ich noch Probe für den »Räuberjungen« im Schwarzen Tor. –

Dienstag, den 11. V. 44

Heute, früh am Morgen, war das erste Gewitter dieses Jahres. – Von 7.40–8.20 Uhr, während wir im Rektorat gerade Caesar, De Bello Gallico I,5+6 übersetzten, war Öffentliche Luftwarnung. Eine lateinische Klassenarbeit, die wir gestern machten (Bell.Gall. I,4) erhielten wir zurück. Ich habe die beste mit 3. – Von ¾ 16–16.20 Uhr war Alarm und dann noch 10 Minuten Öffentliche Luftwarnung. – Am Abend mußte ich zur Lagerzugführerbesprechung ins Franziskaner. –

Heute war wundervolles Wetter. – Am Abend, der sehr mild war, schwirrten überall Maikäfer umher. – Am Abend hatte ich Probe im Schwarzen Tor (»Räuberjunge«). –

Sonnabend, den 13. V. 44

(...) Ich hatte den Befehl, mit der Klasse 2b heute auszumarschieren. Anfangs hatte ich einige Sorge, ob ich mich durchsetzen könne, doch ich muß sagen, schöner hätte ich mir das Einverständnis nicht vorstellen können! Befohlener Marschweg war: Spaichingen, Hausen o. V., Hohenkarpfen, Trossingen. – Mit dem Zug fuhren wir nach Spaichingen. Für uns wurde eigens ein Wagen angehängt. Am Ziel übergab uns Kl. 2a einen Fehdebrief. Ein kurzes Stück marschierten wir noch durch die Stadt, bis ich dann »Aufgelöste Marschordnung« (Sauhaufen) befahl. Über Hausen ob Verena gelangten wir zu unserem 1. Ziel, dem Hohenkarpfen, ein steiler Kegel ohne Spitze, der sich mitten aus der Landschaft, 912 m hoch, erhebt. Diesen bestiegen wir im Laufschritt. Die vielen Maikäfer waren für die Jungen eine große Freude, und viele hatten bald 20 und noch mehr in einer Schachtel beisammen. Eine große Überraschung war für mich, daß dort oben 10 wundervolle Exemplare des Schwalbenschwanzes, den ich bei dieser Gelegenheit das 1. Mal sah, umhergaukelten. Oben auf der Spitze ist eine kleine Ebene, an deren Ränder Wälle sind, Reste einer früheren Burg. Wir steckten unsere Fahne in einen Busch und befestigten diesen durch Gestrüpp, Dornen und Äste, die wir auf dem ganzen Berg zusammenlasen. Nach 1½ Stunden wurde von unseren 3 mit Feldstechern bewaffneten Ausguckposten das Annähern des Feindes, von Hausen aus, gemeldet. ½ Stunde später griffen sie an. Es sollte nur gerungen werden, dennoch aber benutzte der Feind alle nur möglichen Mittel, so auch Nadeln. Nach 13 Minuten, also 2 Minuten vor Kampfende, gelang es ihm endlich, unsere Fahne zu berühren - nicht aber davonzutragen. Busch pfiff aber trotzdem ab. Verloren haben wir nicht! Denn auf der Gegenseite wurden so viele Gemeinheiten und schlechte Listen verwandt. –

Der Feind rückte ab, in eine Wirtschaft in Gunningen, in die wir nach 1 Stunde Sonnenbad folgten, nachdem dieser das Haus geräumt. Wir wollten ihm bald folgen, da er sich auf dem Lomberg verschanzen wollte. Doch einer entdeckte, daß seine Uhr noch auf dem Karpfen lag. Also warteten wir, bis er sie geholt hatte. Unterdessen tranken wir, in Ermanglung eines anderen Getränkes, Bier. –

Lange marschierten wir durch den Wald. Der, der seine Uhr auf dem Karpfen geholt hatte, verlor seine Jacke, und so mußten wir warten. Ich machte unterdessen einen Vorstoß mit 3 Mann. Einer, den ich zurückschickte, das Gros zu holen, führte dieses falsch, und als wir endlich wieder beisammen waren, war es zu spät zu einem zweiten Kampf. Dies erklärten wir dem Feind, der uns als Feiglinge bezeichnete. Wir rannten dann nach Trossingen (in 40 Minuten 5 km) und kamen 5 Minuten vor Abfahrt des Zuges dort an. Einige gaben schon das Rennen auf. So auch einer, für den ich sehr viel übrig habe, und der auch an meinem Tisch saß, den habe ich 1½ km nachgezogen. – (Sauter)

Der Ausmarsch hat uns alle sehr befriedigt, und für mich war es ein großes Erlebnis, das 1. Mal selbst einen größeren Trupp zu führen und gar noch 1 mit solchen Jungen! –

An den Vater, Rottweil, den 14. V. 44

Heute endlich komme ich dazu, dir auf Deine schöne Karte vom 6. V. , für die ich Dir herzlich danke, zu antworten. – (…) Wir erhielten die Zeugnisse. Dr. Schumm, unser Chef, sagte uns, daß sie in der ganzen Schule schlecht ausgefallen seien. Besser sind meine auch nicht gerade geworden (…)

Die Verschlechterung in Erdkunde und Chemie ist auf die Gehässigkeit von Studienrat Birlinger zurückzuführen, der mit allen Mitteln versucht, die Keplerschule und ihre Schüler schlecht zu machen, indem er dazu ganz unverschämte und verlogene Behauptungen aufstellt. Wenn das so weitergeht, werden wir wieder Herrn Dr. Kerlé davon benachrichtigen. Von dort aus ist der Weg zum Kultusministerium nicht mehr weit, und Studienrat Birlinger bekommt eine zweite Verwarnung deswegen, wie letztes Jahr im November, die er auch uns zu verdanken hat. – (…)

Die Woche vor Pfingsten, also nächste Woche, verbringen 6 Mann unserer Klasse, darunter auch ich, auf dem Lagermannschaftszugführerlehrgang Kuchberg bei Geislingen/Steige. Wenn wir von dort zurückkommen, stehen wir im Range eines Fähnleinführers (1 Fähnlein = 150 Pimpfe). Gehören also schon zum Führerkorps der HJ. –

In dieser Funktion ging ich gestern, statt Unterricht, mit der Klasse 2b auf den Hohenkarpfen in der Baar. Mit dem Führer der 2a hatte ich ein Geländespiel geplant, das auch ausgeführt wurde. (…) Der Feind stürmte, doch wir konnten ihn nicht den Berg hinabwerfen, er hätte sich sonst Arme und Beine gebrochen. Oben galt nur Ringen, doch waren einige der Gegenpartei mit Nadeln bewaffnet (…). An einer anderen Stelle der Gegend baute der Feind ein Lager, das wir stürmen wollten, doch durch einige unglückliche Zwischenfälle reichte uns die Zeit nicht. So rannten wir in 40 Minuten 5 km zur Harmonikastadt Trossingen, wo unser Zug fuhr. Ich hatte immer Mühe, die Nachzügler noch mitzuschleppen, die das Rennen aufgegeben hatten, weil die Leute zu ihnen sagten, es reiche ihnen nicht mehr. (In solchen Fällen soll man nie auf das Geschwätz der Leute hören.) 5 Minuten vor Abfahrt des Zuges war ich mit meinem Zug am Bahnhof. Wir haben tüchtig geschwitzt, denn gestern hatte es 24° im Schatten. – Auf dem Karpfen waren 10 wunderbare Exemplare des Schwalbenschwanzes, den ich hier das 1. Mal sah. Die vielen Maikäfer, die auf dem Berg waren, interessierten mich weniger, dafür aber um so mehr meine Jungen; manche brachten in Tüten 20–30 Käfer nach Hause. –

Der Ausmarsch war für uns alle eine große Befriedigung. Auch besonders für mich, der ich das 1. Mal ganz allein einen

Zug geführt habe. (Züge habe ich schon öfter geführt, doch immer mit einem anderen zusammen.) Gestern früh hatte ich einige Bedenken, ob ich mich durchsetzen könne, doch diese Bedenken schwanden sehr schnell, und ich muß sagen, ich bin wunderbar mit dieser Klasse ausgekommen. (Wenn dieses Auskommen zwischen Führer und Gefolgschaft fehlt, so kann das zu einem sehr großen Teil am Führer selbst liegen; dies habe ich gestern gemerkt.)

NS. Bei der letzten lateinischen Klassenarbeit (ein Stück aus dem Caesar) habe ich wieder die beste Note mit 3.

Montag, den 15. V. 44

Den ganzen Tag über war es bewölkt und kalt. – Ich habe mich jetzt daran gemacht, einen Fehdebrief für die 2b an die 2a zu schreiben. –

Unsere ganze Klasse bekam eine Einberufung auf einen Sportwartlehrgang auf dem Kuchberg bei Geislingen/Steige. Ich werde noch ein Sportler!

Im Kino sahen wir die Wochenschau und einen schönen Kulturfilm»Bärenjagd in Rumänien«. –

Dienstag, 16. V. 1944

Am Abend sah ich mir im DEO-Festsaal das Singspiel»Sah ein Knab ein Röslein stehn« (um Goethes Jugendzeit) an. Es war sehr hübsch. Die gut einstudierten Tänze waren sehr schön. –

Mittwoch, den 17. V. 1944

Heute früh war der gesamte Jahrgang 28/29 zur jugendärztlichen Untersuchung angetreten. In der DEO wurden wir geröntgt. Anschließend hielt uns ein SS-Obersturmführer einen Vortrag und fragte dann jeden einzelnen, ob er zur SS wolle.

Mich fragte er nach der gewünschten Waffengattung und ob ich mich freiwillig melden wolle (zu was, sagte er nicht!). Ich antwortete »Jawohl«, worauf ich sofort zwei Meldeformulare in die Hand gedrückt bekam. Ich war der 1. vom KLV, der sich meldete, die vor mir hatten alle aus Angst vor der SS Marine und Luftwaffe angegeben. »Zeig den anderen, daß es auch noch Kerle gibt!« sagte der SS-Führer zu mir, und schickte mich mit dem Befehl, daß man mich als RFB aufschreiben solle, in ein anderes Zimmer zu einem Oberscharführer, wo ich gemessen und gewogen wurde. Die nächste Station war der E. –Prüfer, und dann ging es zum Arzt, wo wir wie »Adam im Paradies« untersucht wurden. Der Oberscharführer stellte mir dann den »Vorläufigen Annahmeschein« aus. Hurrah! Ich bin jetzt auch dabei! –

Heute nachmittag mußte ich im »Franziskaner« 4 Stunden lang die fehlenden Personalien für das Jugendstammblatt bei allen Klassen aufnehmen. –

Heute abend haben Jaisle, Nickerl und ich unseren Abschied aus der Spielschar genommen, weil wir uns jetzt ganz für die KLV einsetzen wollen. Außerdem geht es gegen unsere Ehre, in diesem Schlamperverein weiterhin Dienst zu tun. Mich ließ man nur ungern gehen. –

Donnerstag, den 18. V. 1944

Mit Sauter zusammen war ich heute, da einigermaßen schönes Wetter war, im Charlottenwäldchen. Dort hat es unheimlich viele Maikäfer. Wenn wir die Bäume schüttelten, war es fast, als ob es solche Käfer regne. Wir haben sie zu Hunderten totgeschlagen. –

Bad Cannstatt; Freitag, den 19. V. 44

Heute war schönes Wetter. – Am Nachmittag fuhren wir hierher, um am Sonntag aufs WE zu reisen. Wir hatten wieder ein Abteil für uns und waren sehr vergnügt. –

Heubach, den 21. V. 44 (Sonntag)

Den ganzen Tag über war der Drahtfunk in Stuttgart tätig. Heute nacht hatten wir auch von ½ 2–2 Uhr Öffentliche Luftwarnung. – Am Nachmittag machte sich unsere Klasse auf die Fahrt nach Kuchen. Unterwegs trafen wir Dr. Kerlé, der ein Stückchen mit uns fuhr. Auf der Bahnfahrt sagten uns schon einige Lagerteilnehmer, daß auf dem Kuchberg Dyphterie und Scharlach ausgebrochen sei und wir deshalb nach Heubach müßten, doch wir beschlossen, erst einmal nach Kuchen zu fahren. Dort mußten wir aber gleich in denselben Zug wieder einsteigen und mit anderen, die schon vor uns gekommen waren, nach Geislingen/Steige weiterfahren. – Es regnete schon den ganzen Tag heftig, deshalb war es nicht gerade schön, im Freien zu stehen. In Geislingen traf ich unter den Lagerteilnehmern auch einen aus unserer früheren 2c-Klasse. Dort wurden unsere Fahrkarten umgeändert. Nach längerem Warten kam ein Zug, der uns wieder nach Göppingen zurückbrachte, wo wir gleich Anschluß in Richtung Gmünd hatten. Dort stiegen wir um in einen Zug Richtung Aalen, stiegen dann aber gleich an der ersten Station, Unterböbingen, aus, von wo aus uns eine Bimmelbahn nach Heubach, unserem Ziel, brachte. – Wir kamen dort gegen 10 Uhr an. –

Nach einem kurzen Marsch erreichten wir das Lager, das wundervoll angelegt ist. Der Lagerleiter teilte uns mit, daß 50 Mann zu viel da seien und er diese wieder nach Hause schicken müsse. Über die erste Nacht müßten dann eben einige zu zweit in einem Bette schlafen. Anschließend wurden wir in die Baracken aufgeteilt, die innen sehr wohnlich sind. Wir (KLV Rottweil) kamen in Stube 7. Bis wir Decken, Geschirr u. a. auf der Kammer holten, unterhielt ich mit einem Kameraden zusammen die Stubenkameraden, weshalb ich gleich die Bezeichnung »Till Eulenspiegel« erhielt. (*Randnotiz:* Abendessen: 50 gr Wurst und Brot.) Gegen ½ 12 Uhr machten wir das Licht aus. – Am nächsten Morgen waren die ersten schon 5 Uhr wach, und ich hörte jemanden sagen:»Dr Till Eulenspiegel ischt scheint's gschtorbe!« Was nicht der Fall war. Der lag in seiner Falle und tat, als ob er schlief. –

Bad Cannstatt, den 22. V. 44 (Montag)

Um ¼ 7 Uhr wurden wir geweckt. Die Morgenwäsche unterblieb, weil wir keine Lust dazu hatten. Einige, die doch Wert darauf legten, mußten feststellen, daß kein Wasser da war. Vor dem Frühstück trat das ganze Lager an. Eine bunt zusammengewürfelte Mannschaft: Stuttgarter und Essener aus allen württembergischen KLV-Lagern, Flakhelfer und Hitlerjungen aus Tuttlingen, Rottweil und anderen Gegenden, darunter auch verschiedene mit Kriegsverdienstkreuz 1. und 2. Klasse und sogar Verwundetenabzeichen. Es hieß: Alle, die nicht Führer sind, heraustreten. Ich blieb natürlich stehen, doch sah ich mit Erstaunen, daß unsere anderen »Rottweiler« heraustraten (außer Jaisle und Plarre), und so tat ich das auch. Jahrgang 33 und 32 trat ebenfalls heraus, schließlich, wer heimwollte, auch, zusammen über 50 Mann. (Der Rest waren 190.) Wir packten unsere Sachen wieder zusammen, frühstückten (Marmelade, Butter und Brot). Dann, nachdem uns der Lagerführer hoch und heilig versprochen hatte, daß wir zum nächsten Lehrgang, in drei Wochen, kommen dürften, zogen wir traurig ab und tranken bis zur Abfahrt des Zuges in der Bahnhofswirtschaft noch ein Glas Heubacher Hirschbräu, das saumäßig schmeckt. Über Gmünd, Lorch, Schorndorf, Waiblingen fuhren wir heim und kamen am Nachmittag an. – Den einen Trost haben wir wenigstens, daß in 3 Wochen besseres Wetter ist als jetzt; denn heute regnete es wieder, und außerdem war es elend kalt. –

Am Nachmittag bin ich noch in die Königsbaulichtspiele gegangen und habe mir den Film »Seine beste Rolle« angesehen. Er ist ganz nett. Im Beiprogramm: die Deutsche Wochenschau und »Deutsche Baustile«, ein lehrreicher Film. –

149

Rottweil; Dienstag, den 23. V. 44

Von ½ 10–½ 11 Uhr saßen wir im Stollen. Anschließend machte ich noch einige Besorgungen, und am Nachmittag fuhr ich nach Rottweil zurück. –

Mittwoch, den 24. V. 44

Um ½ 10 Uhr gingen wir heute erst in die Schule. 1 Stunde lang machten wir die »Rektoratsschreiber«. – Beim Mittagessen führte ich die Aufsicht in der »Blume«. – Das Wetter ist heute wunderschön. – Am Nachmittag machte ich mit Lagermannschaft 2 zusammen Dienst. –
Die NPEA führte heute abend im Charlottenwäldchen vor dem Standort (Rottweil und KLV) »Wallensteins Lager« auf. Es war ausgezeichnet gespielt. Man könnte es von einer Laiengruppe nicht besser verlangen. –

Donnerstag, den 25. V. 44

Heute ist wieder wundervolles Wetter. Von 9–10 Uhr war Alarm. –
In der NPEA wird das schöne Wetter gut ausgenutzt, z. B. in Musik. Der Musikerzieher liegt auf dem Bauch im Gras hinter der Schule, und die Jungmannen sitzen um ihn herum und singen; aber nicht so wie bei uns: laut, sondern ziemlich gedämpft, dafür aber viel schöner. – Das lob ich mir. –
Mit dem KLV-Standortführer habe ich jetzt besprochen, daß die KLV jetzt auch Laienspiele aufführt (als 1. »Krämerskorb«). Gerhard Bromm ist von dem Gedanken sehr begeistert. Am Dienstag wird die Sache in Szene gesetzt. –
Am Abend war noch Probe für »Krämerskorb« und »Kälberbrüten« im Kaffee Lehre. –

Heute ist Schlageters Todestag (1923). – Es war heute bewölkt. – Am Nachmittag traf hier ein von der Ostfront kommender Stoßtrupp eines Jägerregimentes ein. HJ, DJ und BDM, JM standen Spalier. Die Bevölkerung, die auch aufgefordert war, zu erscheinen, war nur durch etwa 30 Menschen vertreten. Der Bürgermeister begrüßte die Soldaten, die alle das Nahkampfabzeichen (einige das silberne), Verwundetenabzeichen und EK 1 trugen. Ich trug mit einigen anderen zusammen das Gepäck ins WBK. – Am Abend erzählte uns der Führer des Stoßtrupps, Oberleutnant Suchan, vom Kampf seiner Division (im Festsaal der DEO). – (…)

Eschachtal, Sonnabend, den 27. V. 44

Heute war den ganzen Tag über Sonnenschein und ganz dunkelblauer Himmel. – Von ¾ 11–11 war Öffentliche Luftwarnung, von 12.20–13.45 Uhr Fliegeralarm. Ungefähr 150 Bomber überflogen die Stadt, doch habe ich sie nur gehört. –

Nach diesem Alarm marschierten die Klassen 2 und 4 ins Pfingstlager »Eschachtal«. Wir waren in 7 Gruppen aufgeteilt. Ich führte Gruppe 7 (10 Mann aus Klasse 2). Quer durch die Wälder erreichten wir bald unser Ziel: die Ruine Wildenstein, der zu Füßen der Lagerplatz im Tal lag. Dort kamen ungefähr 200 Jungen und Mädchen zusammen. Wir badeten und sangen. –

Gegen Abend kam der Bannführer mit dem Stoßtrupp. Die Soldaten wurden unter die einzelnen Abteilungen aufgeteilt und beantworteten unsere Fragen und erzählten Erlebnisse. Es war sehr interessant. Anschließend fand ein Sängerwettstreit zwischen HJ und BDM statt. Die Soldaten entschieden mit 9:8 Stimmen für die Mädchen, doch sagte Oberleutnant Suchan zu unserem Trost, daß bei uns wichtiger sei, wir könnten gut schießen. Abschließend sangen die Soldaten auch noch ein Lied und gingen wieder. –

Bei Einbruch der Dunkelheit, als das Lagerfeuer erloschen war, marschierten wir zu unseren Nachtlagern. KLV und Rottweiler DJ war der Eckhof angewiesen. Um ½ 24 Uhr kamen wir nach einem anstrengenden Marsch dorthin. Für Herrn und Frau Direktor, die schon den ganzen Tag mit uns gegangen waren, war dies sehr viel. Unser Nachtlager war ein großer, sauber mit Stroh ausgelegter Stall, in dem wir wie die Ölsardinen lagen. Einige machten die ganze Nacht über Krach, so daß an Schlaf kaum zu denken war. –

Rottweil, Pfingstsonntag, den 28. V. 44

Gegen 4 Uhr durften einige schon einige Runden ums Haus laufen, da sie so laut waren. Um ½ 6 Uhr wurde geweckt. Auf einem Berg neben dem Hof gefrühstückt und in der Eschach das Waschen angedeutet. Um 8 Uhr rückten wir ab und waren um 9 Uhr am Lagerplatz. – Im KLV wurde ein kleiner Sängerwettstreit veranstaltet. Bei der Probe dafür befürchtete ich bei meiner Gruppe das Schlimmste, da sie einfach nicht singen wollte. Die Jungen haben sich aber zusammengerissen, und wir standen an 2. Stelle. –

Wir badeten heute zweimal in der Eschach. – Zum Mittagessen gab es eine wundervolle Suppe für die KLV, an der Fräulein Storz wieder einmal ihre Kochkunst gezeigt hat. – Um 15.00 Uhr rückten wir wieder fahrtengruppenweise ab. Ich zog mit meiner noch ein Stück die wundervolle Eschach hinauf und kam schließlich um ¼ 8 Uhr hier an. –

Pfingstmontag, den 29. V. 44

Ab heute esse ich im »Franziskaner«. Dort ist das Essen bedeutend besser als in der »Blume«. So zum Beispiel kann man Nachtisch fassen, sooft man will: ich holte 4mal. Bei der Wurst für das Abendessen kann man sich unter 5 Sorten die liebste auswählen u.s.w. –

Am Nachmittag sah ich mir im Kino den Film »Die Feuer-zangenbowle« an. Ein lustiger Film mit Heinz Rühmann, der als ein Loblied der Schule gedacht ist. Wir haben tüchtig gelacht. Im Beiprogramm die Deutsche Wochenschau, ein Film über die Arbeit und Ausbildung der NS-Schwestern und ein Film aus dem Berliner Botanischen Garten. – Von 17.20–17.45 war Öffentliche Luftwarnung. –

An den Vater, Karte, Rottweil, den 29. V. 44

Endlich komme ich dazu, Dir auf Deine beiden Karten vom 18. und 21. zu antworten, doch leider auch nur kurz: Du wirst wohl schon erfahren haben, daß aus dem Sportwartlehrgang nichts wurde, da auf dem Kuchberg Scharlach ausgebrochen war. Das Lager wurde nach Heubach bei Aalen verlegt. Doch hatten dort nur 190 statt 250 Mann Platz, und so schickte man uns wieder zurück. –

Die NPEA hat neulich hier im Wald »Wallensteins Lager« aufgeführt. Es war sehr fein. – Ich bin jetzt aus der Rottweiler Spielschar ausgetreten (den »Krämerskorb« und das »Kälberbrüten« spiele ich dort noch mit). Dafür habe ich in der KLV das Laienspiel übernommen; denn diese steht mir ja immer noch näher als die Rottweiler HJ. Vorgestern und gestern waren wir im Eschachtal in einem Pfingstlager. Es war wundervoll. Wir hatten wundervollen blauen Himmel und große Hitze, weshalb wir oft in der Eschach badeten. –

An die Mutter, Ansichtskarte
(Rottweil a.N. Nat.Polit.Aufbauschule),
Rottweil, 29. V. 44

Gestern sind wir aus dem Pfingstlager »Eschachtal« zurückgekehrt. Dort war es wundervoll. – Ab heute esse ich im Franziskanerheim, und heute nachmittag sehe ich mir die »Feuerzangenbowle« an. Eine Karte dafür habe ich schon. –

Zu Deinem morgigen Geburtstag gratuliere ich Dir herzlich und wünsche Dir alles Gute.

Dienstag, den 30. V. 44

Heute früh wurden uns 3 Marinefilme vorgeführt. Außerdem erzählte ein E-Maschinenwart von seinen Erlebnissen in Narvik. Ich hatte den Eindruck, als ob unter seinem Bericht sehr viel »Garn« war. –

Mittwoch, den 31. V. 44

Heute ist der Jahrestag der Skagerakschlacht. –
Wir hatten heute früh, nachdem es in den letzten Tagen so heiß war, ein ordentliches Gewitter. 1 Blitz schlug in die Armesünderkapelle und hinterließ dort seine Spuren. Bald nach dem Gewitter war es wieder so heiß wie vorher. – Von ½ 12–12.20 Uhr war Fliegeralarm. –
Am Nachmittag war für »Krämerskorb« und »Kälberbrüten« Kostümprobe. (Ich trage eine halblange schwarze Samthose, eine rote Weste mit weißen Ärmeln, eine Perücke und eine weiße Zipfelmütze.) Am Abend war auf der Bühne des Lazarettes Rottenmünster Hauptprobe. –

Donnerstag, den 1. VI. 1944

(…) Am Abend führten wir im Lazarett Rottenmünster »Das Kälberbrüten« und den »Krämerskorb« auf. Es wurde für mich ein großer Erfolg. –

Freitag, den 2. VI. 44

Am Abend war ich im Theater. Das Lustspiel »Herr auf kleiner Insel« wurde gezeigt. Die schauspielerische Leistung war gut, doch gefiel mir das Stück selbst nicht. –

Sonnabend, den 3. VI. 44

Heute ist Reichsjugendsportwettkampf. Ich war als Kampfrichter beim Sprung eingesetzt. Am Nachmittag war nochmals Dienst. Die Klassen 1–3 übten Körperschule. –

Sonntag, den 4. VI. 44

Heute früh machte der KLV-Führerzug seine Übungen. Ergebnisse: Lauf 100 m 15,0. Sprung 3,40 m. Wurf 27 m. – Am Nachmittag war Stammsporttreffen auf der Breite. In einem sehr unfairen Spiel verlor KLV gegen Napo im Handball mit 16:1. –

Montag, den 5. VI. 44

Am Vormittag hielt ein Feldwebel im DEO-Festsaal einen Vortrag »Unbekannter Grenadier«. Doch da der Redner sehr leise sprach und wir ganz hinten saßen, verstanden wir nichts. –

In der Jugendfilmstunde heute nachmittag durften wir den Film »… reitet für Deutschland«, ein Meisterwerk mit Willy Birgel, sehen. Dazu die neue Wochenschau und »Alltag auf dem Reichssportfeld«. – (…)

Dienstag, den 6. VI. 44

(…) Herr Studienrat Birlinger zeigte uns heute einen wundervollen Frauenschuh (die Orchidee): Ich hatte noch keinen gesehen. –

Englische und amerikanische Truppen sind zwischen Cherbourg und Le Havre gelandet. Der Anfang der so lange erwarteten Invasion. –

Mit Jaisle und Nickerl zusammen begann ich heute mit der Probe des Hans-Sachs-Spiels »Das Schinkenholen im Deutschen Hof«. –

155

(…) Herr Schott teilte mir mit, daß der Erfolg unserer Aufführung am Donnerstagabend so groß war, daß wir voraussichtlich heute in 8 Tagen in Stuttgart vor den Führern der vlämischen HJ spielen müssen. Das ist ein Erfolg! Ich kann mich also mit Recht einen der besten Laienspieler des Gebietes 20 nennen! –

Mit Zug 4 (Kl.2b) machte ich heute Dienst. Die Klasse hat sich saumäßig benommen. Von einer Meldung sah ich aber noch einmal ab, weil ich ihr nicht den morgigen Urlaub verderben wollte. –

Am Abend sah ich mir den Kriminalfilm »Herr Sanders lebt gefährlich« an. Von einigen lustigen Stellen abgesehen, ist der Film Quatsch und Kitsch. Im Beiprogramm ein Film über die Kriegslokomotiven und die neue Wochenschau. –

Freitag, den 9. VI. 44

Zum Mittagessen gab es heute eine wundervolle Kabeljausoße. Ich habe davon 4 Tellervoll gegessen. – (…) Am Abend probten wir das »Schinkenholen«. –

Zum Abendbrot gab es gekochte Schinkenwurst. Wie das schmeckte. Das Feine im »Franziskaner« ist, daß sich fast keine Speise wiederholt! –

Sonnabend, den 10. VI. 44

Heute regnete es wieder. Einige Male schüttete es furchtbar. – Am Abend führten wir den »Krämerskorb« und das »Kälberbrüten« den HJ-Führern des Bannes Rottweil, die heute und morgen hier tagen, im Festsaal der Kriegsdammschule vor. Es war ein noch größerer Erfolg als in Rottenmünster! –

Um ½ 7 Uhr fand heute früh die Fronleichnamsprozession statt. Alle Häuser am Wege waren mit Blumen, Kreuzen, Heiligenbildern und Bibelsprüchen geschmückt. An 4 Stellen waren große Altäre und an anderen Stellen kleine Altäre errichtet. Vor diesen waren große Blumenteppiche gelegt. Ich finde, dies ist ein Frevel an der Natur, in solchen Mengen die schönsten Blumen abzureißen. Die Prozession war ein langer Zug mit vielen Fahnen und Zunftzeichen. Das Allerheiligste wurde unter einem Baldachin getragen und von ungefähr 40 Ministranten begleitet. Die Priester und Ministranten trugen alle reiche Gewänder mit feinen Spitzen. Unter Gebetemurmeln und Gesang zog der Zug dahin - ein billiges Theater. –

Am Nachmittag besuchte mich Klaus Hopf, mit dem ich spazierenging und einige Male einkehrte. – (…)

Montag, den 12. VI. 44

(…) In der Jugendfilmstunde durften wir den Film »Diesel« sehen.

An den Vater, Rottweil, den 12. VI. 1944

Für Deinen Brief vom 9. VI. , die 3 Mark und die Briefmarken, habe meinen herzlichen Dank. –
1. Am 17. V. hatten wir hier eine jugendärztliche Untersuchung. Wir wurden geröntgt. Anschließend mußten wir der Reihe nach vor einen SS-Führer treten, der uns fragte, zu welcher Waffengattung wir wollten. Ich gab Panzerjäger an. Wen er als tauglich feststellte, nahm er genauer unter die Lupe und fragte ihn, ob er sich freiwillig melden wolle – so auch mich. Ich habe natürlich »ja« gesagt; denn die SS hat jetzt auch das Aushebungsrecht, und wenn sie mich haben will, kriegt sie mich so oder so. Da ist es schon rühmlicher, wenn man sich freiwillig meldet. Der SS-Sturmbannführer bestimmte mich zum Führerbewerber. Anschließend, nachdem wir einige Formulare ausge-

füllt hatten, wurden wir gewogen und, was das Wichtigste war, gemessen. Ich, mit meinen 1,73 m, bin ja groß genug. Beim E(Eignungs)prüfer wurden Kopf-, Augen-, Körperform und Augen-, Haar- und Hautfarbe und noch hunderterlei andere Dinge aufgeschrieben. Wer auch hier für geeignet befunden worden war, ging zum Arzt, wo er auf das Genaueste gemustert wurde. Wer auch dieses glücklich überstanden hatte, bekam seinen vorläufigen Annahmeschein. Ich bin also seit dem 17. V. 44 Freiwilliger und RFB (Reserveführerbewerber) der Waffen-SS. –

2. Am 1. VI. führten wir (Spielschar Rottweil; obwohl ich aus der eigentlich schon ausgetreten bin, spiele ich doch die beiden Stücke noch zu Ende) im Reservelazarett Rottenmünster die Hans-Sachs-Spiele »Der Krämerskorb« und »Das Kälberbrüten« auf. Der Erfolg, der im Wesentlichen mir zu danken ist, da ich in beiden Stücken die Hauptrolle spiele, war durchschlagend. Die Kritik erschien sogar in der Zeitung und war sehr lobend. Tosender Beifall dankte uns. 5 Tage später erhielt ich davon Kenntnis, daß des großen Erfolges wegen die beiden Stücke übermorgen in Stuttgart vor der Führerschaft der vlämischen HJ aufgeführt werden müssen, da wir z. Z. die beste württembergische Laienspielschar sind. – Ich bin also über Nacht fast eine »Kanone« geworden. – Am Sonnabend spielten wir die Stücke noch einmal vor den Führern des Bannes 425 (Rottweil) mit noch größerem Erfolg. Vom Bannführer und den anderen hohen »Viechern« wurde mir gratuliert und immer wieder versichert, daß ich ausgezeichnet gespielt hätte. – Ich sehe es noch kommen, daß ich nicht ein alter verhutzelter Professor der Geschichte an irgendeiner kleinen Universität werde, sondern ein berühmter Staatsschauspieler - ein bestimmt einträglicheres Geschäft. –

3. Neulich sah ich mir das Schauspiel »Großer Herr auf kleiner Insel« an. Die Spieler waren gut, doch hatte dieses Stück keinen Inhalt und war Quatsch. –

An Filmen sah ich »Die Feuerzangenbowle« (ein Loblied auf die Schule). Der Film war ganz lustig und nicht so übertrieben wie die Heinz-Rühmann-Filme gewöhnlich sind. –

Die Kameraden brachten es neulich fertig, mich zu überreden, mit ihnen den Film »Herr Sanders lebt gefährlich« anzusehen. Mich ärgert das jetzt noch; denn so ein Quatsch und Kitsch dazu, habe ich noch nie gesehen. –

In den Jugendfilmstunden durften wir die Willy-Birgel-Filme »… reitet für Deutschland« und »Diesel« sehen, die beide sehr gut sind. –

4. Für einen Quartierelternabend übe ich z.Z. mit zwei Klassenkameraden das Hans-Sachs-Spiel »Das Schinkenholen im Deutschen Hof« ein. –

5. Gestern früh war hier eine öffentliche Prozession, ein endloser Zug mit über 40 reich gekleideten Ministranten und zahlreichen Priestern. Das Schauspiel hat mich sehr angewidert.

6. In Latein geht es bei uns jetzt rüstig vorwärts. Wir sind im Caesar schon am Buch 2, haben aber dafür im 1. Buch die Hälfte weggelassen und sind chemisch rein aller Kenntnisse, wie unsere Kameraden bei der Flak, die gerade das 2. Lateinbuch, den Stoff für die 4. Klasse, anfangen. –

Das sind schöne Zustände.

Dienstag, den 13. VI. 44

Heute stehen auch nur einzelne Wolken am Himmel. – Am Vormittag wurde in der Schule zweimal »Luftgefahr 15« gegeben. –

Bad Cannstatt, Mittwoch, den 14. VI. 1944

Heute mittag 12.09 Uhr fuhren wir (Spielschar) 2.Klasse nach hier. Ich bin in der Wohnung allein. Mutti ist in Bad Nauheim zur Kur. –

Am Abend war eine Veranstaltung der DEVLAG (Deutsch-Vlämische Arbeitsgemeinschaft) im Festsaal der Staatlichen Hochschule für Musik. Es wurden deutsche und vlämische Gedichte vorgetragen, musiziert und gesungen. So ziemlich am

Schluß führten wir dann den »Krämerskorb« auf. Ich habe einen großartigen Erfolg gehabt, die anderen aber nicht viel weniger. Der Obergebietsführer unterhielt sich nachher noch mit uns und gratulierte mir besonders. Anschließend knipste ein Presseberichterstatter noch einige Szenen für die Stuttgarter Illustrierte. – (*Randnotiz:* s. Ausgabe vom 28. VI. 1944, S. 278 oben)

Rottweil, Donnerstag, den 15. VI. 44

Heute früh kam Maria, sie hat mich dann den Tag über versorgt. – Ich pflückte im Garten Blüten des Holunders und breitete sie zum Trocknen aus. Anschließend fuhr ich auf den Bann, um für die KLV Sportgeräte zu holen. Ich hatte an ihnen allerhand zu schleppen. – Bis zum Mittagessen putzte ich im Garten die Tomaten aus, etwas, was ich gar zu gerne tue. – Heute war den ganzen Tag schönes Wetter. – Am Abend mußte ich leider wieder hierher zurückfahren. – Heute wurde mir auch wieder der klimatische Unterschied zwischen Stuttgart und Rottweil bewußt. In Stuttgart blühen die Rosen - auch in unserem Garten -, die Erdbeeren reifen, und die ganze Natur ist schon viel weiter als hier. –

Freitag, den 16. VI. 44

(…) Den Dr. Allmendinger haben wir heute wieder einmal tüchtig geschippt. –

Heute nacht und heute früh wurde London und Südengland mit neuartigen schwersten Sprengmitteln belegt. Die Vergeltung hat begonnen! Es handelt sich hierbei wahrscheinlich um Raketenflugzeuge, die ferngesteuert werden. –

Sonnabend, den 17. VI. 1944

(…) Gestern, heute nacht und heute früh wurde London und Südengland mit der neuen Waffe belegt. –

Von Tante Schulze erhielt ich heute eine wunderbare Friedrich II. –Anekdotensammlung»Der König« von Hans Bethge. –

Sonntag, den 18. VI. 1944

Heute vormittag nahm der KLV-Führerzug an der Schlußkundgebung der Ausstellung»Ewige Infanterie« teil, die ich auch 3mal besuchte. Sie enthielt deutsche Waffen, aufklärende Bilder und Modelle und russische Beutewaffen. Im DEO-Festsaal hielt ein Ritterkreuzträger (Major) einen Erlebnisberichtvortrag. – Heute regnete es einige Male. – Am Nachmittag machte ich mit zwei von meinem Tisch (Peter Schmidt und Hermann Metzger, beide Klasse 1a) einen kleinen Spaziergang nach Hausen, von dort durch Feld und Wald nach Zimmern und zurück. Wir fanden die schönsten Blumen und machten uns recht bunte Sträuße: Glockenblumen, Skabiosen, Klatschmohn, Margeriten, verschiedene Kleearten und Kornblumen - alle Farben. –
Nach dem Mittagessen wurde im Saal I (Franziskanerheim) noch ein Sängerwettstreit ausgetragen. Ich übernahm dazu den obmannlosen Tisch 5 und habe mit ihm die 2. Stelle ersungen. –
Am Abend führte die Württembergische Musikbühne hier »Saison in Salzburg« auf. Es war ausgezeichnet gespielt. Das Stück ist auch inhaltlich sehr gut und lustig! –

Montag, den 19. VI. 44

Heute haben wir mit der Rottweiler 5. Klasse zusammen den »Pfropf« so geschippt, daß wir dafür 2 Stunden Arrest haben. – Im Kino durften wir einen schönen Kulturfilm»Flößer« sehen, der von dem harten Leben dieser Männer berichtet. In der Wochenschau waren u. a. feine Aufnahmen von der Abwehr feindlicher Bomberverbände. – (…)
An der Hochbrücke stand heute ein Stück Vergangenheit: ein Leierkastenmann. Ich war darüber sehr erstaunt; denn das gibt es doch jetzt im Totalen Krieg des 3. Reiches nicht mehr? –

Nach der Filmvorführung hatten wir im Franziskanerheim
Führerdienst. J. hat sich dabei saumäßig benommen, daß er abgesetzt und hinausgeworfen wurde. Ich fand sein Verhalten
verletzend für einen, der mit Interesse im Dienst ist. – Ich habe
ihn natürlich auch aus dem Laienspiel ausgeschieden; an seiner
Stelle spielt Fritz Herre den Kellner. – Nach dem Abendessen
probten wir eine Stunde lang; denn wir haben dazu nicht mehr
allzuviel Zeit. –

An die Mutter, Rottweil, den 19. VI. 44

Heute komme ich endlich dazu, Dir für Deinen Brief vom 9. VI.
aus Nauheim zu danken und ihn zu beantworten.

Folgendes ist sehr wichtig: Hast Du mein Zeugnisheft
mit nach Nauheim genommen? Wenn ja, so schicke es bitte so
bald als möglich, da wir es abgeben müssen - denn in dieser
Woche noch werden die Zeugnisse gemacht. –

Am 1. VI. haben wir im Lazarett Rottenmünster den »Krämerskorb« und »Das Kälberbrüten« aufgeführt. (…) Am Mittwoch führten wir dann den »Krämerskorb« in Stuttgart in der
Musikhochschule bei einer Veranstaltung der Deutsch-Vlämischen Arbeitsgemeinschaft auf. Wir stießen bei der Bühne
u.s.w. auf große technische Schwierigkeiten, haben aber danach
so gut, wie noch nie, gespielt. (…) Du siehst, ich habe in der
letzten Zeit große Erfolge gehabt. Am 15. Juli kommen wir entweder zur Heimatflak oder werden wir von der HJ reklamiert.
Ersteres ist mir lieber!

Gestern habe ich mir hier eine nette Operette »Saison in Salzburg« angesehen. Sparsam, wie ich bin, nahm ich eine Karte für
70 Rpf (Stehplatz) und setzte mich, da vorne, unter den Plätzen
für 3,50 RM noch viel leerer Platz war, dorthin. Ich saß in der
4. Reihe. Zur Zeit ist bei mir das Geld nämlich sehr knapp.

Anbei Schulgeldanforderung.

Dienstag, den 20. VI. 1944

(…) Herr Dr. Allmendinger hat sich heute wieder tüchtig über uns ärgern müssen. – Am Nachmittag hatten wir Duschen in der DEO. – Ich habe mir heute selbst ein Paket Schminke gekauft - so etwas kann ich immer gut gebrauchen. –

Mittwoch, den 21. VI. 1944. Sonnwend!

Am Nachmittag probte ich mit Nickerl und Herre »Das Schinkenholen im Deutschen Hof«. – Anschließend ging ein kleiner Teil des Führerzuges in den Charlottenwald, um Holz für das Sonnwendfeuer dorthin zu bringen. –

Am Abend, es war ein wundervolles Abendrot, wie man es nur ganz selten erlebt, marschierten wir in den Wald hinaus, wo die Feier stattfand. Es war wundervoll und erhebend. Zum Abschluß sprangen wir alle durch das Feuer, eine alte germanische Sitte. In einem ausgezeichneten Schweigemarsch marschierten wir zurück. Einer hat seine Klappe natürlich wieder nicht halten können. –

Donnerstag, den 22. VI. 1944

Heute ist schönes Wetter; nur noch wenige Wolken stehen am Himmel. –

Wir sollten beim »Pfropf« eine Klassenarbeit machen, doch aus Opposition schrieben wir alle nur den deutschen Text. Jetzt muß er der ganzen Klasse 6 geben; der ist schwer »gestiegen«. –

Am Abend war ich im Kino: »Pferde am Berg« wurde im Beiprogramm gezeigt (ich habe diesen Film schon einmal in Cannstatt gesehen). Die Wochenschau berichtete von der Invasion. Es waren großartige Aufnahmen. Einige von den gigantischen feindlichen Flottenansammlungen. Der Hauptfilm hieß: »Glück unterwegs«. Er gefiel mir sehr und spielt in der Biedermeierzeit. Außerdem war er recht lustig und lebendig.

(...)»Pfropf« wurde von uns 5 Unterrichtsstunden lang tüchtig geschippt. –

An den Vater, Rottweil, den 23. VI. 44

Aus Deinem Brief vom 16.6., für den ich Dir herzlich danke, ersehe ich, daß Du Dir die Sache mit der Waffen-SS ganz falsch vorstellst. Ich werde nicht etwa vorzeitig eingezogen, daß ich das Abitur nicht machen kann, sondern erst nach Abschluß meiner Schulzeit, also nicht vor 1947; denn die Waffen-SS wünscht, daß ihre Führer eine recht gute Bildung und ein ausgezeichnetes Wissen besitzen. Dann darfst Du wissen: wenn ich mich am 17. Mai geweigert hätte, mich freiwillig zu melden, da ich für die SS herausgelesen worden war, hätte man mich gezwungen, denn die Waffen-SS hat seit 1943, wie alle anderen Waffengattungen, das Recht, auszuheben. Was hast Du eigentlich gegen die Waffen-SS, daß Du so wenig mit meiner Meldung zufrieden bist?-

Du brauchst nicht zu glauben, daß ich mir nur einbilde, ein guter Laienspieler zu sein, es ist wirklich so. Das habe ich letzte Woche bewiesen, als ich in Stuttgart im Festsaal der Staatlichen Hochschule für Musik vor dem Gebietsführer bei einer Feier der Deutsch-Vlämischen Arbeitsgemeinschaft den »Krämerskorb« aufführte. So großen Erfolg hatten wir noch nie. Der Obergebietsführer beglückwünschte mich, und ein Berichterstatter der Stuttgarter Illustrierten machte nach der Aufführung Aufnahmen von einigen Szenen, ungefähr 20 Stück. Ich bin auf allen drauf. Wenn ich die Abzüge erhalte, schicke ich sie Dir einmal. Die Aufnahmen, d. h. ein Teil derselben werden wohl in der nächsten Zeitschrift sein. Also Du siehst, mein Bild kommt sogar schon in der Zeitung! –

Du bist weder damit zufrieden, daß ich Geschichtsprofessor noch Schauspieler werde. – Was soll ich dann eigentlich werden? Für die beiden Sachen bin ich am meisten zu haben. Es kommt höchstens für mich noch in Frage, daß ich Jura studierte oder so etwas wie Onkel Heinz werde. Für alle anderen Dinge habe ich nicht viel Interesse. Rate mir bitte! – Entweder komme ich Mitte nächsten Monats zur Flak oder werde hier von der HJ reklamiert. Ich nehme es so, wie es kommt. Bei der Flak hätte ich nicht viel zu tun, wäre in Stuttgart (das ist aber nicht einmal garantiert), doch hätte ich kaum Schule. Während ich hier viel Schule und viel Dienst hätte. Ich glaube also fast, daß mir Letzteres lieber ist.

Sonnabend, den 24. VI. 1944

(…) War im Kino und sah die Invasionswochenschau. Ein wundervoller Farbfilm von der Deutschen Kunstausstellung wurde gezeigt. Der Hauptfilm war »Das Lied der Nachtigall«, ein ganz netter Film. –

Sonntag, den 25. VI. 1944

Das heutige Wetter übertraf das der letzten Tage noch an Schönheit. – Der KLV-Standort fuhr mit der Bahn nach Schwenningen, um dort beim Bannsportfest auf dem Waldeckplatz zuzuschauen. Die Leistungen an Reigen und sonstigen Übungen waren saumäßig. Sonst aber wurden ganz gute Leistungen, besonders von der NPEA, gezeigt. Wir waren auch gut vertreten und erhielten im DJ-Entscheid einen 2. und im Schwimmen 4 2. und 1 1. Preis. –

Montag, den 26. VI. 44

Ab heute müssen Herre, Plarre und ich wieder als Aufsicht in der »Blume« essen; das hatte uns gerade noch gefehlt! Herr Fuchs benahm sich uns gegenüber saumäßig, man merkte ihm an, daß er nicht kontrolliert sein will. – Am Abend tat er freundlicher. –

Heute früh wurde ich von Herrn Studienrat Birlinger sehr gelobt; das ist mir bisher noch nicht passiert. – »Pfropf« wurde wieder sehr geärgert. –

In der Jugendfilmstunde heute nachmittag sah ich die Invasionswochenschau zum 3. und den Film »Kampfgeschwader Lützow« zum 2. Mal. – Während wir die Filme sahen, war draußen ein heftiges Gewitter, wodurch die Vorführung einige Male gestört wurde. –

Dienstag, den 27. VI. 44

Heute nacht war wieder ein heftiges Gewitter. Wir hatten heute Landeinsatz in Dotternhausen. Dort halfen wir auf dem großen Gut beim Rübenverziehen. Am Vormittag regnete es einige Male, doch am Nachmittag war alles wieder ganz trocken. Zum Mittagessen erhielten wir ein sehr kräftiges Essen, Bauernbrot und Most. Wir haben uns tüchtig vollgeschlagen. Dieses Gut hat ungeheure Besitzungen und auch sehr viel Vieh. Der Pächter ist ein recht netter Mann. – Am Nachmittag arbeiteten wir im selben Rübenfeld weiter. Es gab eine kleine Auseinandersetzung in der Kl. 5, die beieinander arbeitete, und da ich von Nickerl mit Steinen beworfen wurde, verließ ich diese Stelle und fing eine Reihe an, die außer Wurfweite lag. Später, als die anderen etwas weiter waren, übernahm ich meine Reihe wieder, da ein anderer von Klasse 4b meine neu angefangene Reihe übernahm. Mit einem Vorsprung von 50 m auf dem 350 m langen Feld kamen sie nach zwei Stunden am Ziel an, und erhaben über alle Arbeit, verließen sie das Feld und gingen auf den Plettenberg mit einigen von 4b. Ich arbeitete weiter, ruhte mich noch etwas aus und ging dann mit den anderen zum Vespern. Der Pächter war sehr wütend über das Verhalten der, die auf den Berg gegangen waren, und jagte sie, als sie dann endlich kamen, ohne Fahrgeldrückerstattung und Vesper weg. Er ärgerte sich besonders darüber, daß da unsere Führer dabei waren. Wir vesperten unterdessen: 2 Eier, Kartoffelsalat, Most, Milch und Brot, also ein Herrenessen. Der Neid und die Wut der Davongejagten auf uns war groß; besonders wütend waren sie auf mich, weil sie genau wußten, daß ich nur durch die Streitigkeiten dageblieben war. Am Bahnhof empfingen sie mich mit Gespött und Reden, aus denen ich alles entnehmen konnte; sie waren daraufhin für mich Luft. Das wird morgen in der Schule noch ein Nachspiel haben; denn ich werde mein Recht fordern. In ¾stündiger Fahrt gelangten wir dann wieder zurück. Zur Hinfahrt mit der Eisenbahn brauchten wir heute früh 2¼ Stunden, weil der Zug an jeder Station lange rangierte. – Zu dumm, daß der Tag, der ganz schön (und auch etwas dreckig) war, durch eine solch dumme Geschichte versaut wurde. –

An die Mutter in Bad Nauheim, Rottweil, den 27. VI. 44

Habe meinen herzlichen Dank für Deinen lieben Brief vom 21. VI. 44. –

Daß Du das Zeugnisheft nicht bei Dir hast, ist sehr schade, denn jetzt wird es nötig gebraucht. Schicke es mir bitte, sobald Du nach Cannstatt kommst, sofort zu!

Daß meine Schulleistung durch das Laienspiel ins Hintertreffen gerät, brauchst Du nicht zu fürchten; ich habe sogar den Eindruck, als ob ich dadurch noch angefeuert würde. Herr Studienrat Birlinger stellte erst gestern fest, daß ich mich bedeutend zu meinem Vorteil gebessert habe!

Ich habe von einem Kameraden eine hübsche Aufnahme von unserem Chef aus dem Pfingstlager erstanden, die ich Dir, wenn ich dann am 15. VII. für ganz wieder nach Stuttgart komme, zeige. Bis ich dann zur Flak geholt werde, das dauert noch einige Zeit. –

Habe vielen Dank für das Geld, das Du uns gesandt hast. (…)

Mittwoch, den 28. VI. 1944

Die Sache wurde sehr schnell und zur Zufriedenheit aller gelöst: Die Klasse 5 hat beschlossen, aus dem, der gestern dem Pächter gegenüber gepetzt hat, »Mus« zu machen. –

167

Da »Pfropf« sich heute wieder furchtbar aufregte, schrieben wir eine Lateinklassenarbeit. In dieser Stunde kam der Chef, und »Pfropf« teilte ihm alle unsere Schandtaten mit, was zum Erfolg hatte, daß der Chef sich Mühe geben mußte, nicht laut zu lachen. –
Am Nachmittag machte ich von ½ 3–¾ 6 Dienst. Wir führten Bromm zuerst einmal das »Schinkenholen« vor. Doch da er damit nicht einverstanden war, begannen wir mit einem Stegreifspiel »Die 5 mal verkaufte Sau«, in dem ich den Juden spiele. Im Schattenspiel »Hans im Glück« habe ich die Aufgabe, den Text zu lesen. Der Elternabend ist jetzt endgültig auf 8. Juli festgelegt. Das gibt einen Bombenerfolg. –

28./29. VI. 44

Von ½ 2–½ 3 Uhr war Fliegeralarm. –

Donnerstag, den 29. VI. 44

Heute war ganz schönes Wetter. Die Sonne brannte heiß, und nur wenige Wolken standen am Himmel. – Am Nachmittag mußten wir 3 Stunden nachholen, die am Dienstagnachmittag des Einsatzes wegen ausgefallen waren. –
In der gestrigen Ausgabe der Stuttgarter Illustrierten kommt eine der Aufnahmen vom 14. VI. in der Staatlichen Hochschule für Musik. Fräulein Lehre und ich sind auf dem Bild, das sehr nett ist. –
Ab heute esse ich wieder im »Franziskaner«. – Am Abend probten wir für die »5mal verkaufte Sau«. –

Freitag, den 30. VI. 1944

(…) Jetzt haben wir nur noch 14 Tage Schule. Wie schön das ist! – Am Abend war ich im Kino. »In flagranti« wurde gezeigt. Der

Film war wenig geistvoll, doch ganz lustig. Die Musik war verheerend; kein Wunder; denn sie stammt von Peter Kreuder. Im Vorfilm »Das Schönste auf Erden auf dem Rücken der Pferde« sah man wundervolle Aufnahmen von Pferdegangarten, Jagd- und Geländeturnieren. In der Wochenschau waren u. a. gute Aufnahmen von der Invasionsfront. –

An den Vater, Rottweil, den 30. Juni 1944

Für Deinen lieben Brief, die 2 RM und die Briefmarken habe meinen herzlichsten Dank. –
Ich schicke Dir ein Bild aus der Stuttgarter Illustrierten von gestern mit. Kennst Du mich da? Schicke es bitte an Mutti weiter. In Bälde folgen diesem Zeitungsbild noch einige andere Bilder von diesem Abend, die Herr Studienrat Schott gemacht hat. Außerdem hat der Berichterstatter der Stuttgarter Illustrierten versprochen, die Aufnahmen, die er gemacht hat, auch zu schicken. –
Deine Fragen zu diesem Thema will ich zuerst beantworten:
1.) Ich führe (d. h. habe aufgeführt) die Stücke mit einem Teil der Rottweiler HJ-Laienspielschar auf. Ich wirke dabei als Gast mit. Die Leitung dieser Gruppe hat Herr Studienrat Schott, der Biologiefachlehrer der DEO. –
2.) Der Hintergrund ist ganz verschieden: Im Reservelazarett Rottenmünster, das eine sehr gute Bühne, sogar mit einem »Kasten«, besitzt, spielten wir auf einer Stilbühne, d. h. im Hintergrund und auf den Seiten Vorhänge (damals gelb). Im Festsaal der Kriegsdammschule waren die Verhältnisse viel einfacher. Der Festsaal ist Zeichen- und Musiksaal zugleich. Wir spielten da auf einer kleinen Erhöhung. Den Souffleur mußten wir hinter dem Klavier verstecken. – Im Festsaal der Staatlichen Hochschule für Musik in Stuttgart hatten wir einen Vorhang als Hintergrund. Dort war das Spielen mit den meisten Schwierigkeiten verbunden; denn dort ist weder ein »Kasten« noch ein Vorhang, hinter dem sich der Souffleur verstecken kann. Er mußte also vom Bühneneingang aus soufflieren. Das war aber

auch wieder mit Schwierigkeiten verbunden; denn die Bühne dort ist unheimlich groß. Wir sind zum Glück ohne ihn ausgekommen. –

3.) In Rottenmünster hatten wir regelrechte Bühnenbeleuchtung. In der Kriegsdammschule spielten wir bei Tageslicht, und in Stuttgart brannte als Beleuchtung ein Kronleuchter im Saal.

4.) Ich schminke mich selbst, schon des Vergnügens wegen. Die anderen lassen sich von Herrn Schott schminken. – Auf dem Bild sieht man von meiner »Kriegsbemalung« nicht viel: nur den Bart und die Augenbrauen. Ich hatte mir noch Falten gemalt. Meine Zierde war eine knallrote Nase und das Gesicht voller Bartstoppeln. Doch diese beiden Sachen wischte der Berichterstatter vor der Aufnahme weg, da ich sonst zu schwarz geworden wäre. –

Jetzt beschäftige ich mich sehr stark mit dem Laienspiel, doch habe ich jetzt eine Anzahl von Hans-Sachs-Stücken gelesen. Nächsten Sonnabend trete ich am Elternabend in einem Stegreifspiel »Die 5mal verkaufte Sau« als Jude auf und mache bei einem Schattenspiel »Hans im Glück« den Sprecher. –

Zum Thema Waffen-SS will ich Dir noch berichten, daß ich es dort leichter habe als andere, da ich noch Mitglied der HJ und nicht nur Angehöriger bin; denn ich bin doch noch freiwillig in die HJ. –

Daß ich mich nicht mehr mit dem Stadtbau beschäftige, brauchst Du nicht zu befürchten: Ich habe mir kurz vor Weihnachten alles erforderliche Material herbeigeschafft und beschäftige mich auch seitdem wieder damit. –

Ich sehe es als das beste an, wenn ich einmal Jura studiere; denn dann stehen mir viele und aussichtsreiche Wege offen. Wenn ich auch nicht Schauspieler werde, so beschäftige ich mich dann nebenher immer noch mit dem Laienspiel; denn das ist eine interessante Sache. –

Doch nun muß ich schließen, denn ich muß zum Essen und anschließend ist noch Probe für »Hans im Glück«.

NS. Am 15. Juli geht's nach Cannstatt!

Heute früh goß es. – Am Abend wollte ich ins Kino. Da es keine Karten mehr gab, wartete ich eine Stunde lang. Schließlich schenkte mir ein Flaksoldat, der aus Zeitmangel nicht gehen konnte, seine Karte. Wochenschau und Kulturfilm waren aber leider schon vorüber. Der Hauptfilm »Meine 4 Jungen« war wundervoll und besaß wenigstens Inhalt, was man jetzt bei den meisten Filmen vermißt. –

Mittwoch, den 5. VII. 44

Heute war es den ganzen Tag über bewölkt. Am Nachmittag probten wir »Hans im Glück« und »Die 5mal verkaufte Sau«. –

Donnerstag, den 6. VII. 44

Am Morgen war es nebelig, doch bald verschwand der Nebel, und wir hatten dann den ganzen Tag schönes Wetter. – Am Nachmittag hatten wir Hauptprobe für den Elternabend. –

Am Abend besuchte ich den Klavier- und Liederabend von Professor Brehme (Klavier) und Else Sihler (Alt). Das Programm und die Ausführung war sehr schön. Besonders gefielen mir: »Eccossaisen« von Beethoven, »Gretchen am Spinnrad«, »Weyla's Gesang«, »Elfenlied«, »Feuerreiter«, »Scherzo b-Dur« von Schubert und »16 deutsche Tänze op. 33« von ihm. – Der Künstler, ein Meister auf seinem Instrument, erntete großen Beifall. –

An die Mutter, Karte, Rottweil, den 6. VII. 44

Schicke mir bitte s o f o r t mein Zeugnisheft, da wir am 13. VII. von hier weggehen. Die ganze Klasse bekommt ihre Zeugnisse nämlich erst dann, wenn mein Heft da ist. Außerdem müssen alle Hefte vorher nach Cannstatt zur Unterschrift gesandt werden!

Schicke mir bitte auch etwas Geld, da ich jetzt Rückreisegeld und Geld für meine vielen Pakete brauche.

Freitag, den 7. VII. 44

Heute früh ärgerten wir Dr. Allmendinger, der seit jetzt auch noch den Beinamen »Wurstel« hat, wieder tüchtig. – (…) Am Nachmittag probten wir für das Schattenspiel. –

Sonnabend, den 8. VII. 44

Heute nacht tobte ein furchtbares Gewitter, ein schlimmeres habe ich noch nie erlebt. Es krachte und blitzte in einem fort. Dazu goß es unheimlich. – Am Nachmittag hatten wir die Hauptprobe für den Elternabend heute abend. Sie fiel nicht besonders gut aus. –

Am Abend kam dann die große Sache, auf die das Rottweiler »Käseblatt« schon seit 3 Tagen hinweist: der Bunte Abend des KLV-Standorts Rottweil. – Wider Erwarten war der Saal ganz gefüllt. Sehr viele Leute mußten sogar stehen (es waren ungefähr 500 Menschen anwesend). Als Einleitung spielten zwei ein Stück von Mozart auf dem Klavier und hatten großen Erfolg. Nach dem Lied »Guten Abend, euch allen hier beisamm'« sprach der Chef. Dann folgte ein spöttisches Gedicht auf »unsere amtlich festgestellten Sünden«, das wieder großen Beifall fand. – Das Schattenspiel klappte sehr gut. – Dann folgte der Sport, der auch wieder sehr gefiel. Ein hübsches Zwiegespräch war eingeschaltet. Dann kamen das gespielte Lied »Ein Mann, der sich Kolumbus nannt'« und Kurzgedichte. Am meisten Erfolg hatte aber das Laienspiel: »Die fünfmal verkaufte Sau«. Schon unsere tolle Kostümierung und Bemalung wirkte ungeheuer. Ich sah so aus: ich trug meinen grauen Anzug, eine schwarze Schleife, einen kleinen weißen Schal und einen flachen braunen Hut. – Dazu hatte ich mir einen Backenbart fast bis ans Kinn und einen Bart (*Zeichnung: Oberlippenbärtchen und Kinnbart*) gemalt. Außerdem trug ich noch ein Monokel. – Ich hatte einen großen Erfolg. Schon wie ich das erste Mal auf die Bühne kam, lachte alles. –

Nach Schluß des Abends erhielt ich unzählige Gratulationen, und vor der DEO wartete eine große Zahl Jungen aus unserem Standort auf mich. – Der Abend war ein großer und durchschlagender Erfolg. Bannführer Gaßmann hat sich furchtbar geärgert, daß er noch keinen solchen Abend fertiggebracht hat. Unter den Ehrengästen waren noch der Bürgermeister und Bannführer Distel aus Stuttgart. –

Sonntag, den 9. VII. 44

Im Franziskanerheim empfing man mich mit großem Hallo heute, und von allen mußte ich mir gratulieren lassen. –

Am Nachmittag machte ich mit zwei von meinem Tisch: Hermann Metzger und Wölfle, einen Spaziergang: Zimmern, Flözlingen, Stetten, Zimmern, wozu wir 6 Stunden brauchten. Unterwegs goß es einmal, doch wir standen unter, und so konnte uns der Regen nichts anhaben. Unterwegs haben wir viel Unfug gemacht. Es war sehr schön. –

Montag, den 10. VII. 44

Mein Spiel am Sonnabend fand durch den Chef heute seine Anerkennung. Er sagte mir, daß er mich gerne für solche Aufgaben hierbehalten wolle, worauf ich ihm erklärte, daß dem von mir aus nichts entgegenstehe. –

Am Nachmittag sahen wir die neue Wochenschau und den Film »Geheimakte W.B. I.«, der von der Arbeit des Erfinders des U-Bootes, Wilhelm Bauer, berichtete. –

In der Nacht war ½ Stunde Öffentliche Luftwarnung, doch ich war so müde, daß ich sie kaum beachtete. –

Dienstag, den 11. VII. 44

Von 11.20–12.20 Uhr und von 13.10–14.15 war Fliegeralarm. Beim 2. Mal überflogen mehrere hundert Bomber die Stadt. Wir konnten sie aber, der tiefliegenden Wolkendecke wegen, nicht sehen. –

An den Vater, Rottweil, den 11. 7. 44

Habe meinen herzlichsten Dank für Deinen lieben Brief vom 8. 7. 44.

Am Samstagabend veranstalteten wir unseren Bunten Abend. Den Erfolg kannst Du aus beiliegender Zeitungskritik ersehen. (…) Wir hatten uns alle selbst kostümiert. (…) Dazu klemmte ich noch ein Monokel ins Auge und eine Mappe unter den Arm. So wollte ich gute Geschäfte als Verteidiger vor Gericht machen, bin aber selbst betrogen worden. Mein Spiel hat wahre Lachsalven hervorgerufen, auch beim Bürgermeister und den Lehrern. Meine Anerkennung durch den Chef erhielt ich auch schon. Ich werde für die KLV reklamiert und habe jetzt die Gestaltung solcher Abende zu übernehmen. Dr. Schumm sagt: es sei für mich bestimmt besser, wenn ich hier geordnete Schulverhältnisse hätte, als wenn ich in Karlsruhe, München oder sonstwo bei der Flak wäre. Damit hat er auch recht. Auch sagt er, könnte ich meine Stelle hier besser ausfüllen. Wie es jetzt mit meinem Urlaub steht, weiß ich noch nicht. Nur weiß ich, daß ich am 30. Juli 3 Wochen auf ein WE komme. Kannst Du mir nicht einmal einige Stücke von Pocci, die sich für so einen Abend eignen, besorgen und schicken. Und vielleicht auch die Rüpelszene aus dem Sommernachtstraum. Vielleicht kannst Du mir auch einige gute Schattenspiele empfehlen.

Sieh Dir bitte einmal beiliegenden Entwurf an und schreibe mir, ob die Idee durchführbar wäre für ein Stegreifspiel? Heute mittag hatten wir zweimal Alarm. Mehrere 100 Bomber überflogen Rottweil beim 2., waren aber der tiefliegenden Wolkenschicht wegen nicht zu sehen. – Habe meinen herzlichen Dank für das Geld und die Briefmarken.

Theater!   *Anlage*

Ort: In dem einfachen, beinahe ärmlichen Zimmer des Schauspielers.

Einleitung: Schauspieler beschreibt seinen Mißerfolg am Theater.»Was nun?« (Brieflein kommt ihm in die Hände, in dem ein junger Herr, aus den besten Kreisen der Stadt, ihn um eine Unterredung bittet und ihm ein Schauspiel, das er schrieb, vorlegen will.)-

1. Auftritt. Der junge Herr allein im Zimmer und stöhnt, wird er es annehmen? Der Schauspieler kommt und liest einzelne Stücke daraus. Er ist begeistert. Wie und wer soll es aufführen. Unsere Stadt braucht ein Theater, stellen Sie eines zusammen!? Der Schauspieler findet den Gedanken großartig. Er nimmt das Stück gleich als 1. Doch woher die Spieler? Der junge Mann empfiehlt ihm zwei junge Damen aus seiner Bekanntschaft, die Neigung zum Theater haben, aber noch nirgends angekommen sind. –

2. Auftritt. Die beiden Damen werden von ihren Lehrern vorgestellt. Sie müssen aus dem Stück des jungen Mannes lesen, benehmen sich ungeschickt, werden dennoch genommen, da der neue Theaterdirektor ohnedies schon Sorge hat, wo er seine Spieler hernehmen soll. Die Lehrer sind über die Annahme sehr erfreut. –

3. Auftritt. Ort: Auf der Straße. Die beiden Damen werden allgemein bewundert und geschmeichelt. Der junge Mann aber erzählt überall von seinem Stück, das als erstes aufgeführt wird. –

4. Auftritt. Zimmer des »Theaterdirektors«. Schauspieler, allein, hat Sorge: Wird das Stück gefallen? Ihn drücken seine vie-

len Schulden, er muß gefallen! Geht hinaus. – Junger Mann kommt, allein. Hat Bedenken seines Stückes wegen. Schauspieler kommt. Ihm werden Bedenken vorgebracht, er schlägt sie in den Wind. –

5. Auftritt. Sie rüsten sich zur Aufführung. Theaterdirektor und junger Mann immer mehr Bedenken. Letzterer fürchtet um seinen guten Ruf. – Nach dem Skandal die jungen Damen, Direktor und junger Mann geknickt. Nur fort von hier. Junger Mann zerreißt Manuskript. Vor der ganzen Stadt blamiert. –

Mittwoch, den 12. VII. 44

Heute ist also der letzte Schultag. – Von 12.10–12.45 und 13.30–15.00 Uhr war Fliegeralarm. Dazwischen war Öffentliche Luftwarnung und von 15–15.15 Uhr auch. Beim zweiten Fliegeralarm hörte man es in der Ferne schießen. Ungefähr 3000 Bomber überflogen die Stadt, waren aber der Wolkendecke wegen nicht zu sehen. Das Motorengeräusch war so stark, daß es bis in die Keller drang. Über uns haben sich wahrscheinlich Luftkämpfe abgespielt; denn man hörte einige Male, daß mit Bordwaffen geschossen wurde. –

Nach dem Alarm war im Gesundheitsamt das monatliche Messen. Ich bin 1,73 cm groß und wiege 59 kg, habe also im letzten Monat wieder 1 kg zugenommen. Das wird wohl auf dem WE wieder verschwinden. –

Im Zeichnen zeigte uns heute Herr Studienrat Fuchs Bilder der Romantiker und französischer und englischer Impressionisten. Es waren sehr feine Stücke dabei: Philipp Otto Runge »Der Morgen«, Spitzweg und Schwind, Richter und Koch waren natürlich auch vertreten. Den größten Teil der Klasse interessierte dies aber nicht. Sie machten höchstens faule Witze darüber. – Mehr kann man von ihnen ja auch nicht verlangen! –

Donnerstag, den 13. VII. 1944

Von 9.00–9.40 und 10.00–10.45 Uhr war Fliegeralarm. Dazwischen war Vorentwarnung. Beim zweiten Mal überflogen wieder unzählige Flugzeuge die Stadt. –
Anschließend war unsere Schulschlußfeier. Ich erhielt einen 3. Preis für zwei Tischsprüche, die ich zu einem Wettbewerb abgegeben hatte. Anschließend wurden 21 Gedichte vorgetragen. Ich trug »Die Nibelungen« von Agnes Miegel vor. Mein Vortrag war der beste. Solang ich sprach, war es ganz still im Saal. –
Heute nachmittag kaufte ich mir eine Mappe »Ewiger Quell«, die reich mit Zeichnungen und Gedichten ausgestattet ist. –
Wir bekamen das Abschlußzeugnis. Ich habe in Deutsch, Geschichte, Erdkunde (4), Kunsterziehung, Musik, Biologie und Chemie (4) 3, in Physik, Mathematik, Englisch und Latein 4 und in Turnen 5. Das »Verschen« ist ganz ordentlich. Unten steht: »Wird nach Klasse 6 versetzt«; das ist ja das Wichtigste. –
Zum Mittagessen gab es für jeden Tisch 1 Brathähnchen. Es fiel dabei zwar nicht viel für jeden ab, aber geschmeckt hat es uns trotzdem. Außerdem gab es noch eine feine Tunke mit vielen Leberstückchen darin. –
Am Nachmittag war ich hier beim Photographen. So etwas Primitives habe ich aber noch nie gesehen. Atelier und Laden sind in einem. Der Apparat ist ohne Selbstauslöser, deshalb muß der Photograph, wenn er aufnimmt, einen Deckel von der Linse nehmen und wieder draufsetzen. Der andere Photograph in Rottweil, der gleich im Hinterhaus wohnt, arbeitet noch primitiver. Er besitzt keine Lampen, deshalb kann er in seinem Atelier, das mit großen Glasfenstern versehen ist, nur bei Sonnenschein aufnehmen. –

Freitag, den 14. VII. 1944

Heute ist nun der erste Ferientag! – Am Morgen sah es so aus, als ob es schönes Wetter werden wollte; doch bald darauf regnete es. Am Nachmittag wurde es wieder etwas heller. –

Die Klassen«kameraden«, die nach Stuttgart zurückgehen, benehmen sich mir gegenüber immer unverschämter. Besonders ärgert sie, daß der Chef mich gebeten hat, hierzubleiben; sie sind auf meinen, wenn auch nur 3. Preis neidisch, obwohl sie doch gar keine Tischsprüche abgeliefert haben. Sie beneiden mich des Erfolges als Jude am Elternabend und des besten Gedichtvortrages an der Schlußfeier wegen. Sie ärgern sich auch darüber, daß ich mit Fritz Herre gut Freund bin. Dem schieben sie auch die unmöglichsten Dinge in die Schuhe. So behauptet Plarre z. B., Herre sei an seiner schlechten Physik-und Lateinnote schuld, da er in der Klassenarbeit als erster geschrieben habe. Auf seine Belobung sind sie natürlich alle ungeheuer neidisch. – Wir beantworten ihre Gehässigkeiten alle nur mit tiefster Verachtung. Deshalb versuchen sie es jetzt auf andere Weise. Während des Essens oder wenn ich irgendwo beschäftigt bin, überfallen sie mich von hinten zu dritt(!) (einer allein hat anscheinend Angst vor mir!), drücken mir den Hals ab und machen anderes so gemeines Zeug. Ich werde dann natürlich auch gemein und haue mit Händen und Füßen um mich. Da lassen sie dann bald los, um es bei einer besseren Gelegenheit immer wieder zu versuchen. – Pfui!!!!

Sonnabend, den 15. VII. 1944

Den Morgen verbrachte ich zu Hause mit allerhand Spielerei. Da es am Nachmittag schönes Wetter war, ging ich in die Wälder zwischen Rottweil und Villingendorf. Dort suchte ich Erdbeeren. Ich fand auch schon eine Ziegenlippe, doch war sie schon alt und die Röhren vermadet. –

Eine große Einbruchstelle von 10 m Tiefe und ebensolchem Durchmesser fiel mir auf. Ich habe noch nie so eine tiefe gesehen. – Am Abend hatten wir blauen Himmel und wundervollen Sonnenschein. Kein Wölkchen war mehr am Himmel zu sehen. –

Vom ganzen KLV-Standort waren heute nur noch 45 Mann hier. Alle anderen sind auf Urlaub oder auf dem Fohrenbühl. –

Von Käte Soll-Stümpke habe ich eine feine Auswahl Hölderlinscher Briefe, Dichtungen und Erinnerungen gelesen, die eine klare Zeichnung des Dichters geben. Aus allen Dichtungen blickt eine Sehnsucht nach dem Höheren. Besonders gut gefiel mir das Gedicht »Die Nacht«. –

An die Mutter, Karte: Rottweil, den 16. VII. 44

Habe meinen herzlichen Dank für das Zeugnisheft und die 30 RM. – Wann ich auf Urlaub komme, weiß ich noch nicht. Wir haben nämlich Dr. Allmendinger so geärgert, daß wir Urlaubssperre haben. Richte dich darauf ein, daß ich zwischen 24. und 30. komme. Am 30. muß ich ins WE. Nach den Ferien muß ich hier bleiben, da ich von der HJ hier benötigt werde. Näheres schreibe ich dir noch. –

Morgen schicke ich schmutzige Wäsche. Schicke mir bitte frische Bettwäsche.

Sonntag, den 16. VII. 1944

Heute früh regnete es. Trotzdem war aber schon seit ½ 9 Uhr Luftgefahr für Südwestdeutschland: Kurz vor 10 Uhr hörte ich Flugzeugmotorengeräusch. Ich hielt es zuerst für eine einzelne schwere Maschine, doch da das Geräusch immer stärker wurde, merkte ich, daß es ein Verband war. Als dieser über der Stadt war, wurde Fliegeralarm (9.55 Uhr) gegeben. Kurz darauf hörte man es auch schießen, und es entwickelte sich eine Luftschlacht über uns. In der Nähe sollen Flieger abgesprungen und Brandbomben in die Wälder und Felder geworfen worden sein u.s.w. – Langsam ließ das Gebrumm und auch der Regen nach, und 11.10 Uhr wurde vorentwarnt, 11.20 entwarnt. – Bald hörte es ganz auf zu regnen. –

Ich fuhr mit der Bahn über Villingen nach Donaueschingen (41 Bahnkm). Dieses liegt an der Brigach und ist ein wunderhübsches, verträumtes Residenzstädtchen (*Randnotiz:* Residenz

179

seit 1780 oder 90). Die Straßen sind breit und sauber und von kleinen, meist nur einstöckigen Häusern gesäumt. Zumeist sehen sie noch so aus, daß man meinen könnte, man befände sich ins 18. Jahrhundert zurückversetzt. Sehr viele Häuser besitzen kleine Treppchen mit mehr oder weniger kunstvollem Geländer. Manche haben noch ein kleines und sehr gepflegtes Gärtchen. Auch sieht man hier und da noch große Laternen an kunstvoll geschnitzten Haltern an den Häusern. Sehr viele Häuser tragen das Wappen der Fürsten zu Fürstenberg. Hier ist überhaupt alles noch »Fürstlich Fürstenbergisch«, ob das die Brauerei, das Archiv, die Bibliothek, die Altertümersammlung, die Kammer, der Park oder gar das Schwimmbad ist. Das Städtchen gehört seit 1806 zu Baden, und dennoch ist alles noch »Fürstlich Fürstenbergisch«. Ein schönes Zeichen dafür, daß das Städtchen noch immer das gleiche ist, wie vor 180 Jahren. Die Staatsgebäude der Stadt, also Kammer, Bibliothek, Archiv und die Sammlungen u.s.w. sind alles prächtige Häuser mit reich verzierten Fassaden. – Aber auch Fachwerkhäuser fehlen in Donaueschingen nicht. –

Der Mittelpunkt der Residenz ist das stattliche Schloß im Rokokostil. Es liegt in einem gepflegten Garten, der aber nicht zugänglich ist, da das Schloß noch bewohnt wird. –

Neben dem Schloß liegt die Donauquelle. Es ist zwar nicht ganz richtig, daß hier die Donau entspringt, dennoch hat dieser eingefaßte Quelltopf, dessen Wasser in die Brigach, die durch Donaueschingen fließt, läuft, etwas Seltsames an sich. Das Wasser des etwa 2 m tiefen Quells schimmert bläulich, und alles, was auf seinem Grund liegt, ist von einem Rand violetter Farben gesäumt. Unzählige Geldstücke, die wahrscheinlich von den Besuchern hineingeworfen wurden, verleihen dem Grund noch etwas Geheimnisvolles. Es ist, als ob dort Augen wären. Ich habe die Zahl der Augen um eines vermehrt. Auf der anderen Seite der Brigach, dem »Fürstlich Fürstenbergischen» Schloß gegenüber, liegt der »F. F.« Park. Eine großartige Anlage mit vielen Teichen und seltenen Bäumen. Viele Schwäne und Enten bevölkern die großen Teiche. – Neben dem Schloß steht die Stadtkirche mit zwei Türmen. Sie ist innen recht einfach im

Vergleich zu anderen katholischen Kirchen. Die drei Altäre erinnern in ihrer Ausführung sehr an die der Dominikanerkirche. – Die »F. F.« Sammlungen waren leider geschlossen. Ich hätte sie gar zu gerne gesehen; denn in ihnen soll auch die Urschrift des Nibelungenliedes sein. –

Victor von Scheffel war hier einige Zeit als »F. F.« Bibliothekar tätig. Daran erinnern Tafel an der »F. F.« Bibliothek und an einem Haus, in dem er gewohnt hat. – Aus vielen Dingen in Donaueschingen geht hervor, daß die Fürsten zu Fürstenberg sehr kunstliebende und -fördernde Menschen waren. –

Donaueschingen ist ein Städtchen, wie man es nicht gleich wieder findet, und ist trotz seiner Schönheit sehr wenig bekannt. In neuerer Zeit macht es sich einen Namen als Solbad. –

In den 4 Stunden, die ich dort war, habe ich mir das Städtchen gründlich angesehen. 20.31 Uhr fuhr ich wieder ab. In Villingen stiegen 5 alte »Schachteln« mit Gitarren in den Wagen, in dem ich war. Sie waren seltsam kostümiert, und an den Bändern auf dem Hut erkannte ich bald: es war »Die Heilsarmee«. Auf die Bitte eines Mannes hin, der ihnen Platz machte, begannen sie auch bald 3 recht fromme Lieder zu singen, die auf das Gemüt entsetzlich wirkten. – In Schwenningen stiegen sie zum Glück wieder aus. –

Ich konnte dann einen wundervollen Abend beobachten. Einen so schönen habe ich schon lange nicht mehr gesehen. Nur noch wenige kleine Wolken waren am Himmel. Diese erglühten in einem wundervollen Rot. Doch bald verblaßte dies, und die Wolken standen dunkelblau an einem hellgelben Himmel, der nach oben immer dunkler wurde. Bald blinkten auch die ersten Sterne. »Der Wald steht schwarz und schweiget, und aus den Wiesen steiget der weiße Nebel wunderbar.« –

Montag, den 17. VII. 44

Von ½ 11–½ 12 Uhr war Fliegeralarm. Feindliche Bomber überflogen die Stadt. – Gestern haben sie Stuttgart angegriffen. –

Am Nachmittag putzten wir die Schule, dabei hatte ich die Aufgabe, mehrere 100 Tintenfässer zu reinigen. – Morgen gehen wir auf den Fohrenbühl, und die »Kameraden«, die nach Stuttgart gehen, reisen endlich ab. Gott sei Dank! –

Fohrenbühl. Dienstag, den 18. VII. 44

Heute mußten wir um ¼ 6 Uhr am Bahnhof sein. Unser Zug fuhr nur bis Schwenningen, dort hatten wir beinahe 1 Stunde Zeit bis zur Abfahrt des nächsten. – Als es Zeit war zum Abfahren, stiegen wir in den dastehenden Zug. – Die Richtung, in der er fuhr, kam mir verkehrt vor; als ich die anderen 7 und Frau Direktor und Fräulein Storz darauf aufmerksam machte, glaubten sie erst, ich halte sie zum Narren, doch als die nächste Station Mühlhausen statt Marbach war, verließen wir alle den Zug fluchtartig. Nun mußten wir die 10 km nach Villingen zu Fuß gehen. Es war nur gut, daß die Sonne noch nicht so heiß brannte. Heute war der Himmel nämlich ganz wolkenlos. –
Als wir in Villingen anlangten, war der Zug schon fort. Der nächste, ein Schnellzug, fuhr in 1½ Stunden. Dazu brauchten wir auch eine Bescheinigung, die einer dann mit viel Mühe auch erhielt. Wir übrigen haben solange die Schwäne auf dem Anlagensee geärgert. –
Nun bestand aber die Schwierigkeit, daß Frau Direktor ihren Hund dabei hatte; Hunde dürfen nicht im Schnellzug fahren. Also nahmen wir den Dackel und steckten ihn in die Einkaufstasche von Frau Dr. Schumm und scharten uns ganz dicht um sie. So sind wir jedesmal gut durch die Sperren gekommen! –
Die Fahrt von Villingen nach Hornberg war wunderbar. –
Auf dem Marsch zum Fohrenbühl sahen wir viele wunderbare Schwarzwaldhäuser, die zum Teil noch mit Schindeln, einzelne auch noch mit Stroh gedeckt waren und deren Schönheit man sich jetzt noch mehr als im Winter bewußt wird. – Wir machten unterwegs des öfteren Rast und widmeten uns den vielen Blaubeeren, die am Waldrand wuchsen, oder besahen wir uns die vielen schönen Roten Fingerhüte, die am Wege standen. –

Am frühen Nachmittag kamen wir hinauf und wurden mit Jubel von den schon anwesenden 45 Mann, die alle von unserem KLV-Standort waren, begrüßt. – Für uns 8 Mann waren im Wald zwei Zwölferzelte aufgeschlagen worden, zu denen im Laufe des Tages noch 7 andere kamen, die aber bis zum Sonnabend leer bleiben. – Also waren 4 Mann in einem Zelt. Mein Zelt erhielt von mir den Namen »Eppele von Gailingen«, und so meldete ich bei der Besichtigung: »Raubnest ›Eppele von Gailingen‹ mit 4 Raubrittern belegt.«- Wir bedeckten den Boden mit Farn und legten auf diesen Zeltbahnen. – Zum Abendbrot gab es Griesbrei (angebrannt) mit Blaubeeren. Es waren etwas wenig. – Zum Sonnenuntergang stiegen wir auf den Turm und sahen uns diesen an. »Und taten singen, die Lieder klingen ...« – Heute war es jedenfalls ein erlebnisreicher Tag, ich schlief daher auch erst spät ein. –

Mittwoch, den 19. Juli 1944

Heute früh fror es uns etwas, da wir nur zusammen 2 Decken hatten, 2 also zusammen unter einer schlafen mußten. Morgens um ½ 6 Uhr ging ich schon um die Zelte und aß Blaubeeren. ¼ 7 Uhr wurden Dietrich und ich geweckt, da unser Zug (IV) heute »Einsatzzug« war und wir in Lauterbach für die Küche Besorgungen machen mußten. Es war ein wundervoller klarer Morgen und eine herrliche Landschaft, durch die wir gingen. Überall standen vereinzelt große, alte Schwarzwaldhäuser, und überall murmelten Bäche und Bächlein. Über dem Land lag das Läuten der Glocken der weidenden Kühe, das allem noch einen besonderen Reiz gab. –

In Lauterbach, einem in einem schmalen Tal liegenden langgezogenen Dorf, holten wir Würste fürs Lager und bekamen vom Metzger jeder 100 gr Schinkenwurst geschenkt. Ah! Beim Bäcker bekamen wir noch einen Waschkorb voll Brot, den wir dem Milchmann, der täglich nach Fohrenbühl fährt, mitgaben. Kaum war dies geschehen, wurde Fliegeralarm gegeben. (Es war gegen 8 Uhr.) –

Wir zogen mit unserem Korb durch den Wald. Plötzlich hörten wir es laut brummen. Wir gingen in Deckung, und ein viermotoriger Amerikaner überflog uns in 150 m Höhe. Ein Motor stand. Ich hätte ihn gar zu gerne heruntergeholt! – Wir zogen blaubeerenpflückend und -essend weiter. Die Schramberger Flak schoß heftig. –

Nachdem wir uns einige Male verlaufen hatten, kamen wir endlich oben an. Gegen 11 Uhr wurde entwarnt und die Flagge wieder gehißt. Am Nachmittag mußten alle Heidelbeeren suchen. Dabei fand ich auch sehr viele Preiselbeeren. –

Donnerstag, den 20. Juli 1944

Heute früh war 7.15 Uhr Wecken. Anschließend Frühsport, Waschen, Flaggenhissen, Frühstück und Appell. Dann mußten wieder alle Mann Heidelbeeren sammeln. Am Nachmittag auch. Da wir aber keine Lust hatten, ein größeres Gefäß als die anderen Züge, die alle stärker sind, zu füllen, haben wir etwas gemogelt. –

Ab 16 Uhr war Vorbereitung für den Lagerabend. – Das Essen war schweinemäßig. Zum Abendbrot gab es dasselbe noch einmal, diesmal war es gar durch die Hackmaschine getrieben. –

Der heutige Lagerabend war ganz nett. Der Bannführer, der am Nachmittag etwas bei uns war und den ich dabei gut unterhielt, konnte ihm leider nicht beiwohnen. – Ich machte den Ansager. Es wurden Scharaden, Witze und sonstige Spiele vorgeführt - auch eine Ziehharmonika fehlte nicht. Ich führte mit Gerhard Kurrle zusammen zwei Zwiegepräche auf, las die »Kapuzinerpredigt« aus »Wallensteins Lager« und wirkte in einer kleinen Hans-Moser-Szene mit. Außerdem »beschummelte« ich noch einige auf jüdisch, »foppte« einige so und pries die seltsamsten Waren an. – Ein Rottweiler HJ-Führer trug sehr hübsche Gedichte vor. Am besten gefiel mir davon »Der Überzieher« (»hier das Essen, hier das Bier, hinter mir der Überzieh'r; seh' ich weg von dem Fleck, ist der Überzieher weg.«)

und »Der Blusenkauf«. Eine sehr hübsche Scharade von Kl. 3b war »Gau-fuß-ball-fach-wart« (Dr. Schumm). – Nach dem Zapfenstreich waren wir vom Zug IV im Zelt 1 noch fröhlich beisammen. Plötzlich brachte uns Gerhard Kurrle die furchtbare Nachricht, daß ein Attentat auf den Führer verübt worden ist. Uns traf beinahe der Schlag. Bis ½ 1 Uhr diskutierten wir noch erregt über diesen Fall. Der Führer wurde zum Glück nur leicht verletzt. Einige seiner Begleiter schwer. –

Rottweil. Freitag, den 21. Juli 1944

Heute früh standen wir schon um ½ 4 Uhr auf, da wir unsere Zelte noch ausräumen mußten. Um ½ 6 Uhr war Flaggenhissung. Um ¼ 7 marschierten wir in Richtung Hornberg ab. Wir sangen den ganzen Weg. – Da es in Hornberg anfing zu regnen, gaben wir unseren Plan, noch an die Triberger Wasserfälle zu gehen, auf. Auf der Fahrt nach Villingen waren wir sehr lustig. Als wir dort ankamen, war Fliegeralarm. Die Wartezeit auf den Anschlußzug verbrachten wir im Luftschutzkeller. Dort versteigerte ich eine Zitrone, die mir Fräulein Storz dazu gab, und erhielt 9,30 RM fürs WHW. Auf der Fahrt weiter nach Rottweil sangen wir auch viel. Als wir gerade vor dem Bahnhof antraten, wurde Vorentwarnung gegeben und kurz darauf entwarnt. Im Franziskaner erhielten wir gleich eine gute Nudelsuppe und aßen unsere Marschverpflegung dazu. – Zum Abendbrot gab es Eierkuchen mit Kirschen. Ah! –

Bad Cannstatt. Sonnabend, den 22. VII. 1944

Vor der Heimfahrt hatte ich noch sehr vieles zu erledigen. Um 12.07 Uhr fuhr ich ab; Plarre, der gestern und heute seine ehemaligen Quartiergeber hier besucht hatte, leistete mir Gesellschaft. – In Stuttgart sieht man von der Straßenbahn aus nicht viel von den Zerstörungen des letzten Angriffs. Nur ist die Schuhfabrik jetzt ganz kaputt. –

Über den Anschlag wird jetzt allerhand bekannt. Der Attentäter war Oberst Graf von Stauffenberg (seine Frau ist Polin, seine Schwägerin eine russische Bolschewistin). Er handelte im Auftrag einer verräterischen Generalsclique, der auch die Feldmarschälle von Bock und von Rundstedt angehörten. Die Usurpatoren sind erschossen. Der Führer erließ neue scharfe Gesetze und übertrug Reichsminister Himmler den Befehl über das Heimatheer. In dieser Nacht stand Deutschland vor einer neuen Revolution. Die ganze Partei befand sich im Alarmzustand, und die alten Parteien regten sich. –

Sonntag, den 23. Juli 1944

Heute habe ich mir den ganzen Tag zu Hause wohl sein lassen. – Es regnete. – Von Emanuel Stickelberger habe ich eine hübsche kleine Novelle »Tulpenglück« gelesen. –

Montag, den 24. Juli 1944

Von 12.15–13.45 Uhr war Fliegeralarm. Wir waren solange im Stollen. Die Flak schoß heftig, und die Stadt war vernebelt. – Am Nachmittag war ich in der Mörikebücherei, um mir dort etwas übers Laienspiel zu holen. Ich fand nichts Geeignetes. –

24./25. VII. 1944

Um 1.20 Uhr wurde Fliegeralarm gegeben. Wir suchten den Stollen auf. Draußen begann es heftig zu schießen. Bald spürten wir auch den Luftdruck der explodierenden Bomben. Um 3.50 Uhr wurde entwarnt. Der Himmel war vom Feuerschein des brennenden Westens der Stadt gerötet. Bei uns ist nichts passiert. Wie der Drahtfunk anschließend bekanntgab, sind feindliche Flieger abgesprungen, Lebensmittelkarten und Flugblätter abgeworfen worden. –

Dienstag, den 25. VII. 1944

Über dem schwer betroffenen Westen der Stadt stand eine ungeheure Rauch- und Staubwolke und hüllte den Stadtteil ein. – Von Hans Watzlik habe ich »Ungebeugtes Volk«, eine Sammlung Erzählungen von Kämpfen der Böhmendeutschen gegen die Tschechen gelesen. – (…)

25./26. VII. 1944

Um ½ 2 Uhr wurde Fliegeralarm gegeben. Wir suchten den Stollen auf, der beinahe überfüllt war. (Das kommt daher, weil viele Fellbacher (!) bei Einsetzen des Drahtfunks auch hierher kommen.) Ich stand die ganze Zeit. Die Flak schoß draußen mörderisch. Immer wieder verspürte man den Luftdruck der einschlagenden Sprengbomben. Einmal war derselbe sogar recht heftig. Das Licht ging einige Male für kürzere oder längere Zeit aus. Um 3.20 Uhr wurde entwarnt. Heute war der Himmel noch röter als gestern. Und viele Brände, auch in Cannstatt, sah man leuchten. – In der Nacht hörte man dann noch des öfteren die Explosionen der Zeitzünderbomben. –

Mittwoch, den 26. VII. 1944

Den ganzen Tag zogen dicke Rauchwolken über uns weg. Überall setzten sich viele Aschenteile nieder. Zum Teil kamen Papiere in Postkartengröße. Die Sonne, die durch die Wolken schien, war seltsam rot gefärbt. Es konnte einem bei ihrem Anblick richtig unheimlich werden. Der Angriff heute nacht war noch schlimmer als der letzte. Heute wurde keine Post ausgetragen, das Gas brennt nicht mehr, nicht einmal eine Zeitung kommt. Das Radio funktionierte erst wieder von heute mittag ab, und der Drahtfunk ist nicht mehr zu hören, obwohl seit heute mittag 4mal einzelne Flugzeuge über Südwestdeutschland in der Luftlagemeldung gemeldet wurden. –

Habe von Conrad Ferdinand Meyer »Plautus im Nonnenkloster«, von Robert Hohlbaum »Der Held von Kolberg« (eine Erzählung um Nettelbeck) und von Kurt Pastenari »Der goldene Fisch«, eine Erzählung aus germanischer Frühzeit, lauter feine Sachen, gelesen. –
Der heutige Sonnenuntergang war recht merkwürdig. –

26./27. VII. 1944

Von 0.20–1.45 war Fliegeralarm. Gewarnt wurde durch das Schießen der Flak, entwarnt durch Aufleuchten der Scheinwerfer. Wir waren im Stollen. –

Donnerstag, den 27. VII. 44

Heute regnete es einige Male. Ich blieb daheim. –

27./28. VII. 1944

Um 23.55 Uhr wurde Alarm gegeben. Für die Stadtteile ohne Sirene durch Schießen der Flak. Es waren Störflugzeuge gemeldet. Wir suchten den Stollen auf. Die Flugzeuge warfen in der Nähe einige Bomben. Der Luftdruck war sehr stark zu verspüren. Um 2.30 wurde entwarnt. –

Freitag, den 28. VII. 44

Heute früh saßen wir wegen Alarm von ¼ 9–10 Uhr im Stollen. Ob die Flak schoß, weiß ich nicht zu sagen. – Der Himmel war heute bewölkt. Ich blieb zu Hause. –
Deutsche Truppen haben die Städte Brest-Litowsk und Lemberg geräumt. –

Um ½ 1 Uhr weckte uns Mutti wegen Luftgefahr. Wir legten uns
angekleidet ins Bett. Nach der Luftlagemeldung um 1 Uhr
»Schwere feindliche Kampfverbände im Anflug auf Südwestdeutschland«, suchten wir den Stollen auf. Kurz darauf wurde
durch die Flak und dann durch die Sirenen Alarm gegeben.
Bald begann es heftig zu schießen. Der Luftdruck von mehreren Explosionen war deutlich zu verspüren. Das feindliche Angriffsziel war Feuerbach und Zuffenhausen. Um ½ 4 Uhr wurde
entwarnt - es regnete heftig. Über dem betroffenen Stadtteil
standen ungeheure, vom Feuerschein gerötete Rauchwolken. –
Das war der 3. Angriff während meines Urlaubs - das hatte ich
mir nicht träumen lassen. –

Sonnabend, den 29. VII. 44

Heute früh fand ich eine große Zahl feindlicher Flugblätter, die
einen großen Quatsch enthalten. Ich lieferte 16 auf der Polizei-
wache ab. –

Von Conrad Ferdinand Meyer las ich die Novelle »Der Heilige«, die sehr spannend erzählt ist. –

29./30. VII. 44

Von 2.00–¾ 3 Uhr saßen wir im Stollen. Es war nichts los. –

Sonntag, den 30. VII. 1944. Rottweil.

Da ich nun keinen Einberufungsbefehl fürs WE erhalten habe,
fuhr ich heute mittag 12.07 von Cannstatt aus wieder nach hier
zurück. Ich fuhr nicht über Böblingen, da diese Strecke erst in
Vaihingen beginnt, und es fraglich gewesen wäre, ob ich bis dahin durchgekommen wäre. –

In Eßlingen mußte ich das 1. Mal umsteigen, in einen überfüllten Zug. In Tübingen hatte ich 1½ Stunden Aufenthalt. Ich
gab mein Gepäck ab und ging zum Schloß. Das Uhlandhaus in
Tübingen ist durch eine feindliche Bombe zerstört. – Solange
ich in Tübingen war, schien die Sonne. – Dann ging es weiter
nach Balingen, wo ich direkten Anschluß nach hier hatte. –
Hier erhielt ich gleich eine Hiobsbotschaft: Mein Zimmer sei
für Fliegergeschädigte beschlagnahmt. Der Polizist, der dies tat
und dem Fräulein Fader sagte, daß ich hier sei, erwiderte ihr,
daß ich sehen könne, wo ich ein anderes Quartier bekäme. –
Die Sache wird morgen bereinigt. Ich gehe jedenfalls nicht. –

Montag, den 31. VII. 44

Den Vormittag verbrachte ich mit Fritz Herre zusammen im
Spaziergang. – Von 11–½ 3 Uhr war Alarm. Feindliche Flugzeuge überflogen die Stadt. Wir ließen uns aber dadurch
beim Mittagessen nicht stören. Jetzt sind vom Standort noch
6 Mann da. –

Dienstag, den 1. August 1944

Heute regnete es einige Male. – Am Vormittag machte ich mit
Fritz Herre zusammen im Franziskanerheim Speiseeis. Dazu
holten wir in einem großen Gewölbe, in der Pflugbrauerei, das
zur Hälfte mit Eis gefüllt war, das benötigte Eis. Wir haben
natürlich dem Eis auch tüchtig zugesprochen. –
    Am Nachmittag las ich von Conrad Ferdinand Meyer »Die
Versuchung des Pescara«, eine feine Novelle. – Dann begann
ich das Pappmodell einer Stadt. –
    Am Abend war ich im Kino. In der Wochenschau wurden
Aufnahmen vom Tatort des Attentats auf den Führer gezeigt -
auch sah man, daß der Führer etwas hinkt und bei der Begrüßung die linke Hand gibt. Außerdem wurden ausgezeich-
nete Aufnahmen der V1 gezeigt. Der Hauptfilm hieß »Ein

Mann geht seinen Weg«. Es ist ein ungarisches Fabrikat und besitzt wenigstens Inhalt. Dieser will sagen, die Leistung und nicht der Stand macht den Mann! –

An den Vater, Rottweil, den 1. August 1944

Habe Dank für Deinen Brief vom 17. 7. 44. Sei mir bitte nicht böse, daß ich erst heute schreibe, aber ich war eine Woche in Stuttgart, und da bin ich vor lauter Alarm und sonstigen Dingen nicht dazu gekommen. – In der letzten Zeit, seit ungefähr 10. VII. , haben wir immer sehr viel Alarm gehabt. Am 13. war unsere Schulschlußfeier. Sie begann nach 1¼ Stunden Fliegeralarm eine halbe Stunde später als vorgesehen. – Ich erhielt einen 3. Preis für zwei Tischsprüche, die ich zu einem Wettbewerb abgab. Die Tischsprüche, die beiliegen, sende bitte wieder zurück. Der Preis war ein kleines Büchlein »Ins verschlossene Land«. Den Namen des Schilderers habe ich vergessen. Anschließend wurden 21 Gedichte vorgetragen. Ich sagte das längste: »Die Nibelungen« von Agnes Miegel und brauchte 8 Minuten dazu. Nach dem Urteil der Kameraden trug ich am besten vor.

Wir bekamen das Zeugnis. (…) Das Gesamturteil schreibe ich Dir, wenn Mutti mir das Heft wieder zurückschickt. Es ist ganz ordentlich. Als Bemerkung steht »Wird nach Klasse 6 versetzt!« Von jetzt ab gehe ich mit meinen 3 anderen Kameraden in die Dietrich-Eckart-Oberschule.

Neulich fand ich in der Zeitung »Die Sonntagspost« die Schilderung eines Besuches bei der Tochter Mörikes, die jetzt noch lebt. Sie heißt Frau Fanny Hildebrand-Mörike und lebt in Neuenstadt/Kocher im Stift. Vielleicht kannst Du das irgendwie gebrauchen?-

Doch jetzt muß ich das Schreiben einmal unterbrechen; denn ich muß um 9 Uhr im Franziskanerheim sein, um dort beim Eismachen zu helfen. –

Jetzt, es schlägt gerade 2 Uhr, habe ich mir meinen Bauch genügend mit Zitronen- und Vanilleeis vollgeschlagen. So gutes bekommt man hier nicht im Kaffee. –

Sonntag vor 14 Tagen fuhr ich mit der Bahn nach Donaueschingen (…). Letzte Woche war ich drei Tage auf dem Fohrenbühl. Wir hatten diese Tage über ausnahmsweise wundervolles Wetter. Die Landschaft mit den vielen bewaldeten Kuppen, mit ihren stillen Tälern, mit den vielen Bächen und Bächlein und den hübschen stroh- oder schindelgedeckten Häusern ist unvergeßlich schön. Dort oben gibt es wundervolle Rote Fingerhüte, man findet nicht gleich schönere. Blaubeeren gab es dort in Hülle und Fülle (…).

Am vorletzten Tag veranstalteten wir einen netten Bunten Abend (…). Ich (…) habe u. a. mit dem Vortrag der »Kapuzinerpredigt« aus »Wallenstein« auch beim Chef, der auch da war, großen Erfolg gehabt. Ich las die Predigt ab, jetzt in den Ferien will ich sie aber noch auswendig lernen, denn an so etwas trägt man ja nicht schwer. –

Am Abend, als wir 8 noch in unseren Zelten vergnügt beisammen waren, erhielten wir die furchtbare Nachricht vom Attentat auf den Führer. Wir waren vor Schreck fast gelähmt, und doch waren wir so voll Freude, daß ihm nichts wesentliches dabei zustieß. Die Verschwörung hat anscheinend recht großes Ausmaß gehabt - genaueres werden wir nach dem Sieg noch erfahren. Ich kann aber nicht verstehen, wie deutsche Offiziere so etwas fertigbrachten. –

Anschließend an das Lager fuhr ich nach Cannstatt. In den 3 Angriffen wurden wir verschont. In Stuttgart muß es ja schlimm aussehen. – Mir gefällt es dort jetzt gar nicht mehr - von der schönen Stadt ist nicht mehr viel zu sehen. Da ist es hier doch noch besser. – (…)

Habe meinen herzlichen Dank für die 2 RM und Briefmarken und sei herzlich gegrüßt.

Mittwoch, den 2. August 1944

Am Vormittag und Nachmittag baute ich am Modell einer Stadt. – Einige Male schien die Sonne. Am Abend sah es so aus, als ob es morgen schön Wetter werden wolle. – Jetzt sind wir

noch 4 Mann (außer den 19 Soldaten), und ich bin der Verpfle-
gungsstellenleiter und »Standortführer«. –

An die Mutter, Rottweil, den 2. VIII. 44

Ich bin am Sonntag hier ganz gut angekommen. (…) Schicke
mir bitte, wenn Dietrich noch da ist, soll er es mitnehmen, mein
Zeugnisheft (unterschrieben!) und mein Besteck, was ich dort
gelassen habe. Einen kleinen Löffel habe ich hier, brauche folg-
lich nur Gabel, Messer und Suppenlöffel. Es eilt!

Donnerstag, den 3. August 1944

Von 11.05–11.35 hatten wir Fliegeralarm und anschließend noch
bis 12.05 Öffentliche Luftwarnung. –
Nach dem Essen »bauten« wir 5 Mann - denn jetzt ist Bubeck
auch wieder da - ein »Pfunds«zitronenwasser. Auf dem Weg
zum Bäcker (ungefähr um 3) wurden wir von einem zweiten
Fliegeralarm überrascht. Wir ließen uns aber dadurch nicht
stören, sondern trugen ruhig unsere Kuchenbleche mit Streuselkuchen zum »Franziskaner«. Unterwegs hat natürlich ein
»Luftschutzheiliger« »gebruddelt«, und da er sich von uns aus-
gelacht fühlte, schickte er uns einen Schutzmann nach, der
uns in den Keller schicken sollte, doch als der gerade seinen
»Sermon anhub«, wurde entwarnt, und so mußte er unverrich-
teter Dinge, worüber er natürlich wütend war, wieder ab-
ziehen. Während des Alarms überflogen ungefähr 100 schwere Bomber die Stadt in großer Höhe. Sie waren nur noch
so groß wie Fliegen zu sehen. – Entwarnt wurde ungefähr um
½ 5 Uhr. –
Generalfeldmarschall Rommel ist bei einem Fliegerangriff im
Westen mit dem Auto verunglückt. Er erhielt Quetschungen
und eine Gehirnerschütterung. Lebensgefahr besteht nicht! Ob
das ein Sabotageakt einer der vielen französischen Terroristen
war? Die Russen haben einen Brückenkopf an der Weichsel

südlich Warschau gebildet, aus dem sie jetzt wieder verdrängt
werden. –
Ganz Deutschland steht jetzt im Zeichen des totalisierten totalen Krieges, zu dem Dr. Goebbels vor einigen Tagen aufrief
und den er jetzt lenkt. –
Heute abend steht ein wundervoller Vollmond am Himmel;
man sieht nur noch wenige Wolkenflöckchen. – Heute war der
Hochzeitstag der Ameisen. Überall flogen große und kleine
Ameisen herum. –

Freitag, 4. VIII. 1944

Um 9 Uhr fingen wir schon wieder an zu arbeiten. – Wir machten Eis, schafften Kuchen zum Bäcker u.s.w. Das Mittagessen
und das Abendessen waren heute ausgezeichnet. Heute ist
auch der letzte Tag im Franziskanerheim, ab morgen essen wir
in der NPEA. –

Sonnabend, den 5. VIII. 1944

Heute früh mußten wir schon um 8 Uhr zum Frühstück in der
NPEA sein. Anschließend halfen wir Fräulein Storz im »Franziskaner« beim Aufräumen und frühstückten dort ein zweites
Mal: Brot mit Rührei, und auf das Brot strichen wir fingerdick
Butter. Ah! – Um 10 Uhr frühstückten wir in der NPEA ein drittes Mal. – Um ½ 1 Uhr aßen wir dort zu Mittag. – Zwischen Vesper und Mittagessen trieben wir bei den Sprunggruben hinter
der NPEA etwas Leichtathletik. –

Sonntag, den 6. VIII. 1944

Heute mußten wir schon um ½ 9 Uhr frühstücken. – Von Hu-
bert Göbels »Heiko im Karwendel«, eine sehr feine Erzählung
von den Erlebnissen eines Friesenjungen bei Luis Trenkers
Filmaufnahmen, gelesen. –

Am Nachmittag ging ich spazieren. – Der Himmel war heute bewölkt, nur ab und zu schien die Sonne einmal für kurze Zeit. –

Heute vormittag war wunderbares Wetter. – Am frühen Nachmittag zogen Wolken auf, trotzdem gingen wir (außer den beiden LMF) ins Baden. – Ich bin das Schwimmen gar nicht mehr gewöhnt, weil ich letztes Jahr am Anfang der Sommerferien das letzte Mal im Baden war. – Nach dem Kaffee um 4 Uhr ging ich mit Schill (Kl. 2a) zusammen noch einmal ins Baden und blieb dort, da sich die Wolken wieder verzogen hatten, bis kurz vor dem Abendessen. Anschließend ging ich mit Schill noch etwas spazieren. – Heute war ein wundervoller Abend. –

Heute früh hatten wir von 10.05–11.15 Fliegeralarm, bis um 11.45 Öffentliche Luftwarnung, bis um 12 Uhr wieder Fliegeralarm. Um 12.20 Uhr wurde endgültig entwarnt. In dieser Zeit überflogen mehrere hundert feindliche Bomber die Stadt. –
Am Nachmittag fuhren wir nach hier ab. Für den Chef hatten wir dabei allerhand zu schleppen. Wir sind 7 Mann. – Als wir oben ankamen, war gerade Lagerabend, Hauptstammführer Karl Mohr und der Lagerwart Oswald Hirt luden uns gleich zum Mitmachen ein, und nachdem wir unser Gepäck in einem der Zelte (Zelt 6) verstaut hatten, leisteten wir der Einladung Folge und ernteten großen Erfolg. –

Der Tag begann mit Frühsport. Anschließend machten wir Ordnungsübungen, was uns auch einmal wieder gut tat. Zeitweilig führte auch ich das Kommando über die KLV-Gruppe. – Dann folgte Geländekunde: Tarnen, Anschleichen u.s.w., die wir theoretisch und praktisch durchführten. – Für den Nachmittag war u. a. Gewehrkunde angesetzt. Ich gab dann noch eine Parodie darauf, die sehr wirkte, zum Besten. Am Abend marschierten wir nach Lauterbach, um dort im »Kino« zwei Marinefilme »Marine WE« und »Hilfskreuzer Atlantis« zu sehen. Das »Kino« ist eine böse Bruchbude, dort muß z. B. nach jedem Akt eine Pause eingelegt werden, da nur 1 Apparat da ist. –

Auf dem Heimweg wurde auf uns im Wald durch eine vorausgesandte Gruppe noch ein Überfall gemacht, bei dem es eine kleine Keilerei gab. – Im Zelt machten wir dann noch ein »Rettichfest«, d. h. wir aßen Rettiche, die wir am Nachmittag vom Chef erhalten hatten. Heute war den ganzen Tag über schönes Wetter. –

Freitag, den 11. VIII. 1944

Heute nacht wachte ich auf, weil ich fühlte, wie mir etwas Feuchtes unter die Nase gerieben wurde. Ich war sofort im Bilde: Schuhkrem, da am Abend vorher darüber sehr viel diskutiert worden war. Bis zum Morgen wachte ich, damit nicht noch einmal einer kommen konnte. Dann sahen wir es: Fast alle waren mehr oder weniger angestrichen - ich hatte nur einen kleinen Schnurrbart, da ich, wie mir der Anschmierer (Jungstammführer Heinz Reinhard aus Rottweil) erzählte, zu zeitig aufwachte. – Da heute der 4. Lehrgangsabschnitt auf dem Fohrenbühl zu Ende war, übte ich mit einigen noch schnell »Die 5mal verkaufte Sau« ein und führte sie auf. – Am Nachmittag waren wir von der KLV allein. Wir bauten einen Zeltgarten aus Moosen, der 16–20 qm groß war. Er ist sehr schön. Als er fertig war, machten wir ein »Rettichfest«. Am Abend schaffte ich mit einem Kameraden zusammen Abfall zum Bauer Herzog hinunter. Als wir in der Dunkelheit zurückkamen, fehlten der Zeltführer und 2 Mann. Wir vermuteten, daß sie uns angreifen wollten, deshalb zogen wir uns alle schwarz an, hüllten uns in Decken und schlichen lautlos durch den Wald. Schließlich wurde es mir zu lang, und ich meldete das Fehlen der 3 dem Lagerführer; als der mir eine beruhigende Auskunft gab, legten wir uns in das Zelt. Die Vermißten stellten sich dann bald ein. –

Sonnabend, den 12. VIII. 1944

Heute nachmittag kam der Lehrgang 5. Seine erste Beschäftigung war der Zeltgartenbau. Karl Mohr übergab mir die Aufsicht darüber. Da ich kein Hemd anhatte, hielt mich alles für einen Gefolgschaftsführer; denn selbst ein Hauptjungzugführer stand vor mir still. Ich hab' mir dabei eins gelacht. –

Sonntag, den 13. VIII. 1944

Heute früh hatten wir eine kleine Morgenfeier. Anschließend ging der Lehrgang nach Lauterbach, um dort zwei Heeresfilme zu sehen. Wir kannten diese schon, deshalb blieben wir hier. Dann wurde weiter an den Zeltgärten gebaut. Am Abend waren sie fertig. – Mit dem Hauptjungzugführer zusammen machte ich heute abend einen kleinen »Bunten Abend« zu Ehren des Bannführers, der anwesend war. Die Zuschauer lachten tüchtig. –

Montag, den 14. August 1944

Der Tag begann mit Frühsport. – Es war sehr nebelig. Während wir bei unserem neuen Lagerführer, Hauptgefolgschaftsführer Rühle, Geländebeschreibung und -beurteilung hatten, wurde es klar. – Als wir von Lauterbach her die Sirenen hörten, gingen wir in den Wald. Über 1000 Bomber überflogen uns in mittlerer Höhe. In den Verbänden waren große Lücken. – Nach der Mittagsruhe trieben wir Rasenspiele.

Dienstag, den 15. August 1944

Auch heute bildete der Frühsport den Anfang des Tageslaufs. – Nach 1 Stunde Kartenkunde trieben wir Ordnungsübungen, um dann mit Kompaßkunde fortzufahren. – Ich habe mir heute 1 rote Litze auf die Schulterklappe genäht. Das bedeutet Kriegsfreiwilliger der HJ. –

Mittwoch, 16. VIII. 1944

Ich habe mir heute eine Verstauchung am Knie zugezogen. – Nach dem Frühstück hatten wir gleich Unterricht über die nationalsozialistische Bewegung. Dann war Zielansprache und Entfernungsschätzen. Da Fliegeralarm gegeben wurde, verzogen wir uns in den Wald und übten dort Anschleichen und Tarnen. –

Weil wir uns am Abend beim Singen vor den Mädchen blamierten, marschierten wir noch den halben Weg nach Lauterbach hinunter und lernten die Lieder »Brüder in Zechen und Gruben…« und »Als die goldne Abendsonne …« - die klappten aber nachher! –

Donnerstag, den 17. VIII. 1944

Heute nacht war KLV mit der Schuhkremschachtel in der Hand aktiv. Gleich nach Zapfenstreich schlich ich mit einem Kameraden zusammen heraus und ging auf Horchposten vor den einzelnen Zelten. Um Mitternacht gingen wir zum Gedächtnishaus vor, und als wir dann zurückkehrten, begannen wir unsere Tätigkeit. Als erstes kam die sorglos schlafende Wache dran. Ich wollte zuerst in Zelt 7, doch da schlief einer nicht, deshalb ging ich zu Zelt 3. Als ich mit vieler Mühe den Zelteingang etwas geöffnet hatte, hineingekrochen war und gerade anschmieren wollte, sagte einer vor sich hin: »Jetzt muß i amol schiffa«. So schnell ich konnte, kroch ich aus dem Zelt. Der Betreffende

öffnete das Zelt, trat aus und ließ das Zelt offen, als er wieder hineinging. Ich kroch hinterher und schmierte den ersten ein, als ich an den zweiten wollte, hatte der die Decke über den Kopf gezogen. In dem Augenblick fing einer im Zelt 7 zu schreien an, deshalb verließ ich schnell das Zelt. –
Heute früh war es bewölkt, doch bald wurde es heller. – Am Nachmittag machten wir ein Geländespiel. Zug 2 und 3 sollten eine von Zug 1 gehaltenen Stellung nehmen. Wir (Zug 1) hatten uns tadellos getarnt. Wir waren auf 1 m Entfernung nicht zu sehen. Ich hatte mir einen Haufen aus Tannenzweigen aufgeschichtet, der innen hohl war, und dort kroch ich hinein. – Der Kampf dauerte eine halbe Minute und war unentschieden (nach Punkten siegte Zug 1). –
Den Abschlußabend habe ich aufgebaut und geleitet. Er gelang auch sehr gut! 7 Nummern mußten wir wegen Zeitmangel weglassen. Als Anerkennung für den Abend erhielt ich vom Lagerführer ein Buch mit seiner Widmung (Wilhelm Wolfslast: »Der Ruf des Meeres - Deutsche Seefahrt in 15. Jahrhunderten«. Das Buch gefällt mir sehr gut).

Freitag, den 18. VIII. 1944

Heute nacht hatte ich 2 Stunden Wache. Am Vormittag ging dieser Lehrgang wieder, schade; denn es waren feine Kerle dabei. –
Da wir von KLV unterdessen 15 Mann geworden sind, zog ich mit 7 anderen in das Zelt 4 um. Wir tauften es »Raubnest ›Eike von Quitzow‹«. Den Zeltgarten änderten wir gleich um und verschönerten das Zeltinnere. –
Am Nachmittag ging ich mit 4 Mann und 1 zweirädrigen Karren nach Lauterbach, um dort Einkäufe für die Küche zu machen. Auf dem letzten Stück des Weges zerbrach uns ein Rad, und wir durften den Karren auch noch tragen. Zum Glück kamen uns dabei die anderen zur Hilfe. – Am Abend saßen wir noch bis 11 Uhr mit dem Lagerführer, Lagerwart Aizle, Frau Gaßmann, Frau Rühle u.s.w. vergnügt beisammen. Die Lager-

führerin Lotte spielte auf der Ziehharmonika, und wir sangen und schunkelten. –

Am Vormittag halfen wir dem Chef im Wald bei der Preiselbeersuche. Das war bei dem wundervollen Wetter sehr schön, vor allem, da es sehr viele Beeren gab. Manche Büsche trugen bis zu 30 Beeren! – Heute mittag kam der neue Lehrgang - das sind aber lauter geistige Mattscheiben. –
Am Abend mußte ich noch einmal nach Lauterbach, um dort Wurst zu holen. Ich bekam beim Metzger ein feines Vesper: 200 gr weiße Preßwurst und 2 Scheiben weißes Bauernbrot. Das hat geschmeckt! – KLV nimmt an diesem Lehrgang nicht mehr teil, sondern hat »nur« noch die Einkäufe für die Küche zu machen. –

Heute war wieder Frühsport der Anfang des Tagesprogrammes. – Am Vormittag marschierten die 27 Mann des Lehrganges nach Lauterbach ins Kino. Ich folgte ihm, da ich mit dem dortigen Standortführer Broghammer etwas zu besprechen hatte: Ich soll nämlich am Mittwoch in Lauterbach einen Bunten Abend gestalten. Und da mußte ich heute die Saalfrage regeln. –
Auf dem Rückweg aß ich viel Brombeeren und Preiselbeeren. Das Heidekraut blüht wunderbar. – Heute war das Wetter wieder wunderschön. –

An die Mutter, Fohrenbühl, den 20. VIII. 1944

Seit ich Dir am 14. das letzte Mal geschrieben habe, habe ich schon wieder allerhand erlebt, doch bevor ich Dir davon berichte, will ich erst einmal auf Deinen Brief vom 12. d. M. eingehen. Für die Bildchen von Stuttgart habe meinen herzlichen Dank. – Die WE-Angelegenheit ist erledigt, sonst wäre ich nicht hier. Ich werde mich bei Gelegenheit einmal an den Chef wenden, damit er mir vor Schulanfang noch einmal 3 Tage Urlaub nach Stuttgart gibt. – Jetzt will ich aber an den letzten Brief anschließen: (…) Seit Dienstag trage ich auf den Schulterklappen eine rote Litze, das bedeutet: Kriegsfreiwilliger der HJ. – (…)

Montag, den 21. VIII. 1944

Den ganzen Vormittag saß ich an der Schreibmaschine und trieb »Papierkrieg« für den Abend in Lauterbach. – Am Nachmittag hatte ich zwei Stunden Wache, und am Abend geleitete ich mit einem Kameraden zusammen Herrn und Frau Ottmar nach Hornberg. Um ½ 11 Uhr kehrten wir zurück und trieben noch bis um ½ 12 Uhr mit dem Chef zusammen Sternenkunde. –

An den Vater, Karte, Fohrenbühl, den 21. 8. 44
Absenderangabe: HJ Führerlager Fohrenbühl
Gedächtnishaus b. (14) Lauterbach

Entschuldige bitte, daß ich Dich so lange auf Nachricht von mir warten ließ, endlich komme ich dazu, das Versäumte nachzuholen. Du staunst, daß ich Dir auf der Schreibmaschine schreibe. Ich habe nämlich heute schon den ganzen Morgen darauf geschrieben, weil ich einen »Bunten Abend« vorbereitet habe, den ich am Mittwoch in Lauterbach zu gestalten habe. (Auf dem Gebiet habe ich nämlich beim Bannführer eine große Nummer.) Den Abschlußabend des letzten Lehrgangs habe ich auch geschaukelt - als Anerkennung erhielt ich dafür ein Buch mit der Widmung des Lagerleiters: »Der Ruf des Meeres« (Seefahrt im 15. Jahrhundert). Jetzt muß ich leider schließen, da ich Wache habe.

Handschriftlicher Zusatz: Wenn wir in 3 Tagen in Rottweil sind, werde ich Dir mehr berichten. *Die Karte ist vom Bruder mitunterschrieben.*

Dienstag, den 22. VIII. 1944

Am Vormittag mußte ich für den Lagerführer in Lauterbach Besorgungen machen. Dabei sah ich einen Schwalbenschwanz – das 2. Mal, daß ich diesen seltenen Schmetterling sah. – Heute belegte KLV ein 3. Zelt (Zelt 5) - so viele sind wir jetzt schon. – Am Nachmittag hatte ich wieder 2 Stunden Wache. –

Mittwoch, den 23. VIII. 44

Heute vormittag probten wir noch kurz für den Abend in Lauterbach. – Ich erledigte die letzten schriftlichen Dinge dafür, und am Abend marschierten wir von der KLV nach Lauterbach, wo wir in der Turnhalle spielen sollten. Zu unserer großen Freude kam Gerhard Bromm. Als Bühne war eine Anzahl wackliger Tische nebeneinandergestellt, doch da das Spielen auf ihr mit Lebensgefahr verbunden war, ließ ich sie wegräumen. – Unser Programm von 19 Nummern war in 1½ Stunden abgewickelt, und wir ernteten rasenden Beifall. –

Anschließend an den Abend gingen wir noch in die Brauerei und tranken Bier. – Um ½ 12 Uhr kamen wir dann todmüde auf dem Fohrenbühl an. –

Donnerstag, den 24. VIII. 1944

Heute früh erfuhr ich, daß ich rückwirkend zum 21.6. zum Rottenführer befördert worden bin. Der erste und schwerste Schritt auf dieser Leiter wäre also getan. – Ich hatte die Aufgabe, den Lehrgang beim Ausräumen des verfaulten Krauts aus dem Keller zu beaufsichtigen. Das war eine undankbare Sache.

Ich habe den Haufen aber tüchtig herumgejagt, wenn es nicht schnell genug ging - das Schreien habe ich mir nämlich jetzt auch angewöhnt. –

Am Abend hatten wir noch einmal einen Bunten Abend, der recht nett war. – Für die Nacht hatten wir allerhand Feldzugpläne, wie wir die anderen Zelte anschmieren wollten, doch der Lagerführer machte uns einen Strich durch die Rechnung, indem er das Einschmieren verbot. –

Freitag, den 25. VIII. 1944

Heute früh, nachdem wir die Affen gepackt hatten, legten wir die Zelte um und schafften das Stroh in den Wald. – Um 11 Uhr marschierten wir nach Hornberg ab. Mit einem Kameraden zusammen schleppte ich den Koffer des Chefs hinunter. – Mit einer halben Stunde Verspätung fuhren wir ab; das Ergebnis war, daß in Villingen der Anschlußzug schon fort war. Also durften wir 3 Stunden warten. –

Nach 17 Tagen bekam ich einmal wieder eine Zeitung in die Hand. Sie enthält die neuesten Maßnahmen für den totalen Krieg: Theater, Varietes, Kabaretts u.s.w. werden geschlossen, nur noch Kinos bleiben. Die KdF-Truppenbetreuung wird eingestellt. – König Michael hat Antonescu beseitigt und Deutschland verraten. Die Rumänen haben gegen die vom König gebildete Regierung eine Nationalregierung aufgestellt! –

Auf der Weiterfahrt saßen wir mit den Mädchen vergnügt in einem Wagen zusammen. Verschiedene haben sich um meine Gunst bemüht - eine hat mir ganz gut gefallen! – Heute abend aßen wir in der »Blume«. –

25./26. VIII. 1944

Von ¼ 1–½ 2 Uhr war Alarm. Nach langem Überlegen zog ich mich an und legte mich angekleidet aufs Bett. –

Sonnabend, den 26. August 1944. Bad Cannstatt.

Den Vormittag über machte ich Besorgungen für die Heimfahrt nach hier. – In der Zeitung kommt heute eine gute Kritik über den Abend in Lauterbach. – Um 12.05 Uhr fuhr ich mit Herre, Bubeck und unserer GD Hanna zusammen hierher. –

Sonntag, den 27. VIII. 1944

Von 13.00-13.30 war Öffentliche Luftwarnung. – (...) Hermann Stehrs »Das letzte Kind« habe ich gelesen, eine recht phantastische Geschichte. –
Ich fand heute eine Zeitung mit dem Bericht von der Volksgerichtsverhandlung über die 8 Verbrecher des 20. Juni. Wenn die ans Ruder gekommen wären, hätte das deutsche Volk nichts mehr zu lachen gehabt. Das Volksgericht hat die Verbrecher zum Tod durch den Strang verurteilt. –

27./28. VIII. 1944

Von ¾ 1–½ 2 Uhr war Alarm. Wir suchten den Stollen auf. –

Montag, den 28. VIII. 1944

Am Nachmittag machte ich Besorgungen in Cannstatt. – (...) Am Abend war ich im Kino und sah mir den Film »Burgtheater« (Werner Krauß, Hans Moser) an. Der Film ist eine Parallele zu Goethes »Faust«. Er gefiel mir sehr gut. –

Dienstag, den 29. VIII. 1944

(...) Am Nachmittag fuhr ich nach Stuttgart und sah mir dort die Zerstörungen des 24., 25. und 26. Juli an. Es sieht trostlos aus. Stifts- und Leonhardskirche, Altes Schloß, Hohe Karls-schule, Marktplatz u.s.w. sind vollständig abgebrannt. Es ist ein Jammer. Ich war froh, wie ich wieder daheim war. – An der »Danziger Freiheit« traf ich den Fähnleinführer Ralph Müller aus Schwenningen, der mit mir auf dem Fohrenbühl war. –

Rottweil. Mittwoch, den 30. VIII. 1944

Heute früh um 6.09 Uhr fuhr ich wieder nach hier zurück. – Es kam heute eine Anzahl »Neuer«. Auch zu mir kam einer ins Zimmer. (KHS, 14 Jahre alt) Er stammt aus Darmstadt. Ich werd' mich nachher etwas näher an ihn heranmachen. –

Donnerstag, den 31. VIII. 1944

Um ½ 9 Uhr mußten wir in der DEO-Schule, deren Schüler wir vier ab jetzt sind, erscheinen. Die Flaggenhissung war kläglich! Anschließend nahm unser Klassenlehrer Bannführer (bestätigt) Brodbeck die Personalien auf und teilte die neuen Schulbücher aus. Wir sind ab heute Kl. 6 und werden mit »Sie« angespro-chen! (Wenn das nichts ist.)

Wegen der »Blume« gab es heute wieder einmal Scherereien. Fritz Herre und ich gingen mit einer Kostprobe des heutigen Fraßes, denn »Essen« kann man das ja nicht mehr nennen, zum Chef. Doch der half zum Fuchs, der gerade da war und sich furchtbar über unsere Beschwerde ärgerte. – Ich bin ja froh, daß ich ab morgen wieder im »Franziskaner« esse. –

Mit meinem neuen Quartierkameraden bin ich nicht ganz ein-verstanden, vor allem nicht auf politischem Gebiet; er gehört nämlich zu den »Lauen«. Ich sehe morgen zu - Fräulein Storz wird mir dabei helfen -, daß ich für ihn durch die Kreisleitung ein Quartier bekomme, so daß ich wieder alleine bin, oder wenn es nicht anders geht, ein gescheiter Kerl herein kommt! – Die Flag-genhissung der KLV ist schwer verregnet. Wir waren alle naß bis auf die Haut. – Anschließend hatten wir Führerbesprechung. –

Freitag, den 1. September 1944

5 Jahre Krieg! Und die Engländer stehen an der Somme und am Argonnenwald, in Italien bei Florenz, die Russen an der ostpreußischen Grenze, bei Warschau, an den Karpaten und in Rumänien. Bis jetzt trübe Aussichten! Doch haben wir in einem halben Jahr den Krieg gewonnen. – Heute früh hatten wir das 1. Mal in der Klasse 6 Schule. Die erste Stunde war Erdkunde bei Herrn Studienrat Volz, der einen guten Unterricht gibt. Auch Studienrat Schickhart gibt einen feinen Geschichtsunterricht. Studienrat Brodbeck vervollständigte statt Englisch noch einige Listen. Bei ihm hatten wir Turnen, wovon ich richtig begeistert war, und das will schon etwas heißen. Studienrat Münst gab einen recht populären Mathematikunterricht, der sehr leicht verständlich ist. Also ein netter Schulanfang. –

Mit meinem Quartierkameraden komme ich nicht besonders gut aus, weil wir zwei ganz verschiedene Charaktere sind. Einer von uns wird wohl weichen müssen – ihn lassen Faders nicht gehen, also gehe ich! – Ich habe heute abend wieder einmal alles satt. –

Sonnabend, den 2. September 1944

Ich habe die Konsequenz aus der Sache gezogen und bin, nachdem ich die Sache auf der Kreisleitung geregelt hatte (wobei ich erfuhr, daß der S. schon sich allerhand geleistet hat), in die Sprengergasse 10 zu Fräulein Hetzinger gezogen, wo es mir ganz gut gefällt. – (...)

Sonntag, den 3. September 1944

Heute vormittag war Jugendfilmstunde; »Träumerei«, ein wundervoller Film vom Kampf Robert Schumanns und seiner Frau Clara wurde gezeigt. Der Film enthielt ein Höchstmaß schauspielerischen Könnens. – (...)

Montag, den 4. September 1944

Heute erhielten wir eine neue Schreckensbotschaft: Finnland hat die diplomatischen Beziehungen zu Deutschland abgebrochen. – Die Engländer haben Lille, Verdun und Lyon besetzt. – Den ganzen Tag über war wunderschönes Wetter. Am Nachmittag ging ich etwas spazieren. –

An die Mutter, Rottweil, den 4. IX. 1944

Ich will dir nur kurz berichten, daß ich vorgestern umgezogen bin. Ich wohne jetzt Sprengergasse 10 bei Fräulein Hetzinger. Der Grund dazu ist, daß in das Zimmer bei Faders ein 2. hineinkam, der aber nicht ganz zuverlässig ist und sonst noch schlechte Eigenschaften besitzt. Auf der Kreisleitung erfuhr ich nachträglich, daß er sich allerhand geleistet hatte. –

Fülle mir bitte beiliegenden Zettel aus und schicke ihn mir so bald als möglich wieder zurück. –

Näheres schreibe ich dir in den nächsten Tagen ausführlich, heute ist die Zeit zu knapp. Das neue Quartier gefällt mir recht gut.

4./5.September 1944

Heute nacht war ¼ Stunde Fliegeralarm. Ich blieb im Bett. –

Dienstag, den 5. September 1944

Die letzte Stunde fiel heute wegen Fliegeralarms (Beginn 11) aus. Als die Bomber schon über Rottweil waren, wurde erst gewarnt. Über 100 4-motorige Bomber flogen in Richtung Stuttgart, wo sie auch abluden. Ein prächtiges Bild: die silbernen Vögel am tiefblauen Himmel. Kurz vor der Entwarnung flog ein einzelner tief über die Stadt und warf vor dem »Franziskaner« eine Sauerstoff-Flasche ab. –

Am Nachmittag hatten wir 3 Stunden chemische Arbeitsgemeinschaft. Es war ganz interessant. Als erstes chemisches Werk reduzierten wir Bleisuperoxyd zu Blei. –

Mittwoch, den 6. IX. 1944

Heute mittag kam der Nachwuchsoffizier Horb, Leutnant Maisch, zu uns. Ich geleitete ihn nach dem Essen zum Bann und holte dort den Bannführer ab. Dieser hielt an den KLV-Standort eine Ansprache im Hofe der DEO. – Morgen kommt Klasse 5 und 6 fort zum Westwalleinsatz. Ich bin nicht dabei; denn ich gehe erst mit KLV. Am Abend gingen Fritz Herre, Hanna Bauer und ich noch etwas miteinander spazieren. –

Donnerstag, den 7. IX. 1944

Unsere Klasse (6) kam heute doch nicht weg, sondern hatte Unterricht. Ich half aber auf unserem Rektorat beim Ausradieren der Stundenpläne, brauchte also nicht mitzumachen. Klünder, Bubeck und Herre waren auf der Kreisleitung als Kuriere eingesetzt. –

Gerhard Bromm geht, da er den Stellungsbefehl erhielt, am Sonntag von uns weg. Deshalb hatte ich mit Dieter Ottmar zusammen noch viel für einen Kameradschaftsabend im Saal der Brauerei »Pflug« am Samstag zu organisieren. – Am Abend ging ich mit Walter Bergdolt zusammen etwas spazieren. –

Ich gab heute einen Aufruf zu allgemeinen Mitarbeit an der KLV-Chronik, mit deren Zusammenstellung ich beauftragt wurde, heraus. – (…)

7./8. IX. 1944

Heute nacht war Fliegeralarm. Ich reagierte darauf, indem ich die Bettdecke über den Kopf zog. –

Infolge des Alarms hatten wir heute nur 2 Stunden Schule (Mathematik und Turnen). – Von ½ 12–¼ 13 Uhr war Alarm, bis ¼ 13 Uhr Öffentliche Luftwarnung. – Heute war es den ganzen Nachmittag über recht kühl. –

Fast den ganzen Nachmittag verbrachte ich im Saal der Brauerei »Pflug«, wo ich den Saal richten ließ und die Kulissen auf der Bühne richtete, eine Mordsarbeit. – Wenn diese verwahrloste Bühne dem KLV-Standort gehören würde, mit der könnte man allerhand anfangen! –

An den Vater, Rottweil, den 8. IX. 1944

Endlich habe ich etwas freie Zeit in dem sonst so arbeitsreichen Trubel gefunden, um Dir wieder einmal etwas ausführlicher zu schreiben. Sei mir nicht böse, daß ich Dich so lange auf Post von mir warten ließ. Wenn Du diesen Brief gelesen hast, wirst Du es verstehen.

Das schlechte Deutschzeugnis, über das Du Dich wunderst, kommt daher, daß ich auch meinen redlichen Teil dazugab, wenn es daran ging, Dr. Allmendinger zu ärgern. –

Ich will in meinem Bericht an den letzten Brief vom 1. August anschließen. Am 5. August bestand der Standort nur noch aus 6 Mann, deshalb wurde unsere Verpflegungsstelle geschlossen, und wir aßen in der NPEA, wo über die Ferien eine Luftschutzwache von 10 Mann ist. Das Essen ist dort ebenfalls ausgezeichnet, doch war für uns ein Nachteil vorhanden, nämlich, daß wir jeden Tag um 8 Uhr, 10 Uhr, um ½ 1 Uhr, 4 Uhr und um ½ 7 Uhr zum Essen erscheinen mußten. Durch diese viele Lauferei vertut man natürlich sehr viel Zeit.

Ich sah mir einen Film an: »3 tolle Mädels«. Er war so lustig, daß wir aus dem Lachen gar nicht mehr herauskamen - Geist steckt aber nicht viel drin. –

Am 9. August gingen die »traurigen« Überreste des KLV-Standortes auf den Fohrenbühl. Mit dem Wetter haben wir es dort oben fabelhaft erwischt; von uns hat es keinen gereut, daß wir 17 statt 10 Tagen oben blieben. Der tägliche Dienst im Lager war: Um ½ 7 Uhr Wecken, Frühsport, Waschen; um 7.30 war Zeltappell. Der Lagerführer ging mit einem Stecken durch die Zelte und wühlte im Stroh; wehe, wenn er dort Papier oder etwas anderes, was nicht hergehörte, fand. Anschließend war Flaggenhissen und Frühstück, und um ½ 9 begann der Tagesdienst mit Unterricht, einmal war Karten- und Kompaßkunde an der Reihe, oder Unterricht am KK-Gewehr. Geländekunde, Entfernungsschätzen, Geländebeurteilung und -beschreibung waren beliebte Themen. Um 10 Uhr wurde 1 Stunde lang exerziert, und anschließend ging es ins Gelände, um das Gelernte praktisch anzuwenden. Nach dem Mittagessen, um ½ 1 Uhr, war bis 2 Uhr Zeltruhe. Von 2–3 Uhr war wieder Unterricht über Themen wie »Friedrich der Große«, »Deutsche Kolonialpioniere« u.s.w. Von 3–5 Uhr trieben wir Sport und Spiel auf dem großen Platz vor dem Gedächtnishaus. Da wurde geboxt, Völker- und Raufball gespielt und Mannschaftswettkämpfe aller Art mit dem Medizinball durchgeführt. Nach dem Sport gab der Lagerführer noch eine politische Tagesübersicht. Um 6 Uhr war Flaggeneinholung, nach der das Abendessen folgte. Um 7 Uhr wurde noch gesungen, und ab ½ 9 Uhr war Waschen und Freizeit, um ½ 10 Uhr Zapfenstreich. – Das war also gewöhnlich der Tagesplan dort oben, und nur einmal war etwas anders.

(…) Der Mittwoch sah mich noch bei den letzten Vorbereitungen für den Lauterbacher Abend. Am Nachmittag hatte ich etwas Lampenfieber, das ist schon zu verstehen, denn schließlich war das ja mein erster öffentlicher Abend, den ich geleitet habe. Da mich noch einer ärgerte, wurde ich sehr nervös, zum Glück war unsere KLV-Gesundheitsdienstführerin Hanna Bauer gleich mit einigen wirksamen Beruhigungspillen zur Hand. – Der Abend wurde ein großer Erfolg. Ich lege Dir die Zeitungskritik bei; schicke sie mir bitte wieder zurück. – Der 24. VIII. brachte für mich ein freudiges Ereignis. Unser KLV-Standortführer Gerhard Bromm brachte mir die Nachricht, daß ich rückwirkend vom 21. 6. zum Rottenführer befördert worden bin. Der 1. Schritt auf dieser Leiter wäre also getan. Seit diesem Tag trage ich neben der roten Litze, die den Kriegsfreiwilligen erkennen läßt, eine silberne Litze auf der Schulterklappe. Zur Einweihung meiner Würde bekam ich gleich das unangenehmste Geschäft des Tages. Ich hatte den Lehrgang beim Ausräumen von mehreren Zentnern faulen Krauts zu beaufsichtigen. Gut hat er es dabei bestimmt nicht gehabt; denn ich verfuhr nach dem Fohrenbühlprinzip: Wer nicht schnell macht, rennt einige Runden ums Haus, oder wenn der Lehrgang nicht schnell genug ist, rennt alles an den Waldrand und macht mit dem Boden Bekanntschaft. Außerdem ist es unter den Zugführern dort oben Mode, daß sich in der Stärke des Organs keiner von anderen unterkriegen lassen will. Dabei habe ich auch nicht gleich meinen Meister gefunden; denn ich hatte manchmal Gelegenheit zum Üben. Manchmal hatte ich nämlich schon das Kommando über den ganzen Lehrgang. – (…)

Heute kam der Rest der »Neuen« für die 1. Klasse. Ein 5.Klässler kam auch, und den legte mir die Kreisleitung ins Zimmer, da dies als Doppelquartier gilt. Derjenige ist so einer von dem bestimmten Schlag, bei deren Anblick mir schon die Galle hochkommt. Lange Haare, er jazzt u.s.w.. Neugierig ist er außerdem furchtbar; er hatte mir gleich am 1. Nachmittag sämtliche Sachen durchgestiert. – Ich sprach mit Faders darüber, ob es nicht besser sei, wenn man ihn bei der Kreisleitung gegen einen anderen austausche. Faders waren dagegen,»aus Rücksicht auf dessen 70 % kriegsbeschädigten Vater«, sagten sie.»Wenn es mir nicht passe«, sagte Frau Fader,»könne ich ja ausziehen.« (Über dieses Wort hat sie sich aber noch geärgert und wird es auch bereuen.) Ich zog die Konsequenz, fragte auf der Kreisleitung nach einem neuen Quartier, und da ich dort sehr gut und auch zu meinem Vorteil bekannt bin, der andere sich aber gleich der Quartiervermittlerin gegenüber einige Frechheiten erlaubt hatte, kam man meinem Wunsch entgegen. Ich sagte Faders Bescheid, bedankte mich auch noch einmal bei ihnen; denn ich hatte es gut dort, und zog am 2. September hierher zu zwei netten Fräuleins namens Hetzinger in der Sprengergasse 10. Mein Zimmer ist klein, doch es gefällt mir besser als das letzte. Ich fühle mich hier auch wieder ganz wohl. –

Seit Donnerstag (31. VIII.) haben wir wieder Schule. Ich gehe mit meinen 3 Kameraden, die auch von der HJ reklamiert sind, in die Klasse 6 der Dietrich-Eckart-Oberschule. Von jetzt ab reden uns die Lehrer mit »Sie« an. (…) Unser Klassenlehrer ist ein bestätigter Bannführer. Er heißt Brodbeck und gibt das Turnen (3 Stunden) und Englisch (3 Stunden). Sein Unterricht gefällt uns sehr. Physik und Mathematik haben wir bei Herrn Studienrat Münst, dem stellvertretenden Schulleiter. Er liebt es, recht kindliche Beispiele zu bringen, und möchte auch gerne witzig sein, doch gelingt es ihm nicht immer. Seine Spezialität sind Parabeln und quadratische Gleichungen. Studienrat Schickhardt gibt uns einen wunderbaren Geschichtsunterricht. Bei Studienrat Betz haben wir Deutsch, bei Studienrat Schott Biologie, bei Studienrat Volz Erdkunde und Chemie, bei Studienrat Haber, einem etwas seltsamen Mann: Latein. –

Ich bin in der chemisch-biologischen Arbeitsgemeinschaft (eine französische und eine physikalisch-mathematische wurden nicht aufgemacht). Die, in der ich bin, interessiert mich auch am meisten. Wir haben dadurch alle 14 Tage 3 Stunden praktische Chemie und alle 14 Tage 3 Stunden praktische Biologie, d. h. also wir arbeiten selber mit Chemikalien oder Mikroskopen. – (…)

Doch nun muß ich schließen, es ist 23 Uhr – Zeit ins Bett. Hoffentlich habe ich hiermit meine Briefschuld gesühnt.

Sonnabend, den 9. IX. 1944

Heute erhielt ich den Bereitstellungsbefehl für den Westwalleinsatz. Ich kann also von heute 12.00 Uhr ab jederzeit geholt werden. –

Am Nachmittag hatte ich noch Spielbesprechung mit den Spielern für heute abend. –

Der Abend wurde ein stürmischer Erfolg. – Anschließend gab es Himbeersaft mit Sprudel und für jeden 1 Stück Zopf. Um ½ 11 Uhr kam ich dann nach Hause. –

Von 11–12 Uhr war Fliegeralarm. Über 1000 Flugzeuge überflogen im Schutze der tiefliegenden Wolkendecke die Stadt. – Wie wir später erfuhren, warfen sie Bomben auf Feuerbach und Zuffenhausen. Am Nachmittag sah ich mir den Film »Der Majoratsherr«, in dem Willy Birgel die Hauptrolle spielt, an. Er geht sehr auf das Gemüt. Im Beiprogramm war ein feiner Film vom Tierleben auf der Rominter Heide. – Anschließend ging ich noch eine Stunde spazieren. –

Montag, den 11. IX. 1944

Heute nachmittag in der Jugendfilmstunde sahen wir die gleichen Filme wie gestern. –
Am Abend war ich in einer Parteifeierstunde, die von Angehörigen der Flak veranstaltet wurde. Sie war sehr eindrucksvoll. – Wie ich den Saal verließ, kam einer der Jüngsten der NPEA zu mir gerannt und begrüßte mich, er kam mir bekannt vor, doch wußte ich nicht mehr, wo ich ihn gesehen hatte; auf mein Befragen erklärte er mir, daß er auf dem Fohrenbühl, Lehrgang 6, war. – Wie ich mich jetzt erinnere, war er einer von denen, die geistig etwas auf der Höhe waren – er war nur ein bissel frech – sonst aber ein netter Kerl. –

An die Mutter, Rottweil, den 11. IX. 1944

Habe meinen herzlichen Dank für Deinen lieben Brief vom 6. IX. 44. –
Die Nachricht vom Tod Herrn Möhrles hat mich sehr erschüttert; wer hätte daran gedacht, wo er doch schon so viele Feldzüge mitgemacht hatte. –
Der Tod hält jetzt reich Ernte. – Unsere Verbündeten fallen von uns ab – jetzt erst fängt der Krieg richtig an, und wir Älteren des KLV-Standortes haben uns schon oft brennend ge-

wünscht, ein Gewehr in die Hand zu nehmen und auch unsere Pflicht zu tun. Falle, wer fallen mag. Doch geht es eben nicht so, wie wir es wünschen. Aber wir dürfen auch für den deutschen Endsieg kämpfen, nicht mit der Waffe, sondern mit dem Spaten, um unseren Truppen gute Stellungen zu schaffen, auf die sie sich verlassen können. Unseren Bereitstellungsbefehl haben wir schon. Ab Sonnabend, 9. IX., müssen wir uns bereithalten und können jederzeit einberufen werden. Dem leuchtenden Vorbild, das uns das ostpreußische Volk gab, werden wir folgen und es, wenn es sein muß, sogar noch überbieten. Aus diesem Grund komme jetzt bitte nicht nach Rottweil; denn wenn unter Umständen Not am Mann ist, kommt auch Dietrich fort. Vorerst sind nur Jahrgang 28 und 29 dazu ausersehen. –

Unterdessen hat Stuttgart (in Rottweil »Schuttgart« genannt) ja schon wieder einen britischen Bombersegen bekommen. Gestern überflogen 1000 Flugzeuge im Schutz der tiefliegenden Wolkendecke Rottweil (wollen wir nicht hoffen, daß hieraus eines Tages ein »Schrottweil« gemacht wird!)-

Daß Eugen Sommer einberufen wurde, wundert mich gar nicht. Er wird sich zur SS-Division »Hitlerjugend« gemeldet haben. Dort wird man schon mit 16½ einberufen. –

Für die Schulgelderklärung habe meinen herzlichen Dank. Ebenfalls für die Tomaten. (…) Wenn du einmal Zeit hast, suche mir bitte das Buch »Ewiges Deutschland« hervor, da ich es demnächst zur Gestaltung einer Feierstunde brauche.

Dienstag, den 12. September 1944

In der Musik spielte uns Herr Bezner Motive aus dem Film »Träumerei« vor, vor allem die Träumerei selbst. –

Wir erhielten heute mittag unseren Einberufungsbefehl für den Westwalleinsatz. Von morgen früh 8 Uhr ab müssen wir so bereit sein, daß wir jeden Augenblick in Marsch gesetzt werden können. – Zur Vervollständigung meiner Ausrüstung besorgte ich mir auf der SA-Standarte einen SA-Mantel und eine SA-Hose. –

Von 14.00–14.30 war Fliegeralarm. –

Die zweite Stunde (eine 1. hätten wir heute nicht gehabt) fiel aus, weil heute nacht Fliegeralarm war. Das feindliche Ziel war Stuttgart. Ich habe von allem nichts gehört, sondern so fest geschlafen. –

Statt in die Schule zu gehen, erhielt ich vom Chef den Auftrag, mit 4 Mann an die Neckarburg zu gehen, um dort Gemüse zu holen. Als ich dies erfuhr, waren die 4 schon fort. Als ich den halben Weg gegangen war, wurde in Rottweil Alarm gegeben. Es kamen gegen 1000 Bombenflugzeuge, die ungefähr über der Neckarburg einen großen Bogen beschrieben und in Richtung Stuttgart flogen. Dort hörte man es bald darauf tüchtig rummsen. Die 4 Mann mit dem Wagen waren kurz vor mir angekommen. Als wir auf dem Gutshof standen, kamen ungefähr noch einmal 70 Bomber mit Jagdschutz, darunter auch Doppelrümpfe (Lightnings). Wir gingen hinaus aufs Feld und machten dort Kraut und Rote Rüben heraus. Nach vollbrachter Arbeit erhielten wir einen großen Krug Most und jeder eine Scheibe Bauernbrot. Ich trank 5 Gläser Most. Auf dem Heimweg waren wir alle etwas unsicher im Gehen und ungemein lustig. Nach einer längeren Rast gelangten wir um 4 Uhr nach Rottweil und aßen zu Mittag. –

Heute war den ganzen Tag schönes Wetter. Am Abend saßen wir noch etwas im Revier. Als wir heimgingen, regnete es etwas. –

Donnerstag, den 14. IX. 1944

Am frühen Nachmittag durchzog ein etwa halbstündiger Zug von Karren mit Marinesoldaten beladen, die von der südfranzösischen Küste kamen, die Stadt. Ihre Ausrüstung war recht bunt. Die Karren waren zum größten Teil zweirädrige mit hohen Rädern, zum Teil aber auch Herrschaftskutschen u.s.w. –
Das neueste Gerücht ist, daß wir nicht an den Westwall sondern in SA-Lager kämen, wo wir im Schießen ausgebildet werden sollen. Das wäre ja ganz schön! –

Freitag, den 15. IX. 1944

Heute nachmittag war Standortübergabe: nach außen vertritt
Walter Bubeck den Standort, nach innen Dieter Ottmar. – Den
Posten eines H'lmfs hat man nicht mehr besetzt. –

Sonnabend, den 16. IX. 1944

Am Nachmittag ging ich mit einem recht netten Jungen, Frietjof Pahl, Kl. 1b, über die Siedlung nach Zimmern, von dort in
Richtung Horgen bis zum Horgener Steinbruch. Dort kehrten
wir um und gingen zwischen Zimmern und Hausen hindurch
zur Straße Hausen-Rottweil. Es war ein wunderschöner Nachmittag, auch das Wetter war recht schön. –

Sonntag, den 17. IX. 1944

Nachdem ich einen kleinen Vormittagsspaziergang gemacht
hatte, besuchte ich kurz das Heimatmuseum. Am Nachmittag
ging ich mit Frietjof Pahl zur Neckarburg; es war ein wunderschöner Spaziergang. Heute war es bewölkt, doch sah die Sonne ab und zu hindurch. – Am Abend war ein Gewitter. –

Montag, den 18. IX. 1944

Am Vormittag hatten wir noch einmal Schule. Am Nachmittag
mußten wir hinter der DEO antreten. Wir machen von jetzt ab
bis zu unserer Abfahrt an den Westwall nur noch HJ-Dienst.
Als erstes gingen wir ins Kino, um dort die Wochenschau und
einen wunderschönen Film über die Murmeltiere zu sehen.
Anschließend war Allgemeine Belehrung und Singen durch
den Bannführer. –

Dienstag, den 19. IX. 44

Am Vormittag trieben wir etwas Schlauchdienst und sangen. Dann war bis 11 Uhr Zielübung. – Am Nachmittag übernahm Hauptgefolgschaftsführer Rühle das Lager. – Wir mußten neben der DEO Wasserrohrgräben ausheben. Die Abteilung war in 3 Gruppen eingeteilt. Jede arbeitete 1 Stunde und ruhte 2 Stunden aus. So kann man es aushalten. – Heute war ich i. V. Saalobmann Saal 2 im »Franziskaner«. – Den ganzen Tag über war schönes Wetter. – Am Abend war Führerbesprechung. –

Mittwoch, den 20. IX. 1944

Am Vormittag arbeiteten wir bei strömendem Regen an der Baustelle. Am Nachmittag war sie so weit aufgeweicht, daß die 2. Gruppe nicht mehr arbeiten konnte. Dafür durfte jeder 1 Schuß mit dem Karabiner (Platzpatronen) abgeben. Das war fein. – Am Vormittag hielt uns der Kreisleiter einen fabelhaften Schulungsvortrag. –

Am Abend war ich im Kino und sah mir den Film »Wen die Götter lieben« an. Er handelt um Mozart. Ein ergreifendes Meisterstück der Filmkunst. –

Donnerstag, den 21. IX. 1944

Heute vormittag machte ich den Kurier auf dem Bann, die restliche Zeit verbrachte ich im Revier. – Am Nachmittag half ich auf dem Gesundheitsamt beim Wiegen und Messen der Klassen 1, 2, 3, 4. Da sind feine Kerle dabei! –

Am Abend war ich noch einige Zeit auf der Kreisleitung (Zimmer Anmeldung). –

Morgen nachmittag um 17.02 fährt unser Zug in Richtung Horb ab. Zu dumm, daß ich einen heftigen Schnupfen habe. –

An die Mutter, Ansichtskarte (Porträt Generalfeldmarschall Busch),
Rottweil, den 21. IX. 1944

Habe meinen herzlichen Dank für Deinen lieben Brief und das
Paket mit den schönen Sachen. Nur schade, daß der größte Teil
der Tomaten zerdrückt war und die Birnen alle verfault. Die anderen Sachen haben mir aber trotzdem gut geschmeckt. Morgen geht es fort in den Westen. Näheres schreib ich Dir von
dort.

Auf der Fahrt. Freitag, den 22. IX. 1944

Heute früh traten wir mit Gepäck im Hof der DEO an. Es wurde aber nichts mehr unternommen. Um ¼ 5 Uhr kam endlich
der Sonderzug, und wir gingen im Laufschritt zum Bahnhof,
wo wir vom Bannführer verabschiedet wurden. Um ¼ 6 Uhr
fuhr der Zug aus dem Bahnhof. In Horb hielt er das 1. Mal. Dort
stiegen die »Schipper« vom Bann Horb zu. –

In Hochdorf, der ersten Station auf der Strecke nach Freudenstadt, hielten wir 2 Stunden lang und empfingen für 3 Tage
Marschverpflegung: 1 Pfund Fleischwurst, 200 gr Butter, 2 Brote, 1 Packung Bonbons und 1 Packung Kekse. Außerdem gab es
noch eine gute Nudelsuppe. – Gegen 9 Uhr, es war bereits dunkel, fuhr der Zug weiter in Richtung Nagold. In Pforzheim
standen wir wieder zwei Stunden. Dort aßen wir unsere Kekse
und Bonbons. –

Sonnabend, den 23. IX. 44. Baden-Oos.

Kurz nach 1 Uhr ging es weiter. In Durlach und Karlsruhe hielten wir je 5 Minuten. Auf beiden Bahnhöfen waren Bombentrichter. Die nächste größere Station, die wir durchfuhren, war
Rastatt. In Baden-Oos stiegen wir aus, es war ungefähr ¼ 4 Uhr,
und marschierten durch die nächtlichen Straßen zur Albert-
Leo-Schlageter-Schule. Nachdem wir in die einzelnen Klassen-

zimmer verteilt worden waren, legten wir uns, so wie wir waren, aufs Stroh und schliefen sofort ein. –

Am Morgen standen wir um ½ 9 Uhr auf. Draußen regnete es. Die Verteilung auf die Zimmer wurde endgültig geregelt, deshalb zogen auch wir noch einmal um. Dann richteten wir uns das Zimmer gut ein. Eine der 1. Handlungen dabei war, daß wir das große Kruzifix, das dort in jedem Zimmer hängt, entfernten. – Den ganzen Nachmittag hatten wir nichts zu tun. Deshalb beschäftigten wir uns eingehend mit unserer Marschverpflegung. Ich gründete eine Fromme Brüderschaft, in deren Ordensregeln auch steht, daß man sich möglichst wenig wasche. –

An die Mutter, Karte, Baden-Oos, 23. IX. 44
Absenderanschrift: Einsatzgruppe VII Bann 425
(14) Rottweil Königstraße 63

Gestern nachmittag um ½ 6 Uhr fuhr unser Transport, (…) Wir waren alle recht gut gelaunt. (…) In Hochdorf, eine Station nach Eutingen (Richtung Freudenstadt) hatten wir über eine Stunde Aufenthalt. Es wurde für 3 Tage Marschverpflegung ausgegeben. Lauter feine Sachen. – (…) Eigentlich sollten wir nach Kehl. – Weiteres schreibe ich Dir demnächst ausführlich.

Sonntag, den 24. September 1944

Heute früh machten wir Ordnungsübungen. – Von ½–¼ 1 Uhr war Öffentliche Luftwarnung. Am Nachmittag hatten wir Ausgang nach Baden-Baden. Es gefällt mir nicht so sonderlich. Nur die Trinkhallen, das Kurtheater und die Luxushotels lassen die Badestadt erkennen. Auf dem Rückweg fuhren wir, weil es regnete, mit der Straßenbahn. – Am Abend hatten wir von ½ 7–7 Uhr Öffentliche Luftwarnung. –

An den Vater, Baden-Oos, den 24. September 1944
Anschrift: 3. Schar Einsatzgefolgschaft 3 Bann 425
Rottweil Königstr. 63

(…) Es wird gerade davon diskutiert, daß wir weiter nach vorn kämen.– – – Seit Montag befanden wir uns, statt in der Schule, in einem Ausbildungslager, das in der DEO stationiert war. Die Leute behaupteten alle, wir hätten dort »Ausbildung zum Heckenschützen«. – Schießunterricht hatten wir auch; einmal durften wir sogar mit Platzpatronen mit K 98 schießen. Das war pfundig. Sonst schippten wir in Rottweil - Wasserrohrgräben. Jeden Morgen hatten wir 1 Stunde Anschauungsunterricht, einmal auch vom Kreisleiter.(…) In Hochdorf (…) hielten wir zwei Stunden und empfingen Marschverpflegung, die bis heute abend reichen mußte: (…) Keks und Bonbons hatten wir fast alle schon bis Pforzheim gegessen. – Als es dunkel war, ging es (…) weiter (…). Wir kamen gestern früh um 4 Uhr hier an. (…). Um 9 Uhr wurden wir endgültig in den einzelnen Zimmern untergebracht und richteten uns ein. Dazu gehörte als erstes, daß wir das große Kruzifix, das hier in jedem Klassenzimmer hängt, abnahmen und das Führerbild an seine Stelle hängten. – Heute (…) Nachmittag hatten wir Ausgang; ich benützte die Gelegenheit, um mir Baden-Baden etwas anzusehen. (…) Mit den Thermalquellen habe ich auch schon Bekanntschaft gemacht. Als ich trinken wollte, habe ich mir die Finger verbrüht. (…) Jetzt bin ich nur neugierig, ob das mit der Verlegung stimmt. Eigentlich sollten wir ja nach Kehl kommen, aber dorthin sind die Bahnlinien zerstört. – – –

Warum läßt Du so lange nichts mehr von Dir hören, bist Du etwa auch im Westwalleinsatz?

NS: Neue Anschrift beachten!

Montag, den 25. September 1944. Illingen

Heute nacht war ein heftiger Sturm. – Am Vormittag marschierte der ganze Westeinsatz in ein 4 km entferntes Dorf,

Haueneberstein. Auf dem Rückmarsch wurden wir von Fliegeralarm überrascht. Die Marschkolonne wurde auf beide Straßenseiten verteilt und dort auf einen Abstand von 10 m zwischen den einzelnen auseinandergezogen. Bald waren Motorengeräusche und das Schießen der Flak zu hören. Das letzte Stück zu dem Hohlweg, in dem wir bei Alarm Schutz suchten, machten wir im Dauerlauf. Dort blieben wir bis zur Entwarnung. –

Nach dem Mittagessen erfuhren wir, daß wir im Laufe des Nachmittags zu unseren Einsatzorten kommen sollen - doch leider nicht mit der NPEA, wie wir es gewünscht hatten, zusammen. Kurrle und Becker, der Führer der NPEA-Abteilung, versuchten es zwar noch einmal durchzusetzen, doch es gelang ihnen leider nicht. – Bald war gepackt, und nach langem Warten wurden wir auf den Anhänger eines Lastwagens verladen, und ab ging die Fahrt in Richtung Rastatt. Was mir in den Dörfern auffiel: Die vorherrschende Hausform ist die elsässische. Nach 20 Minuten Fahrt gelangten wir nach Illingen, wo wir ausstiegen. –

Zuerst gab es der Quartiere wegen erst einmal Streitereien mit dem Ortsgruppenleiter. Schließlich wurden 10 Mann von uns in einem undichten Zelt hinter dem Schulhaus und die übrigen 26 in einer kleinen Werkstatt der Flieger-HJ im Schulhaus untergebracht. Ich lag unter einem Tisch mit 5 anderen zusammen. Auf dem Tisch lagen auch 6 Mann. – Eine recht beschränkte Angelegenheit. –

Dienstag, den 26. September 1944. Elchesheim

Heute regnete es den ganzen Tag. – Am frühen Vormittag interessierte ich mich für die Bunker in der Nähe des Dorfes. – Anschließend mußten wir hinter dem Schulhaus eine Latrine graben. –

Am Nachmittag machten wir (12 Mann hoch) einen kleinen Spaziergang den »alten Rhein«, einen toten Arm des Rheins entlang. Die Landschaft um dieses Altwasser ist außerordentlich reizvoll. Als wir dann übermütig wurden, versenkten wir noch 4 Nachen, die am Ufer lagen. (*Randnotiz:* Die Sache hat noch ein tolles Nachspiel gehabt, kann aber des Platz- und Zeitmangels halber nicht geschildert werden.) Um 18 Uhr zogen wir dann um nach Elchesheim, das von Illingen 1 km entfernt ist. Dort wurden 16 Mann, darunter auch ich, im Nebenzimmer des Gasthauses zum Hirsch und 20 Mann in einem Zimmer des Rathauses, das gleich gegenüberliegt, untergebracht. –

26./27 IX.1944

In der Nacht war 2mal Fliegeralarm. Ungeheuer viele feindliche Bomber überflogen uns. Die Flak schoß heftig. Nach dem Alarm war der Himmel in Richtung Karlsruhe vom Brand gerötet. –

Mittwoch, den 27. September 1944

Um ½ 6 Uhr war Wecken. Um 7 rückten wir von Illingen an die Baustelle am Rhein. Mächtige Schleppdampfer, mit großen beladenen Kähnen hinter sich, fuhren langsam an uns vorüber, den Rhein hinauf. –

Unsere Aufgabe war, Stellungen, die bereits fertig waren, zu tarnen. Ich fuhr, als ich beim Bauleiter Arbeitsgeräte holte, mit dem Nachen 6mal über den alten Rhein. Während dieser Zeit war Fliegeralarm. In der Ferne war die Flak zu hören. Das Essen wurde uns in die Stellungen gebracht. Am Nachmittag war wieder Alarm: Schwerste Bomberverbände überflogen uns. Später flogen 12 Jabos ziemlich tief über uns hinweg, da sind wir aber verschwunden! – Als wir nach Feierabend heimgingen, hörten wir die Flak schießen und hörten feindliche Jäger im Sturzflug heruntergehen. –

Donnerstag, den 28. September 1944

Heute nacht wurden wir alle tüchtig von Mücken gestochen. – Am Vormittag fuhr ich mit zwei Kameraden zusammen auf dem alten Rhein umher. Die anderen holten so lange das Gerät am Rhein. Unsere heutige Beschäftigung bestand darin, am Hochwasserdamm bei Bunker 715 Bäume zu fällen. Es gab wieder Alarm. Die Flak schoß heftig nach Tieffliegern. – Im Wald gibt es hier viele Einbeeren. – Als wir am Morgen ausmarschierten, sahen wir den Elchesheimer Schweinehirten. Er zog mit einem Horn durch die Straßen und blies. Aus den Häusern rannten dann die Schweine heraus. – Am Abend, als wir über den Hochwasserdamm heimgingen, überflogen uns 40 Mustangs. –

Nach dem Abendessen wanderte ich mit einem Kameraden zusammen nach dem 4 km entfernten Nachbarort Steinmauern, wo wir die Kameraden von der NPEA besuchten. – Auf dem Rückweg schien ein wunderbarer Vollmond, und aus den Wiesen stiegen weiße Nebelschleier. –

Freitag, den 29. September 1944

Heute früh war es nebelig. Mit einem Kameraden zusammen ging ich zum Bauführer, um dort Geräte zu holen. Auf dem Weg dorthin fand ich eine Stelle, wo auf 1½ qm 145 Tintenschöpflinge wuchsen; schade, daß ich keine Verwendung dafür hatte. – Als wir auf dem Rückweg waren, gaben die Sirenen Fliegeralarm. Die Flak schoß. Wir hörten Luftkämpfe. –

Am Nachmittag war die ganze Zeit Öffentliche Luftwarnung und blauer Himmel. – Am Abend, gegen 21 Uhr, wurde wieder Alarm gegeben. Als wir hinaussahen, stand am Himmel eine ganze Reihe »Christbäume«. Schnell verließen wir das Haus und rannten aufs freie Feld. Der Luftdruck von Bombenexplosionen war zu verspüren. Die Flak schoß tüchtig. Der Vollmond schien wunderbar am klaren Sternenhimmel. –

223

Sonnabend, den 30. September 1944

Früh war der Himmel bewölkt. Es war ziemlich kalt. Auf den Telegraphendrähten saßen die Schwalben und machten sich zum Abflug fertig. – Am frühen Vormittag war Alarm. Die Flak schoß. Etwas später flogen Tiefflieger über uns weg. – Gegen Mittag wurde wieder Alarm gegeben. Auch diesmal schoß die Flak. – Vor dem Essen regnete es einmal kurz. – Nach dem Essen war ich Luftspäher. Es gab wieder Alarm. – Später half ich, die gefällten Bäume aus dem Wald zu tragen. – Am Abend besuchten uns »Bruder Becker« und »Bruder Jockele« von der NPEA. Wir geleiteten sie wieder nach Steinmauern zurück. –

An den Bruder in Rottweil,
Elchesheim (Baden), den 30. IX. 1944

Ich weiß nicht, wann ich meinen ersten Brief aus dem Westeinsatz an Dich geschrieben habe - jedenfalls war es noch in Baden-Oos. (…) Am Montagmorgen marschierten wir in einen benachbarten Ort; auf dem Rückweg wurden wir von Fliegeralarm überrascht. Motorengeräusche waren zu hören. Daraufhin wurden die 300 Mann auf 100 m Entfernung auseinandergezogen, und alles ging im Straßengraben. Hier sind übrigens auf beiden Seiten der Straße in je 100 m Entfernung Deckungslöcher von 2 m Tiefe , 2 m Länge und 80 cm Breite gegraben. Am Abend wurden die einzelnen Einsatzgefolgschaften in ihre Einsatzorte verlegt. (…) Wir wurden auf Lastwagen verladen (36 Mann auf einen Anhänger) und kamen über Rastatt nach Illingen, einem kleinen Dörfchen an einem toten Arm des Rheins. (Wenn Du es auf der Karte finden willst, es liegt 10 km südlich der Stelle, wo die alte deutsche Grenze (vor 39) über den Rhein geht.)- Sehr auffallend ist hier, daß die Dörfer ganz anders sind. Sie sind viel ärmer als die schmucken schwäbischen Dörfer. Meistens besitzen die Häuser nur 1 Küche und 1 Stube und hinten eine winzige Scheuer mit Stall. Sie reichen meist kaum mit dem Giebel über den Hochwasserdamm, der am Dorf vorbeiführt. – (…) Am Dienstagmorgen bauten wir bei strömendem Regen eine Frei-licht- und luftlatrine. Am Nachmittag spazierten wir den alten Rhein entlang. Dort ist die Gegend außerordentlich reizvoll, eine richtige Auenlandschaft. (…) Am Abend zogen wir der Abwechslung halber nach hier (…) Bei uns ist eine fabelhafte Stubenkameradschaft. – In der nächsten Nacht war ein Angriff auf Karlsruhe. Der Himmel war vom Brand so rot, daß wir lesen konnten. Die Flak in unserer Nähe schoß tüchtig. – Am Mittwoch gingen wir das erste Mal an den Rhein zu unserer Baustelle. Dort ist der Rhein 250 m breit und hat allerhand Strömung. Es kommen öfters Schleppzüge mit 3 oder 4 Kähnen den Rhein hinauf oder hinunter, ein wunderbarer Anblick. Unsere Arbeit war das Tarnen der bereits ausgehobenen Stellungen. – – – pst! – – – (…) Am Donnerstag stellten wir alle mit Schrecken fest, daß wir alle tüchtig von Mücken zerstochen waren. Ich zählte an der rechten Hand allein 26 Stiche, die andere Hand und das Gesicht sahen nicht viel besser aus. – Wir wurden an diesem Tag mit der Bevölkerung zusammen eingesetzt. Da wir aber so lange auf unsere Leute warten mußten, gingen wir an den alten Rhein. Dort waren zwei Kähne an einen Stein angeschlossen - wir hoben den Stein in einen der Kähne und fuhren auf dem alten Rhein spazieren. – Als unsere Leute kamen, kam gleichzeitig ein Fischer angerannt und fing an zu toben: »es lief aber alles wie Wasser an uns ab.« Dann mußten wir Bäume für Faschinen fällen. Wir fällten natürlich die schönsten und geradesten, worüber sich der Forstwart nicht gerade freute. (…) Bei uns sind dauernd feindliche Flieger zu sehen und zu hören. Dagegen habe ich bis jetzt nur 1 deutsches Flugzeug gesehen. – Von der deutschen Luftherrschaft hab' ich bis jetzt leider noch nichts gesehen. – (…)

Am 29. September abends um 9 Uhr, als wir gerade in der Falle lagen, hörten wir es draußen tüchtig böllern und brummen. Der Luftdruck von Explosionen war zu verspüren. In Richtung Karlsruhe fielen »Christbäume«. Es war aber nur ein Scheinangriff. – (…)
Heute nachmittag regnet es wieder. Da ist morgen alles wieder aufgeweicht. –

Sonntag, den 1. Oktober 1944

Am Vormittag arbeiteten wir auch wieder und sägten und spitzten die Stämme zu Pfählen zurecht. – Am Nachmittag mußten wir bei einem Fußballspiel Gefolgschaft 2 gegen Dorfjugend Illingen zuschauen. Gefolgschaft 2 verlor haushoch. Wir waren an dem Spiel recht wenig interessiert. – Am späten Nachmittag sprach SS-Obersturmführer Sonnenfroh zu uns und warb für die Waffen-SS. –

Montag, den 2. Oktober 1944

Heute nacht wurde die Winterzeit eingeführt, d. h. die Uhr 1 Stunde zurückgestellt. Da wir das nicht wußten, standen wir 1 Stunde zu früh auf. – Unsere Beschäftigung am Vormittag war das Heraustragen der Kronen gefällter Bäume, die zum Faschinieren verwendet werden. Dazu nahmen wir uns aber ausgiebig Zeit. – Alarm hatten wir auch wieder; die Flak schoß. –
Am Nachmittag fällten wir wieder Bäume. Gegen Abend erschienen Tiefflieger. Die Flak ließ sich hören. – Am Abend fingen wir einen, der im Rathaus schläft und der große Angst vor »Gespenstern und sonstigem Gesindel« hat, ab und schmierten ihn mit Schuhkrem ein. –

Dienstag, den 3. Oktober 1944

Heute nacht schlichen wir zum Rathaus hinüber, zwei gingen hinauf und schmierten den, den wir gestern abend eingeschmiert hatten, noch einmal ein. – Heute hatten wir wundervollen blauen Himmel - ich amtierte als Luftspäher und Bunkerwart. Am Vormittag kamen wieder Tiefflieger. Die Flak schoß. Große Bündel von Aluminiumstreifen schwebten herab. Später war Alarm. Bomberverbände überflogen uns und warfen in Gaggenau und Umgebung Bomben. Die Flak war auch diesmal nicht untätig. – Gegen Mittag flogen 4 englische Jäger in 2–300 m Höhe über unseren Bunker in Richtung Schwarzwald weg. Da sind wir aber gerannt! –

Mittwoch, den 4. Oktober 1944

Heute regnete es. – Ich war wieder Bunkerwart und Luftspäher. – Am Abend war Alarm. – Nach dem Essen gingen Kurrle und ich nach Steinmauern zu unseren Freunden von der NPEA. –

Donnerstag, den 5. Oktober 1944

Auch heute war ich wieder Bunkerwart. Das Wetter war naßkalt. Da es mir schlecht war, legte ich mich lange Zeit in den Bunker und schlief. – Als ich am Abend über den Hochwasserdamm heimging, sah ich ein Rebhuhn. Wir hatten einen starken Nordostwind. – Um 21 Uhr war Alarm. –

An die Mutter, Elchesheim Kreis Rastatt, den 5. Oktober 1944

Habe meinen herzlichen Dank für Deinen lieben Brief vom 27. IX. 1944. Zu dumm, daß Du am Samstag umsonst nach Rottweil gefahren bist. Du siehst, der Brief hat mich erreicht, obwohl wir inzwischen die 3. Anschrift haben. –

Über die Nachricht, daß Fräulein Hausdörfer bomben-geschädigt und die Mörikebücherei abgebrannt ist, war ich sehr bestürzt. Fräulein Hausdörfer hatte doch ein so hübsches Heim – bis es erst so weit war. (…) Jetzt will ich Dir einmal berichten, was seit 23. September geschehen ist! – (…) Ein wunderbares Bild: die großen Schleppzüge, wenn sie langsam stromauf fahren. – (…) Die Landschaft hier ist wundervoll, eine richtige Auenwaldlandschaft mit vielen toten Armen des Rheins, die Paradiese für zahlreiche Wasservögel sind. Trotzdem ist aber bei uns hier das Heimweh eine verbreitete Krankheit. Länger als 14 Tage dauert der Einsatz nicht mehr, das wissen wir sicher. – Alarm steht bei uns auf der Tagesordnung. An manchen Tagen haben wir 8 und mehr Stunden Luftgefahr. (…) Seit einigen Tagen bin ich Bunkerwart, d. h. ich verwahre den Bunkerschlüssel, gebe Gerät aus, reinige den Bunker und bin außerdem Luftspäher.— Wenn ich den Schlüssel verliere, komme ich in den »Bunker«! (…) Wir haben in der letzten Zeit Freundschaft mit der Napo geschlossen. Sie liegt in einem Nachbarort in Einsatz. Des Abends gehen wir öfter hin, und sie machen uns Gegenbesuche. Jetzt ist es Zeit zum Ins-Bett-Gehen; denn Zapfenstreich ist längst vorüber; wir sind nur noch auf, da Alarm ist; es ist jetzt ungefähr 20.45. Morgen geht es dafür 5.45 wieder raus. (…)

Freitag, den 6. Oktober 1944

Heute war der Himmel bewölkt. Es ging ein starker Wind. – Ich war Bunkerwart. Am Vormittag und am Nachmittag war je einmal Öffentliche Luftwarnung. Am Abend schien die Sonne. – Es war wieder einmal Alarm. –

Sonnabend, den 7. Oktober 1944

Heute lernten einige von uns, darunter auch ich, am Brückenkopf das Stacheldrahtziehen. Eine leichte Arbeit, doch zerreißt man sich sehr die Sachen dabei. – Am Vormittag war zweimal Alarm. Bomberverbände überflogen uns; die Flak schoß heftig. – Am Nachmittag war endlich einmal wieder schönes Wetter. –

Sonntag, den 8. Oktober 1944

Heute war blauer Himmel. – Wie wir um 7 Uhr zur Arbeitsstelle hinausgingen, wurde schon Öffentliche Luftwarnung gegeben. Bald war Alarm. Die Flak schoß. Wir hörten Bomber. 3 Jäger flogen in großer Höhe auf uns zu, flogen einen Bogen, stürzten und brausten in 100 m Höhe, parallel zum Rhein über uns hinweg. Sie schossen heftig mit ihren Bordwaffen. Die Flak beschoß die Tiefflieger heftig. – Später war noch einmal Alarm. Auch diesmal schoß die Flak. –

Am Nachmittag gingen Kurrle und ich zu unseren Freunden von der NPEA und verbrachten mit ihnen einen netten Nachmittag in Steinmauern. Die ganze Zeit flogen feindliche Flieger über uns hinweg, als wir spazieren gingen. – Auf dem Rückweg fuhren wir im Pferdewagen des Bürgermeisters. – Der Abend war sehr stimmungsvoll. Die Wolken waren mit zarten Farben übergossen, gelb, rot und lila; alles war da zu finden. Der Wald stand als dunkle Silhouette, und aus den Wiesen davor stieg der Nebel. –

Montag, den 9. Oktober 1944

Heute gingen wir an eine neue Arbeitsstelle. Auf dem Weg dorthin verlor ich einen Schuh, weil mir mein Hintermann auf den Absatz trat. Als ich den Schuh anzog, verlor ich aber die Kameraden, und so suchte ich fast den halben Vormittag am Rhein, bis ich sie gefunden hatte. Dabei sah ich den zweitgrößten Bagger Deutschlands, der in einem See, der durch einen Kanal mit dem Rhein verbunden ist, Gold sucht. –

Wir mußten heute Bunker und Stellungen am Rhein tarnen. – Am Nachmittag war Alarm. Bomber waren zu hören. Die Flak schoß. – Heute war es den ganzen Tag über neblig. –

Dienstag, den 10. Oktober 1944

Heute früh tarnten wir wieder Stellungen. Später halfen wir dem Herrn Fütterer Holz zusammenzulesen und auf den Kahn zu laden. Wir durften dann (4 Mann) den Rhein hinabfahren. – Nach dem Mittagessen spülten wir unser Geschirr im Baggersee. Der Sand am Ufer gefiel uns aber so gut, daß wir bald nicht mehr spülten sondern spielten. – Am Abend legte ein leerer Frachtkahn an. So hatten wir eine feine Gelegenheit, so ein Ding einmal aus der Nähe zu sehen. –

An die Mutter, Elchesheim, den 10. Oktober 1944

Habe meinen herzlichen Dank für Deinen lieben Brief vom 1. 10. 44, den ich soeben erhielt. –

Was der Weller so alles erzählt, das brauchst Du höchstens zur Hälfte zu glauben, denn hier ist es nämlich auch so, daß viele Unglaubliches heimschreiben, deshalb werden jetzt unsere Briefe zensiert.

Wenn ich heimkomme, werde ich mich tüchtig über das Obst hermachen; denn hier bekommen wir das ja nicht, und wenn man einmal einen Apfel aufliest, wird man gleich vom Feldschütz notiert und muß 10 Mark bezahlen, und das ist der Apfel wahrlich nicht wert.

Um mit Vati Verbindung aufzunehmen, wird es wohl das Beste sein, wenn ich meine Briefe per Flaschenpost den Rhein hinabschicke. – (…)

Nach dem, was ich heute von unserem Capo und dem Lagerführer und von anderen Seiten hörte, kommen wir bald weg, unter Umständen schon im Laufe dieser Woche. Die Freude über diese Nachricht ist natürlich sehr groß. Anschließend bleibe ich natürlich einige Tage in Stuttgart. – (…) Heute sind wir fast den ganzen Vormittag auf dem Rhein im Kahn gefahren. Aber dienstlich!

Jetzt muß ich schließen, denn es wurde gerade Zapfenstreich geblasen.

Mittwoch, den 11. Oktober 1944

Wir beluden den ganzen Tag Kähne (Nachen) mit Pfählen. Einmal durften wir auch mitten auf dem Rhein 1½ km fahren. Das war fein. – Es regnete heute schwach. – Am Nachmittag schien die Sonne. – Ich hatte das Glück, am Ufer einen Eisvogel zu sehen. – Heute war reger Schiffsverkehr. Es fuhren insgesamt am Nachmittag 10 Schleppzüge vorbei. – Auch heute nachmittag war wieder Alarm. Bomber waren zu hören, die Flak schoß. – Am Abend war blauer Himmel. – Ich mußte am Abend einmal schnell ins Revier, da ich im Unterarm eine Sehnenverzerrung oder gar einen Sehnenriß habe. Die Stelle wurde mit einer Flüssigkeit eingerieben. –

Donnerstag, den 12. Oktober 1944

Heute früh hielt der Bannführer Schuhappell ab. Da meine Schuhe ziemlich defekt waren, mußte ich sie dem Schuhmacher geben und mich, bis er sie gemacht hatte, im Schulhaus (Illingen) aufhalten. – Am Morgen war 2mal Öffentliche Luftwarnung. Beim 2. Mal schoß die Flak nach Bombern. Um ½ 9 wurde deshalb Alarm gegeben. Später kamen Einzelflieger, die auch von der Flak beschossen wurden. – Um 12 Uhr wurden mir dann meine Schuhe gebracht. Mit dem Essenwagen fuhr ich hinaus. – Als man das Essen ausgeben wollte, kamen wieder Tiefflieger, die von der Flak beschossen wurden. –

Unsere Beschäftigung am Nachmittag war das Tragen von Drahtrollen. – Wir mußten eine Stunde länger arbeiten, weil wir angeblich zu wenig gearbeitet hatten. Aber wir zogen uns schon ½ Stunde nach Feierabend der anderen an. Da kam der Bannführer mit Motorrad im Boot vom Brückenkopf übergesetzt. Wir täuschten größten Eifer vor. Auf seine Frage, was wir hier noch machten, erhielt er die Antwort: »KLV macht noch die Landzunge frei«, worauf er sagte: »Tadellos, tadellos, aber jetzt wird Schluß gemacht«, und fuhr davon. Wir haben uns sehr gefreut, daß wir den Bafü so drangekriegt haben. –

Am Abend, als es bereits dunkel war, regnete es heftig. –

Freitag, den 13. Oktober 1944

Auch heute mußten wir wieder Stacheldraht tragen. – Am Vormittag war Alarm. Die Flak schoß. – Am Nachmittag arbeiteten wir nicht mehr allzuviel. Es waren Einzelflieger da. – Am Abend, als wir in Illingen 20 RM Löhnung und 1 Stück Seife empfangen sollten, waren Einzelflieger direkt über uns. Die Flak schoß danach. Am Abend öffneten wir Freßpakete von 4, die schon krankheitshalber entlassen sind. Die guten Sachen haben aber geschmeckt. Auch die Zigaretten haben wir alle nicht verschmäht und einen Mordsqualm in die Bude gemacht. –

Sonnabend, den 14. Oktober 1944

Auch heute mußten wir wieder Stacheldraht tragen. Es war bewölkt. – Allmählich wird die Landschaft hier schon herbstlich. – Gegen Mittag war Alarm. –
Heute wurde nur am Vormittag gearbeitet. Fritz Herre und Dieter Ottmar kamen heute zu uns. Mit ihnen ging ich zum Brückenkopf hinaus. Tiefflieger waren zu sehen und zu hören. Sie schossen mit Bordwaffen. Die Flak schoß auch. –

Auf der Fahrt. Sonntag, den 15. Oktober 44

Heute früh konnten wir einmal ausschlafen. Auch war für heute keine Arbeit angesetzt. – Am Vormittag war Alarm. Kurz nach dem Mittagessen kamen Einzelflieger, die von der Flak beschossen wurden. Es wurde Alarm gegeben. –
Um 2 Uhr marschierte ich mit einem Kameraden zusammen nach Rastatt ab. Wir sollten als Kuriere nach Rottweil. Dieter Ottmar und Fritz Herre begleiteten uns nach Steinmauern, wo wir einem 2stündigem Bunten Nachmittag der NPEA beiwohnten. – Um 4 Uhr gingen wir über die Felder weiter zur Straße, wo uns ein Major aufforderte, in seinem Auto mitzufah-

ren. Wir fuhren bis vor den Bahnhof. – Um ½ 7 fuhr unser Zug. Bis dahin sahen wir uns die Stadt an und gingen in die Bahnhofswirtschaft. – Bis Offenburg schliefen wir im Zug. Dort hatten wir 2½ Stunden Aufenthalt, die wir schlafend im Wartesaal verbrachten. – Um ½ 12 fuhren wir weiter nach Villingen. –

Rottweil. Montag, den 16. Oktober 1944

In Villingen mußten wir aussteigen. Wir hatten vor, nach Rottweil zu laufen, weil wir ja kein schweres Gepäck hatten; als wir aber einen km gegangen waren, drehten wir um und spazierten bis zur Abfahrt des nächsten Zuges durch die Stadt. Um 6 Uhr kamen wir in Rottweil an. Unser erster Gang war zum »Franziskaner«, wo aber noch niemand da war, deshalb gingen wir ins Revier. –

Nachdem wir dann um 8 ausgiebig gefrühstückt hatten, gingen wir zum Chef und machten Besorgungen. – Am Nachmittag machte ich ein kleines Schläfchen, und wenn ich von Dietrich, der vom Essen kam, nicht geweckt worden wäre, hätte ich bis zum nächsten Morgen geschlafen. –

Auf der Fahrt. Dienstag, den 17.X.1944

Heute morgen habe ich endlich wieder einmal ausgeschlafen. Dann frühstückte ich ausgiebig. –

Am Vormittag war 3mal Öffentliche Luftwarnung. Ich machte Besorgungen und bediente mich, damit es schneller ging, des Fahrrades. Auf dem Bann begrüßte ich auch kurz den Bannführer. Mit dem Kurier des Bannes 425 und dem der NPEA, »Bruder Jockele«, stiegen wir am Nachmittag, nachdem wir unser »Mords«gepäck als Passagiergut aufgegeben hatten, in den Zug, der mit 2 Stunden Verspätung nach Villingen abfuhr. Dort war unser Anschlußzug schon fort, und ein zweiter fuhr uns vor der Nase davon. So saßen wir also 5 Stunden in der Bahnhofswirtschaft und aßen zu Abend. – Um 11 fuhren wir weiter nach Offenburg. Wir schliefen natürlich fast die ganze Strecke. In Offenburg warteten wir 4 Stunden auf den verspäteten Schnellzug aus Freiburg. Endlich kam er. Der Bannkurier stieg schon in Baden-Oos aus. –

Elchesheim. Mittwoch, den 18. X. 1944

In Rastatt kamen wir um 6 Uhr an. Um 8 Uhr kam unser Gepäck. »Bruder Jockele« war schon nach Steinmauern vorausgegangen. Es regnete. Zuerst verlegten wir uns aufs Anhalten von Autos. Schließlich trennten wir uns. Ich ging mit meinem schweren Gepäck zur Straße nach Steinmauern - mein Kamerad mit seinem nicht leichteren zur Straße nach Bietigheim, um Autos anzuhalten. Ich wurde von einem Bauern eingeladen, in sein Fuhrwerk zu steigen. In Steinmauern hielt ich ein kleines Auto der Reichspost an, das mich bis an den Ortseingang von Elchesheim brachte. Das letzte Stück war dann nicht mehr weit. Mein Kamerad kam zwei Stunden später an. Trotz dem Regen ging ich hinaus zum Rhein. Ich war aber so müde, daß ich bald wieder ging. –

Am Abend feierten wir anläßlich des 1jährigen Bestehens der KLV etwas. Ich sollte etwas aufziehen, fühlte mich aber nicht dazu im Stand. –

Donnerstag, den 19. Oktober 1944

Heute regnete es wieder, deshalb wurde am Vormittag nicht gearbeitet. Am Nachmittag blieb ich mit Fieber, Hals- und Kopfschmerzen daheim. Es waren schwere Bomber zu hören. 10 Minuten später wurde Alarm gegeben. Die Flak schoß. Schwere Verbände überflogen uns. Mehrere Bombenexplosionen ließen das Haus erzittern. –

Der Führer erließ einen Aufruf zur Bildung des Deutschen Volkssturms, dem alle Männer von 16–60 Jahren angehören. Aufstand eines Volkes! –

Am Abend um ½ 9 Uhr überflogen uns schwere Bomber. Die Flak schoß. Der Luftdruck von Explosionen rüttelte an Türen und Fenstern. Als wir den Rathauskeller aufsuchten, brannte es bereits in Richtung Steinmauern. – (*Randnotiz:* Angriff auf Stuttgart und Nürnberg.)

19./20. Oktober 1944

Um ½ 1 Uhr waren schwere Bomberverbände zu hören. Die Flak schoß. Wir suchten den Rathauskeller auf. – (*Randnotiz:* Angriff auf Stuttgart und Nürnberg.)

Freitag, den 20. Oktober 1944

Heute vor einem Jahr kamen wir nach Rottweil. –

Ich zog ins Revier. – Am Morgen kamen Jabos und warfen in nächster Nähe Bomben (*Randnotiz:* auf Kahn und Schlepper bei der Baustelle). Sie schossen mit Bordwaffen. Wir suchten den Keller auf, dort saßen die Leute und beteten. – Gegen Mittag kamen wieder Tiefflieger, die von der Flak beschossen wurden und Bomben warfen. – Am frühen Nachmittag kamen sie zum 3. Mal und schossen mit Bordwaffen. –

Am Abend verließ ich das Revier, weil einer mit hohem Fieber an meine Stelle kam. –

Sonnabend, den 21. Oktober 1944

Heute morgen kam ich an dessen Stelle, dem ich gestern abend Platz machte, wieder ins Revier, da ich indessen wieder Fieber hatte, er aber nicht. – (*Randnotiz:* Generalfeldmarschall Rommel an den Folgen seines Unfalls gestorben.) Am Nachmittag waren Tiefflieger da. – Am Abend verließen wir alle das Revier, da wir erfuhren, daß wir morgen heimkommen. Hurrah!!! –

Um ½ 9 war Öffentliche Luftwarnung. –

Auf der Fahrt. Sonntag, den 22. Oktober 1944

Heute vormittag wurde gepackt und die Bude ausgeräumt. – Bis um 4 Uhr wurde »ungeheuer wichtiges« getan: wir standen nur herum. Um 4 Uhr war Abmarsch nach Rastatt. Das Gepäck hatte man schon mit Autos vorausgefahren. In der Karl-Franz-Halle holten wir es. Dort wurde noch allerhand bekanntgegeben, so auch, daß wir alle die Westwallmedaille erhalten. – Um 10 Uhr wurden wir verladen. Es ging alles recht umständlich. Ich erhielt noch ein Plätzchen bei »Bruder Becker« im Abteil und saß neben Hauptzugführer Baumann, mit dem ich auch ganz gut auskam. – Um ½ 11 Uhr fuhr der Sonderzug ab. Das Schlafen ging sehr umständlich vor sich, doch besser als gar nicht geschlafen! –

Bad Cannstatt. Montag, den 23. Oktober 1944

In Villingen standen wir einige Stunden, weil keine Maschine da war. Hauptzugführer Baumann fuhr mit dem Fahrrad voraus, und so konnten wir ungestört in unserem Abteil das tollste Allotria treiben, zu dem jeder seinen Teil gab. – Um ½ 11 gelangten wir in Rottweil an. Der 1. Weg führte zum Chef. Dann wurde im »Franziskaner« ausgiebig gefrühstückt. Nach dem Mittagessen packte ich meine Sachen. Um 3 Uhr fuhr ich mit dem Zug weiter nach hier. Die meiste Zeit schlief ich auf der Fahrt. In Vaihingen stiegen wir aus und fuhren mit der Straßenbahn nach dem Schloßplatz, von wo aus ich mit zwei Kameraden nach Cannstatt lief. – Todmüde stieg ich am Abend ins Bett. –

Dienstag, den 24. Oktober 1944

Heute habe ich mich einmal wieder gründlich gewaschen. Das tat gut! –

Mittwoch, den 25. Oktober 1944

Heute vormittag war ich in Cannstatts Ruinen. Ein schauderhafter Anblick. – Ab heute fährt die Straßenbahn wieder. –

An den Vater, Bad Cannstatt, den 25. X. 1944

(...) Mit den feindlichen Tieffliegern machten wir auch allerhand Erfahrungen. Einige Angriffe haben wir erlebt, doch sie galten nicht uns, sondern den großen Rheindampfern, deren eine große Anzahl jeden Tag in beiden Richtungen fuhren. In einem der letzten Tage versenkte ein feindlicher Jäger einen Kahn, der 200 m von unserer Baustelle entfernt war, mit Bomben und Bordwaffen. Doch leider lag ich an diesem Tage gerade mit Fieber, geschwollenen Mandeln und einer leichten Angina im Revier. –

Als wir am Montag, also vorgestern, nach Rottweil zurückkehrten, wurde uns gesagt, daß man schon wieder eine Aufgabe hätte, doch diesmal eine gemütlichere; das wird wohl der Volkssturm sein. Jetzt bleibe ich aber erst einmal bis Sonntag hier und heile meine Halsgeschichte vollends aus. – Aus Rottweil schicke ich Dir dann einmal einen ganz ausführlichen Bericht.

Donnerstag, den 26. Oktober 1944

Es war den ganzen Tag bewölkt. Am Abend widmete ich mich etwas dem Garten. –

Freitag, den 27. X. 1944

Den Vormittag über arbeitete ich im Garten. – Es regnete heute. – Am Nachmittag machte ich Besorgungen in den Cannstatter Trümmern. Viel gibt es da nicht mehr zu holen. – Am Abend war von 20.35–21.45 Uhr Öffentliche Luftwarnung. Wir waren im Stollen. –

Sonnabend, den 28. Oktober 1944

Am Vormittag wagte ich mich einmal wieder ans Klavier. – Am Abend war ich in Cannstatt, um Besorgungen zu machen, und besah mir dabei die Trümmer des letzten Angriffs näher. –
Am Abend war von 7.55–8.30 Öffentliche Luftwarnung. Von 9–9.25 Uhr noch einmal. Beim 1. Mal waren wir im Stollen. –

Rottweil. Sonntag, den 29. Oktober 1944

Heute früh lag überall Reif. – Um 10.00 wurde Öffentliche Luftwarnung gegeben. – Als ich um 11 Uhr zur Straßenbahn gehen wollte, fing auf einmal die Flak tüchtig zu schießen an. Deshalb kehrte ich wieder um. Um 12.45 wurde entwarnt. – (…)
Um 4 Uhr fuhr ich mit der Straßenbahn bis Uffriedhof, denn weiter geht sie nicht. Mit dem Vorortzug, der zur Zeit mit Dampf fährt, fuhr ich in den schwer demolierten Stuttgarter Hauptbahnhof, von wo aus ich bis zum Schloßplatz lief, um von dort mit der Straßenbahn nach Vaihingen zu fahren. Um ¾ 6 fuhr dort mein Zug. Ich konnte von Böblingen aus sitzen. – Um 10 Uhr kamen wir in Rottweil an. –

Montag, den 30. Oktober 1944

Heute früh ging es wieder in die Schule. Das sind wir alle gar nicht mehr gewöhnt. –
Am Nachmittag gab es allerhand zu besorgen. – Am Abend war von 8–½ 9 Uhr Öffentliche Luftwarnung, gegen 10 Uhr noch einmal Öffentliche Luftwarnung. –

Dienstag, den 31. Oktober 1944

Heute vormittag war 1mal Öffentliche Luftwarnung, am Nachmittag 3mal. – Heute war ein schöner klarer Herbsttag. – Am Abend war von 19.55–20.30 Uhr nochmals Öffentliche Luftwarnung. –

Mittwoch, den 1. XI. 1944

Heute nacht ist starker Reif gefallen. – Die 1. Öffentliche Luftwarnung hatten wir bereits von ¼ 8–½ 9 Uhr, die 2. von 9.20–9.50 und die dritte von ½ 11–½ 1 Uhr. –
Am Nachmittag ging ich mit Klasse 1a, Auch und Wiede zum Tannenzapfensammeln. Als wir am Höllenstein vorbei waren, überflog uns eine Lightning. Wenig später brummte es stark, und ein Verband von 20 Mustangs flog von Süden kommend in geringer Höhe auf uns zu. Alles lag sofort »flach«. Kurz darauf flogen noch einmal zwei Feindmaschinen in geringer Höhe in der Nähe vorbei. Wir hörten in der Ferne die Flak schießen. In Richtung Rosenfeld sahen wir einen dunklen Strich herabstürzen, und kurz darauf pendelte ein Fallschirm herab. Wir sammelten im Wald auf dem Katzenkopf. Anschließend machten wir noch ein Geländespiel, und da die Klasse nicht parierte, wie sie sollte, übten Auch und ich mit ihr das Antreten. Nachher klappte es ganz gut. – Wir kamen zum Essen ½ Stunde zu spät, aber man hatte uns noch etwas aufgehoben. –

Donnerstag, 2. November 1944

Es regnete den ganzen Tag. – Am Nachmittag hatte ich Aufsicht bei den Klassen 1–3 beim Messen und Wiegen. –

Freitag, den 3. November 1944

Im Turnen machten wir heute einen pfundigen Hindernislauf. – In Deutsch behandeln wir zur Zeit ein äußerst interessantes

Thema: die Lautverschiebung. – Seit Montag bin ich Saalob-mann im äußeren Saal, und ich muß sagen, ich komme mit mei-nen »Kleinen« ganz gut aus, wenn ich auch ab und zu mal ei-nen an die frische Luft setze. –

An die Mutter, Karte: Rottweil, den 3. November 1944

Das Einschreiben mit der Bescheinigung des Bannes, die ich mühelos bekam, sandte ich heute ab. Schicke mir bitte 36 RM, da ich jetzt Schulgeld bezahlen muß. Die Quittung sende ich Dir dann, wenn der Empfang des Geldes bescheinigt wurde - eine Schulgeldanforderung gibt es jetzt nicht. – An die Schule haben wir uns auch schon wieder langsam gewöhnt, gestern machten wir sogar schon eine Geschichtsarbeit. –

Im »Franziskaner« bin ich jetzt Saalobmann, es ist zwar nicht leicht, bei 50 1.- und 2.Klässlern Ruhe zu halten, doch ich drin-ge schon durch und komme auch mit ihnen ganz gut aus.

Sonnabend, den 4. November

Heute hatten wir 2 Stunden Physik, eine davon mit Klasse 7, die andere mit den Kriegsversehrten. Dabei baute Herr Studi-enrat Münst einen Galileischen Versuch zum Thema Fall auf, der ihm so gut gefiel, daß er ihn des öfteren wiederholte und ihn mit allemöglichen Gebärden begleitete. –

Am Nachmittag ging ich mit Walter Bergdolt etwas spazie-ren. Wir beobachteten ein wundervolles Abendrot im Stile Cas-par David Friedrichs. Wir sahen zwei englische Jabos, die die Stadt überflogen. Der 2. kam in 50 m Höhe zwischen Hochturm und Kreiskrankenhaus herüber und flog über den Schulwald in Richtung Neufra, von wo aus er in Richtung Schwenningen flog. Die Kokarden waren deutlich zu erkennen. Während die-ser Zeit und über Mittag war Öffentliche Luftwarnung. –

Am Abend von ½ 9–¾ 9 Uhr war ebenfalls Öffentliche Luft-warnung. –

240

Sonntag, den 5. November 1944

Heute früh von ½–¾ 9 war Öffentliche Luftwarnung, während des Essens ¼ Stunde Fliegeralarm, nach dem Essen wieder Öffentliche Luftwarnung. –
   Ich machte mit Walter Bergdolt und Fritz Huber, beide von Kl. 3a, einen schönen Spaziergang: Über Zimmern nach Horgen, von wo aus wir in Richtung Südwesten marschierten, zum Heiligenhof. Unterdessen wurde Öffentliche Luftwarnung gegeben. Heute nachmittag war es sehr windig, die Sonne schien ab und zu einmal. Vom Heiligenhof führte unser Weg nach dem Hof Wildenstein. Wir hatten eine wunderbare Aussicht auf die Alb mit Hohenzollern, Lemberg, Dreifaltigkeitsberg und die Baar. – Als wir bei Wildenstein einen dreckigen Weg vermeiden wollten und deshalb über Stacheldrahtzäune stiegen, riß ich mir eine schöne Dreiangel in den Mantel. Vom Wildenstein gelangten wir durch Hausen wieder heim. Als wir ankamen, war es bereits dunkel, und die Venus stand leuchtend am Himmel. – Am Abend war von 20.30–20.55 Uhr Öffentliche Luftwarnung. –

Montag, den 6. November 1944

Da heute nachmittag die Jugendfilmstunde ausfiel, gingen Heinz Auch und ich mit der Klasse 1a zum Tannenzapfensammeln in den selben Wald, wo wir letzten Mittwoch waren. Heute nachmittag regnete es. –

Dienstag, den 7. November 1944

Es regnete den ganzen Tag fast ununterbrochen. – In der Musik spielte uns Herr Bezner Werke von Händel und Gluck vor. – Den Nachmittag verbrachte ich mit Besorgungen und Hausarbeit. –
   Wie wir heute erfuhren, warfen die Engländer bei den Öffentlichen Luftwarnungen am Sonnabend- und Sonntagabend

Spreng- und Brandbomben auf Cannstatt, besonders auf Geiger und Martin-Luther-Straße. Bis jetzt habe ich noch keine Nachricht aus Stuttgart. –

Mittwoch, den 8. November 1944

Als ich heute früh vors Haus trat, lag überall 8 cm hoch Schnee. Am Nachmittag taute er zu einem großen Teil weg. – Am Vormittag hatte ich üble Kopfschmerzen, doch mit einer Tablette, die ich im Revier holte, gelang es mir, sie zu vertreiben. –

Am Nachmittag war Jugendfilmstunde. In der Wochenschau sahen wir u. a. Bilder von den Verbrechen in Stemmersdorf. – Der Hauptfilm hieß »Bismarck« und zeigte anschaulich den Kampf des genialen Staatsmannes mit seinen politischen Gegnern und war sehr gut. – Am Abend gab ich im »Franziskaner« noch einen Erlebnisbericht vom Westwall. –

Dienstag, den 9. November.

Gestern kam im OKW-Bericht, daß seit einigen Wochen auch V2 auf London schießt. –

Um ¼ 8 Uhr hatten wir schon Öffentliche Luftwarnung. Im Laufe des Vormittags war 2mal Fliegeralarm und am Abend 2mal Öffentliche Luftwarnung. Am Vormittag schneite es, doch der Schnee blieb nicht liegen. Am Nachmittag war das Schneetreiben so heftig, daß der Schnee in Bälde 20 cm hoch lag. – Den Nachmittag über lag ich im Revier, weil es mir schlecht war. – Aus Cannstatt bekam ich jetzt Nachricht: In Stückles Haus fiel eine Luftmine. Da sieht es bei uns wieder gut aus. –

Freitag, den 10. November 1944

Heute vormittag war kurz nach 10 Uhr einige Zeit Öffentliche Luftwarnung. – Es hat den ganzen Tag über wieder geschneit.

Auf den Straßen ist ein übler Matsch. Auf den Wiesen und Dächern dagegen liegt 10 cm Schnee. – Die V2 muß etwas ganz Interessantes sein; denn sie ist schneller als der Schall und soll 16 m lang sein. – Wir machten im Latein eine Klassenarbeit aus dem Caesar. Ich ließ in meiner Übersetzung die Phantasie ziemlich frei walten. Das Zeugnis wird entsprechend ausfallen. –

An den Vater, Rottweil, den 10. November 1944

Heute endlich komme ich dazu, Deinen Brief vom 12. Oktober zu beantworten. Obgleich er noch an meine 1. Westwalladresse gerichtet ist, erhielt ich ihn erst am 2. November. Mit der Postverbindung ist es sehr schlecht, überhaupt nach Köln. Ob Du diesen Brief erhalten wirst? Dein vorletzter Brief, den ich erhielt, trägt das Datum vom 15. September, und ich erhielt ihn am 10. Oktober. Dazwischen wirst Du wohl noch einige Briefe geschrieben haben. – Von mir wirst Du wohl auch nur einen Teil meiner Briefe erhalten haben. –

Du hast ja verdammt Glück gehabt, daß Du außer den Prellungen keine weiteren Schäden von dem Treffer ins Fort erhalten hast. Weißt Du auch schon, daß bei dem letzten Angriff auf Cannstatt in Stückles Haus eine Luftmine fiel? Da sieht es bei uns zu Hause wieder schön aus. Ich habe jetzt ein Urlaubsgesuch geschrieben. Benützt Du die Gelegenheit auch, um nach Cannstatt zu fahren? Es wäre ja schön, wenn Du auf diese Art und Weise wieder einmal Urlaub hättest und wir uns wieder einmal sehen könnten. – (…) Seit 3 Tagen schneit es nun schon. Auf den Straßen ist ein herrlicher Matsch, und auf den Dächern und Wiesen liegt der Schnee 10 cm hoch. (…)

In der Schule sind verschiedene Lehrer von uns beim Schanzen, deshalb fallen deren Stunden aus, so bei uns jetzt Geschichte und Chemie. – Die neue V-Waffe ist ja etwas ganz Interessantes, zumal sie schneller als der Schall sein soll und außerdem ziemlich lang ist.

Doch nun muß ich schließen, weil ich zum Abendessen muß.

Heute hat es fast den ganzen Tag geschneit. – Am Nachmittag ging ich mit Walter Bergdolt am Neckar spazieren. Der war am Donnerstag über seine Ufer getreten. Inzwischen ist er aber wieder in seinem Bett. Die Strömung hat die überschwemmten Wege ganz aufgerissen, und in den Pfützen, die dort stehen, sind kleine Fische. Wir beschäftigten uns einige Zeit damit, diese Fische zu fangen und in den Neckar zu werfen. – Anschließend saßen wir 1½ Stunden im Revier. –

Sonntag, den 12. November 1944

Über Nacht hatte es wieder ordentlich geschneit. – Am frühen Nachmittag ging ich mit Walter Bergdolt etwas spazieren. Anschließend gingen wir ins Kaffee und von dort ins Revier. Die nächste Station war der »Franziskaner«, wo ich eine Partie Mühle gewann und 1 verlor. Wir bekamen ein zusätzliches Abendessen aus Resten dort. –

[Ende des 2. Tagebuchs]

den 13. XI. 44

Ich beginne dieses Tagebuch in einer schweren Zeit – und Schweres wird hier noch berichtet werden, aber auch schöne Erlebnisse in der KLV werden hier noch manche Seite füllen, wie im vorhergehenden Tagebuch. Vielleicht reicht dieses Tagebuch noch in meine RAD-Zeit hinein. Wer weiß? Vielleicht füllt auch eines dieser Blätter der Jubel über den endgültigen Sieg? Ich sehe voll von Hoffnungen in die Zukunft! –

In der Musik sprach Herr Bezner über Johann Sebastian Bach und spielte uns auf dem Klavier Orgelwerke desselben vor. – Im Turnen spielten wir Völkerball mit zwei Hohlbällen, eine verzwickte und doch lustige Sache, bei der man sehr leicht herausgeworfen wird. – Ich hatte heute wieder Fieber und geschwollene Mandeln. Ich hoffe, daß ich dies durch Tabletten vertreiben kann. –

Dienstag, den 14. XI. 1944. Bad Cannstatt

Am Vormittag machten wir eine Mathematikklassenarbeit. Sie war leicht. – Um 3 Uhr nachmittags fuhr ich mit Fräulein Storz zusammen von Rottweil weg. Um ¼ 7 Uhr waren wir in Rohr. Es regnete. Wir erwischten zum Glück gleich eine Straßenbahn – doch kamen wir mit ihr nur bis 1 Station vor Platz der SA. Dort war nämlich eine Straßenbahn auf einen Lkw gefahren. Der ganze Führerstand war eingedrückt. Weil wir keine Lust hatten zu warten, liefen wir durch den strömenden Regen zum Hauptbahnhof, wobei wir oft in tiefe Pfützen traten. Dort kamen wir gerade noch in einen Vorortzug. In Cannstatt geleitete ich Fräulein Storz bis zum Viadukt. Unser Haus sah recht reizvoll aus. Viel sah ich zwar nicht, doch was mir Fräulein Weinschenk im Schein einer Kerze zeigte, genügte mir. Anschließend ging ich zu Sauers, wo Mutti war. Dort schliefen wir auch. –

Mittwoch, den 15. XI. 44

Heute früh saßen wir wegen Öffentlicher Luftwarnung eine Viertelstunde im Stollen. Anschließend machten wir uns gleich an die Arbeit. Hier sieht es ja bös aus. Unser Garten ist überhaupt nicht mehr wiederzuerkennen. Stückles und das gegenüberliegende Haus sind nicht mehr zu verwenden. Ersteres ist

zur Hälfte ein großer Schutthaufen. An unserem Haus fehlen in den oberen Stockwerken z. T. die Außenmauern. O weh! Es sieht jedenfalls ganz übel aus, deshalb gab es auch allerhand zu tun. Wasser und Licht ist z. T. in der Wohnung. Das Mittagessen, das wir im Vorraum der Wichernkirche einnahmen, war tadellos. –
Am Nachmittag regnete es einige Male. – Am Abend war Öffentliche Luftwarnung. Wir waren im Stollen. –

Donnerstag, den 16. XI. 1944

Heute gab es auch wieder sehr viel zu tun. Gegen Mittag war Fliegeralarm. –
Die NSV gab heute zum letzten Mal Essen aus, und zwar im Kaffee Philipp in der Taubenheimstraße. Das Essen war heute nicht besonders gut. – Am Abend waren wir wegen Öffentlicher Luftwarnung im Stollen. –

Freitag, den 17. XI. 1944

Über Nacht war Reif gefallen. – Am Vormittag und Nachmittag war kurz Luftwarnung, doch ließen wir uns nicht stören. Den Nachmittag füllten wir mit einem Gang nach Fellbach aus. Wir versuchten für mich Stiefel zu kaufen, doch erhielten wir leider keine. –

Sonnabend, den 18. XI. 1944

Am Vormittag machten wir Besorgungen in Cannstatt. Als wir heimkamen, wurde Fliegeralarm gegeben. Wir saßen 2½ Stunden im Stollen. Die Flak schoß. Anschließend an diesen Alarm war noch einmal Öffentliche Luftwarnung. – Am Nachmittag mußte ich noch einmal Besorgungen in Cannstatt machen. –
Von 9–10 Uhr waren wir im Stollen wegen Öffentlicher Luftwarnung. –

Von ½ 12–½ 1 Uhr waren wir wegen Öffentlicher Luftwarnung im Stollen. –

Rottweil. Sonntag, den 19. XI. 1944

Heute war 6mal Luftgefahr. Beim 3. Mal schoß die Flak nach einem einzelnen Flugzeug. Beim 4. Mal war Fliegeralarm. Wir waren im Stollen. Das 5. und 6. Mal war Öffentliche Luftwarnung. – Als ich am Nachmittag nach Vaihingen fuhr, denn die Straßenbahn fährt seit einigen Tagen wieder ganz durch, fuhr ich 5 oder 6 km nur durch Trümmer. Ein furchtbarer Anblick. – Um 10 Uhr kam ich hier in Rottweil an. Der Schnee ist wieder fast ganz weg. –

Montag, den 20. XI. 1944

In der Jugendfilmstunde sahen wir wieder den großartigen Film »Der große König«. In der heutigen Zeit sieht man den Film mit ganz anderen Augen als vor 2 Jahren. Und Worte wie: »An dem Sieg zu zweifeln, ist Hochverrat«, sind wie für heute geschaffen.

Am Abend war im Franziskanerheim noch viel an den Jugendstammblättern zu schaffen. – Draußen ging ein heftiger Sturm. – Heute war zweimal Öffentliche Luftwarnung. –

Dienstag, den 21. XI. 1944

Heute war 3mal Öffentliche Luftwarnung, und zwar am Vormittag, am Nachmittag und nach dem Abendessen je einmal. – Am Nachmittag fuhr ich für Fräulein Storz auf dem Rad nach Aldingen. Das waren zusammen 25 km – so weit bin ich noch nie mit dem Rad gefahren. Unterwegs sah ich, daß der Neckar wieder Hochwasser führt. – Heute regnete und schneite es fast den ganzen Tag. – Später am Abend war noch einmal Öffentliche Luftwarnung. –

Mittwoch, den 22. XI. 1944

Am Nachmittag war kurz Öffentliche Luftwarnung. – Mit Lagermannschaft 1 und 2 war ich am Nachmittag in einer Märchenvorstellung der NPEA. Zug 3 spielte den »Gestiefelten Kater«. Das Spiel war sehr schön, an manchen Stellen bewundernswert, doch war der Inhalt für ein kindlicheres Niveau, als das unsere, berechnet. Jedoch findet die kleine Künstlerschar meine volle Anerkennung. – Heute regnete es fast den ganzen Tag. –

Donnerstag, den 23. XI. 1944

Heute regnete es fast wieder den ganzen Tag. – Am Nachmittag hatten wir Biologie-AG. Wir lernten das Mikroskopieren, eine feine und sehr interessante Angelegenheit. –

Freitag, den 24. XI. 1944

Als wir heute früh in die Schule kamen, erfuhren wir, daß unsere Schule sofort geräumt werden muß, da der Deutsche Volkssturm über Nacht alarmiert wurde. Wir waren sehr erfreut über diese Nachricht! Als erstes mußten Klasse 4–7 die Klassenzimmer ausräumen. Die Mädchen werkten mit Besen und Kehrichtschaufeln. Später stand ich mit 4 anderen zur Verfügung von Herrn Brodbeck. – Viel zu tun hatten wir nicht. Am Nachmittag hatte ich die gleiche Funktion. Im Laufe des Tages rückte das Aufgebot 1 aus 18 Kreisen hier an und belegte sämtliche Schulen. Unterricht gibt es nur noch für KLV, doch auch in sehr beschränktem Maße. Die übrige Zeit stehen wir für den Kriegshilfsdienst zur Verfügung. –

Am Abend hatte ich von 7–½ 11 Uhr Bahnhofsdienst mit 3 Mann. Wir mußten die Nachzügler des Volkssturms zu ihren Unterkünften weisen. – Heute regnete es wieder den ganzen Tag. –

Sonnabend, den 25. XI. 1944

Auch heute regnete es den ganzen Tag. Der Erfolg ist, daß der Neckar ein ziemlich reißendes Hochwasser führt. – Am Vormittag hatten wir Gewehrausbildung (K 98) bei Gerhard Bromm. – Am Nachmittag war ich als Kurier auf der Kreisleitung. Es gab viel zu rennen. Der Volkssturm ist jetzt zum größten Teil eingekleidet und hat auch seine Armbinden empfangen. Die Waffen (etwa 70 % sind mit Karabinern bewaffnet, die anderen nicht) brachten sie sich gleich mit. – Heute war 3mal Öffentliche Luftwarnung. –

Sonntag, den 26. XI. 1944

Heute früh unternahm der KLV-Standort einen Propagandamarsch durch die Stadt, der ganz gut klappte. – Es wurde Öffentliche Luftwarnung gegeben. 26 Jabos überflogen die Stadt in geringer Höhe. –

Am Nachmittag ging ich bei Schneegestöber mit Walter Bergdolt fort. Unser Weg führte über Zimmern zur Flakkaserne. Kurz vor dieser bogen wir nach Norden ein und gelangten durch den Wald auf die Straße nach Schramberg. Dieser folgten wir ein Stück und bogen dann nach Lackendorf ab. Wir kehrten dort ein. Anschließend gingen wir zur Eschach hinab, die dort die ganzen Wiesen überschwemmt hat. Als wir auf dem Rückweg an der Kirche vorbeikamen, fragte uns Pg Käfer von der Kreisleitung, ob wir mit ihm nach Rottweil fahren wollten, was wir natürlich sofort bejahten. In der Schramberger Straße in Rottweil lud er uns aus und sandte uns mit einem englischen Karabiner zur Kreisleitung. Nachher gingen wir noch ins Heimatmuseum. –

Im Laufe des Nachmittags war Fliegeralarm. 31 Jabos überflogen Zimmern. – Die Artillerie war von der Front her wieder
sehr zu hören. –

26./27. XI. 1944

Heute nacht hatten wir 4mal Öffentliche Luftwarnung und
1mal Alarm. Ich blieb im Bett. –

Montag, den 27. XI. 1944

Heute hatten wir 7mal Öffentliche Luftwarnung und 2mal Fliegeralarm. Die Leute suchen hier bei letzterem nicht einmal
mehr die Schutzräume auf, sondern bewegen sich ungeniert
auf der Straße. –

Am Vormittag und Nachmittag hatte ich die Aufsicht über das
Entladen des letzten Flüchtlingszuges, dem es gelang, aus Straßburg zu kommen. Diese Leute sind alle von einer unerschütterli-
chen Siegeszuversicht, die man sich zum Vorbild nehmen kann.
– Sie waren sehr erfreut über das schnelle Helfen der HJ. –

Am Abend war ich zur Telephonwache auf dem Bann beor-
dert. Ich hatte sie mit Oberscharführer Oswald Hirt zusammen.
Es gab allerhand durchzusagen. Spät am Abend erschien noch
der Oberinspekteur des Westeinsatzes des Gebietes 20, Bannführer Brunner, und der Gebietsarzt, Oberbannführer Dr. Bauer, der aber nur kurz Aufenthalt nahm. –

Dienstag, den 28. XI. 44

Nachdem ich alles durchgegeben hatte, kam ich gegen 1 Uhr in
die »Falle«. Um ¼ 6 klingelte es bereits wieder, der zurückkeh-
renden Westwallschipper wegen. Da mußte ich zuerst einmal
Oberscharführer Schad aus dem Bett jagen. – Am Nachmittag
schlief ich etwas. –

Die Schanzer waren am Abend immer noch nicht hier, obwohl sie gestern 19.40 in Freiburg abfuhren und heute früh hier ankommen sollten. –

Mittwoch, den 29. XI. 1944

Ich erhielt die Aufsicht über das Herbeischaffen der Lebensmittel in der DEO für den gesamten Volkssturm in Rottweil. Die Arbeit war nicht gerade leicht, da zwei der Klasse 3, die die Arbeit vorher gemacht hatten, sich mit allen Mitteln gegen mich setzten. –
Heute abend kam der Gauleiter nach Rottweil. – Früh um 7 Uhr kamen unsere Westwallschipper zurück. –

Donnerstag, den 30. November 1944

Heute war 2 mal Öffentliche Luftwarnung. – Ich war wieder für das Herbeischaffen der Lebensmittel für den Volkssturm verantwortlich. Die Gruppe, die heute eingesetzt war, arbeitete sehr gut und schaffte 1500 Brote, im Gegensatz zu 300 gestern, herbei. – Die Klasse 3b hat auf mich eine große Wut, da sie auf Grund ihrer schlechten Arbeit gestern nicht mehr eingesetzt wurde. –

Freitag, den 1. Dezember 1944

Heute hatte ich die gleiche Arbeit wie gestern, doch es gab nicht viel zu tun. – Es war 2mal Öffentliche Luftwarnung und 1mal Fliegeralarm. Bomberverbände waren zu hören. Feindliche Jagdflugzeuge überflogen die Stadt. – Wir erfuhren, daß wir für einige Zeit jetzt in Massenquartieren schlafen müssen, da unsere Zimmer von Flüchtlingen aus dem Elsaß belegt werden. –
Am Abend marschierten wir mit dem Nötigsten beladen zur Johanniter-Schule. Dort wurden die, die nicht hier schlafen

wollten, wieder heimgeschickt. Wir kamen (22 Mann vom »Franziskaner«) in den Turnsaal. Bald waren wir eingerichtet, und um 9 Uhr war Zapfenstreich. Es ging noch etwas lebhaft zu. Einer warf dem Hermann Metzger von Klasse 2a einen Stiefel an den Kopf, daß er ein tiefes Loch in der Stirn hatte. Der Notverband, den ich anlegte, war bald durch und durch mit Blut getränkt. Der Sanitäter des Volkssturms legte ihm gleich einen neuen an. Ich bewundere an diesem Jungen so, daß er nicht merken ließ, wie große Schmerzen er hatte. Der, der den Schuh geworfen hatte, war zu feig, sich zu melden. –

Samstag, den 2. Dezember 1944

Die Nacht war sehr unruhig. – Am Morgen bekamen wir alle kein Frühstück, weil der feige Hund, der den Stiefel warf, sich nicht meldete. –
Heute war 7mal Öffentliche Luftwarnung und 1mal Alarm. – Die Arbeit war auch heute nicht besonders groß. – Am Abend kam der Flüchtlingstransport. Wir halfen beim Ausladen. –
Anschließend hielten wir über den, der gestern abend den Stiefel geworfen hatte, Gericht; er hatte nämlich inzwischen gestanden. Er bekam von allen im Saal 3 mit dem Schulterriemen auf die Kehrseite. – Wir zogen in ein anderes Zimmer um. – Nach Zapfenstreich war es ruhig, da ich mit dem Schulterriemen in der Hand im Zimmer auf und ab patrouillierte. –

Sonntag, den 3. Dezember. 1. Advent, 1944

Den heutigen Vormittag verbrachte ich wieder auf meinem Arbeitsplatz in der DEO. – Nach dem Essen holte ich in der Johanniter-Schule mein Gepäck, da mein Quartier nicht belegt wurde. Anschließend machte ich mit einem feinen Jungen aus der Klasse 2a: Gustav Eisenmann, einen Spaziergang nach Flözlingen. – Heute war 2mal Öffentliche Luftwarnung. –

Montag, den 4. Dezember 1944

Heute regnete es den ganzen Tag heftig. Ich mußte den ganzen Tag durch den Regen rennen und kam dann durch und durch naß in die DEO. Dort gab es nicht viel zu tun, weil keine Jungen da waren. Ich möchte bei einem solchen Wetter auch keinen fortschicken. – Am Nachmittag war Alarm und zweimal Öffentliche Luftwarnung. –

An die Mutter, Rottweil, den 4. Dezember 1944

Endlich komme ich einmal dazu, Dir wieder zu schreiben. Habe meinen herzlichen Dank für das Geld und das Paket mit den Hausschuhen und Strümpfen. – (…)

Mit dem für wenige Tage Herkommen wird es wohl nicht so leicht sein, da hier jedes Zimmer von Flüchtlingen belegt ist. Wir haben vor einigen Tagen unser Zimmer auch schon räumen müssen und haben dann 2 Nächte in der Johanniterschule auf Stroh geschlafen. Inzwischen sind wir aber zurückgekehrt, da unsere Zimmer nicht belegt wurden, nur ganz wenige sind belegt.

Das Päckchen für Sauers konnte ich bis jetzt noch nicht aufgeben, da ich 1½ Wochen von morgens 8 bis abends 7 Uhr im Kriegseinsatz stand. Ich hoffe aber, morgen dazu Gelegenheit zu haben. Ich schicke Dir dann die Bescheinigung zu. Seit 1½ Wochen war keine Schule mehr (…) Morgen muß ich wieder in die Schule. – (…)

In den nächsten Tagen werde ich mich hier einmal zum Zahnarzt begeben, da ich eine Aufforderung vom Bann zur Zahnsanierung erhalten habe. Etwaige Schäden müssen nämlich bis zur Musterung behoben sein. –

Anbei die Schulgeldquittung.

Dienstag, den 5. Dezember 1944

Heute mußte ich wieder in die Schule, dafür mache ich keinen Einsatz mehr. – Am Nachmittag besuchte ich Fritz Herre im

Krankenhaus. Er hat Scharlach. Doch merkt man nicht viel davon; denn er ist recht übermütig. – Am Abend regnete es. –

Mittwoch, den 6. Dezember 1944. Nikolaustag

Auch heute regnete es sehr viel. – Am Morgen konnte ich mich einmal gründlich ausschlafen, da heute keine Schule war. – Am Vormittag widmete ich mich der Chronik, und am Nachmittag saß ich im Revier. – Morgen muß ich ausziehen, weil Fräulein Hetzinger von jetzt ab 2 Personen nehmen muß. –
Am Abend kam der Nikolaus ins »Franziskaner«. Er verlas ein langes Register von Sündern, denen er allen die Kehrseite versohlte. Dann bekam jeder ein Lebkuchenherz, 2 Lebkuchen und 3 Äpfel. –

Donnerstag, den 7. Dezember 1944

Ein Tag voller Sorgen liegt hinter mir, viel Scherereien des Quartiers wegen. Jetzt ist aber die Sache geklärt. Ich kann bei Fräulein Hetzinger bleiben! – Am Nachmittag führte ich Aufsicht beim Messen und Wiegen der Klassen 1a,b, 2a,b. Ich habe einigen für geschwollene Backen gesorgt. –

Freitag, den 8. Dezember 1944

Mit dem Zimmer hatte es sich Fräulein Hetzinger heute morgen wieder anders überlegt, doch bald war es wieder beim alten. Mal so, mal so! –
Heute hatten wir 7 Stunden Schule. Eine erstaunliche Leistung; damit haben wir diese Woche 11 Stunden Unterricht gehabt. – Fräulein Schreiber machte ich den Vorschlag, uns in einem Lager unterzubringen und gab ihr eine kleine Skizze davon. Sie will es an den Kreisamtsleiter Hils weiterleiten. Mal sehen, was der macht. Hoffentlich klappt's! – Am Nachmittag war 3mal Öffentliche Luftwarnung. –

Bad Cannstatt. Sonnabend, den 9. Dezember 1944

Den Vormittag verbrachte ich mit Briefschreiben. Ich schrieb 7 Briefe. – Um 12 Uhr wurde Alarm gegeben. Hunderte von Bombern überflogen unter starkem Jagdschutz die Stadt. – Um 14 Uhr beim Essen erfuhr ich, daß Vati auf Urlaub ist, und wir deshalb nach Cannstatt kommen sollen. Schnell wurde noch Urlaub beim Chef und beim »Olaf« geholt u.s.w. Um 3.08 fuhr der Zug. Wir hatten inzwischen erfahren, daß heute mittag Stuttgart angegriffen wurde. In Horb mußten wir in den Zug nach Tübingen umsteigen. Dort stiegen wir in einen überfüllten Zug, der uns bis Eßlingen brachte (vor Eßlingen standen wir wegen Fliegeralarms 1 Stunde), von wo aus wir mit der Vorortsbahn bis Untertürkheim kamen. Dort brannte es an vielen Stellen. In der Straße waren riesige Bombentrichter, die zumeist mit Wasser gefüllt waren. Es war eine herrliche Sauerei. –

Als wir in unsere Gegend kamen, sahen wir, daß es auch hier an mehreren Stellen brannte. Vor der Kemmelbergstraße 6 ist ein riesiger Trichter, mit Wasser gefüllt. – Wir gingen gleich in den Stollen für ½ Stunde. Dann schliefen wir mit Frau Möhrle zusammen in Weinschenks kleiner Stube. –

Sonntag, den 10. XII. 1944. 2. Advent

Heute gab es viel zu reparieren und zu arbeiten. Die 1. Handlung war, daß wir Vatis Jacke unter dem Dreck hervorgruben. Also bei uns sieht es schon lieblich aus. Selbst auf dem Dachboden liegen große Dreckbollen. Am Vormittag war Fliegeralarm. Wir waren im Stollen. – Am Abend saßen wir bei Kerzenschein noch mit Frau Möhrle zusammen. Wir schliefen auch wieder dort. –

Rottweil. Montag, den 11.XII.44

Heute früh mußte ich mich schon wieder zur Abfahrt richten. Um ½ 11 Uhr ging ich nach Untertürkheim und fuhr von dort mit dem Vorortszug nach Eßlingen. Dort war zwei Stunden Fliegeralarm. Zuerst standen wir wie die Ölsardinen im Keller. Nachher ging alles, obwohl die Flak schoß, auf die Straße und sah sich das Abfliegen der Bomber an, die wahrscheinlich wieder Stuttgart angegriffen hatten. Über Tübingen-Balingen gelangte ich nach Rottweil, wo ich um ½ 9 Uhr ankam. – Hier regnete es, und die Straßen waren vereist. –

Dienstag, den 12. XII. 44

Heute mußten wir (DEO) einen Gepäcksonderzug (Flüchtlingsgut) ausladen. Ich wurde dann bald zum Kohlenholen abkommandiert, wozu ich dann auch den ganzen Tag brauchte. – Es regnete wieder viel. –

Am Abend ging ich bei sternklarem Himmel mit dem kleinen Hermann Metzger aus Kl. 2a etwas spazieren. –

Mittwoch, den 13. XII. 44

Am Vormittag luden wir wieder am Bahnhof aus. Am Nachmittag fuhr ich mit einem städtischen Pferdewagen zum Gaswerk, um Koks für den »Franziskaner« zu holen. – Am Morgen lag eine schöne, weiße Schneedecke da, die aber bis zum Abend teilweise wieder weggeschmolzen war. –

Donnerstag, den 14. XII. 44

Heute vormittag hatten wir wieder einmal 3 Stunden Schule. – Am Nachmittag war ich auf dem Bann, um mir Anweisungen für meine morgige Kurierfahrt nach Stuttgart zu holen. Auf diese Weise kann ich schon wieder 2 Tage »blau« machen. –

Freitag, den 15. XII. 44. Bad Cannstatt

Früh um 6 Uhr fuhr ich in Rottweil ab. Bis 1 Uhr mußte ich auf dem Gebiet warten. Dann erhielt ich das, was ich holen sollte. Zu Hause war die Freude groß, daß ich noch einmal kam. – Am Abend war Alarm. Wir gingen in den Stollen, der jetzt sehr naß ist. –

Rottweil, Sonnabend, den 16. XII. 1944

Am Vormittag machte ich Besorgungen in der Stadt. Gegen Mittag war Alarm, und am Nachmittag fuhr ich wieder nach R. zurück. Zu Mittag griffen die feindlichen Terrorbomber Kornwestheim und Ludwigsburg an. – Mit 2 Stunden Verspätung kam ich um ½ 12 Uhr hier an. –

An den Vater, Kärtchen, den 17. XII. 44

(…) Gerade überfliegen große Flugzeugverbände die Stadt, wenn es feindliche sind, werden wir in 10 Minuten Alarm haben. Zuerst müssen sie aber drüber weg sein. Die hiesige Luftwarnzentrale ist auch ein typischer Fall von Langzeitzünder!

An die Mutter, Kärtchen, Rottweil, den 17. XII. 44

(…) Heute hatten wir viel Fliegerei - wie froh bin ich, daß ich gestern und nicht erst heute fuhr!

Sonntag, den 17. XII. 1944. 3. Advent.

Am Vormittag schrieb ich Briefe. – Am Nachmittag ging ich allein etwas vor der Stadt spazieren und las von Hermann Bredehöft »Preußischer Herbst«, eine sehr schöne Novelle. –

Wir hatten 6mal Öffentliche Luftwarnung und 3mal Alarm. Das Wetter war sehr schön. – Am Abend war noch 2mal Öffentliche Luftwarnung und einmal Alarm. –

Montag, den 18. XII. 1944

Deutsche Truppen traten heute früh ½ 6 Uhr zum Gegenangriff an. Die feindlichen Linien wurden überrannt! Der erste Schritt zum Endsieg! Am Nachmittag sahen wir in der Jugendfilmstunde den Film »Junge Adler«, der mir sehr gefiel. – Heute war auch wieder einige Male Öffentliche Luftwarnung. –

Dienstag, den 19. XII. 1944

Um 6.06 mußte ich nach Stuttgart fahren, um dort auf der Solitude etwas für Fräulein Storz zu holen. Der Zug fuhr aber erst 7.15 Uhr (das nennt man Pünktlichkeit!) hier ab und war gerappelt voll. Bis Oberndorf mußten wir zu zehnt auf der Plattform stehen. – Um ½ 1 Uhr, statt ½ 10 Uhr, kam der Zug in Stuttgart Hauptbahnhof an. Mit der Straßenbahn fuhr ich nach Feuerbach, dort mußte ich 20 Minuten laufen und fuhr dann weiter bis Bergheimer Hof, von wo aus ich die gerade Straße zum Berg hinaufging. Während dieser Zeit waren über Stuttgart Luftkämpfe. –

Nachdem ich bei den Leuten war, zu denen ich mußte, kehrte ich auf dem gleichen Weg zum Feuerbacher Bahnhof zurück, von wo aus ich nach Cannstatt fahren wollte, um schnell einmal nach Hause zu gehen, doch ein Blick auf die Bahnhofsuhr sagte mir, daß es dazu nicht mehr reiche, deshalb kaufte ich mir am Bahnhof ein »Schwarzes Korps« und studierte es eingehend. –

Der Zug fuhr von Stuttgart mit 1 Stunde Verspätung ab und kam um 12 Uhr in Rottweil an. – Das Reisen habe ich jetzt gründlich satt! –

Mittwoch, den 20. Dezember 1944

Heute hatten wir die letzten zwei Schulstunden in diesem Jahr. Wir erhielten das Zeugnis. Meines ist ein Zeugnis der krassesten Gegensätze: In Zeichnen, Chemie, Biologie, Erdkunde erhielt ich kein Zeugnis. Eine 6 habe ich in Latein, eine 5 im Turnen. In Englisch habe ich 4 und in Deutsch und Musik 3, in Geschichte, Mathematik und Physik aber eine 2. In »Verhalten« und »Aufmerksamkeit« habe ich auch 2, im »Fleiß« befriedigend. Der 6 in Latein wegen erhielt ich eine Mitteilung, daß meine Versetzung gefährdet sei. Da werde ich mich jetzt in den Ferien hinters Latein machen. –

Donnerstag, den 21. Dezember 1944

Werner Plarre ist auf Besuch dagewesen. Er war am Westwall beim Schippen in St. Die, kam in die Front, wurde 2mal verwundet und bekam das KVK 2. Klasse mit Schwertern. Wir gingen zusammen ins Krankenhaus, besuchten dort Fritz Herre. – Ich muß jetzt zur Abwechslung wieder einmal umziehen, da mich das Wohnungsamt auf die Straße gesetzt hat. Weil ich bis jetzt noch kein Quartier habe, schlief ich heute nacht auf dem Sofa in Fräulein Hetzingers Küche. –

Am Abend war ich im Kino: »Komm zu mir zurück«. Viel Geist enthielt der Film nicht, doch war er ganz witzig. –

Freitag, den 22. Dezember 1944

Auch heute nacht schlief ich in Fräulein Hetzingers Küche. – Ich zog um, und zwar in die Suppengasse 10 zu Dreher, die ganz nette Leute zu sein scheinen. –

Sonnabend, den 23. Dezember 1944

»Morgen Kinder, wird's was geben…Einmal werden wir noch wach, heissa dann ist Weihnachtstag.«

Am Vormittag ging ich mit meinem kleinen Freund Wolfram Krisch etwas spazieren und erklärte ihm Rottweils Kirchen. – Heute früh war es ziemlich kalt. – Am Nachmittag übte ich mit Klünder zusammen das Kasperlespiel ein. Anschließend ging ich noch etwas in das Gasthaus zur Fahne in der Altstadt, um mir dieses anzuschauen, ob es für das Kasperle geeignet ist. – Auch der Abend war ausgefüllt, und zwar mußten wir noch den Kuchen beim Bäcker holen. – Seit heute mittag ist der Zutritt in den inneren Saal nicht mehr erlaubt. –

Sonntag, den 24. Dezember 1944

Am Morgen lernten wir noch 3 Weihnachtslieder für unsere Weihnachtsfeier, doch muß ich leider gestehen, daß ich jetzt schon Text und Melodie wieder verlernt habe. –

Nach dem Essen war Alarm. Wir gingen auf die Felder Richtung Klosterbach und knüpften gleich einen Spaziergang an. In der Ferne schoß die Flak heftig, Flieger und Luftkämpfe waren über uns zu hören, doch nicht zu sehen, obwohl wir wunderbaren blauen Himmel hatten. Gegen 3 Uhr war noch einmal Fliegeralarm. In der Pause zwischen den beiden Alarmen besuchte ich mit meinen zwei kleinen Freunden Wolfram Krisch und Hans Rohrbach Fritz Herre im Krankenhaus. Um 4 Uhr aßen wir zu Nacht.

Um 5 begann die Weihnachtsfeier. Der Saal und der Tannenbaum waren sehr schön geschmückt. Die Feier war sehr gut angelegt. Wir erhielten dann bei der Einbescherung 1 Schachtel voll der schönsten Süßigkeiten, 1 Buch – eine kleine Erzählung –, eine Zahnbürste, Zahnseife, Hosenknöpfe und Haarwaschmittel. Außerdem 250 gr Fleisch und 2 Eier in Marken. –

Dann aßen wir 2 große Stücke feinster Torte und tranken Apfelsaft. Als dann, nachdem der Chef gegangen war, die Stimmung ausartete, zog ich mit meinen beiden »Söhnchen« ab. – Bei Drehers erhielt ich dann noch ein Glas Rotwein vorgesetzt und einen großen Teller Gutsle. Oh, in meinem Magen ist kein Platz mehr für all das Gute noch. –

1. Feiertag, Montag, den 25. Dezember 1944

Heute früh frühstückte ich nur Gutsle. Für das herrliche Mittagessen: Mannheimer Braten, Kartoffelsalat und Hörnle, hatten wir alle kaum Platz. – Anschließend gingen Klünder und ich in die Mütterschule, wo wir vor den Kindern der Flüchtlinge Kasperle spielten, wobei wir allerdings 2mal durch Fliegeralarm unterbrochen wurden. Wir hatten einen ganz guten Erfolg! – Mit Wolfram Krisch ging ich dann noch etwas spazieren. – Das Abendbrot aßen wir heute daheim. Wir bekamen dazu den feinsten Aufschnitt, und zwar so viel, daß ich nicht einmal alles essen konnte. –

Mittwoch, den 27. XII. 1944. Fohrenbühl

Heute früh um ½ 9 Uhr zogen wir 6 Mann hoch mit Chef und seiner Frau und Fräulein Storz und Fräulein Denzel in Richtung Schramberg ab. Als wir kurz vor Sulgen waren, wurde Fliegeralarm gegeben. 8 Lightnings flogen über uns umher. Sie waren bei dem schönen Wetter gut zu sehen. – In Schramberg wurde ein zweites Mal Alarm gegeben. Gegen 4 Uhr kamen wir droben an. Wir 6 belegten das Führerzimmer. Mein 1. Gang war zum Platz des Zeltlagers; die Gärten sind noch sehr gut erhalten. Als wir dann in die Wirtschaft gingen, traf ich Bernfried Jauch. – Am Abend war ein schöner Sonnenuntergang, den ich mir vom Turm aus ansah. –

Donnerstag, den 28. XII. 1944

Am Morgen war ein wundervoller Sonnenaufgang; die Alpen waren fein zu sehen. – Den ganzen Morgen flogen Jabos über die Gegend. Vom Turm aus beobachteten wir, wie sie nördlich und südlich von uns Tiefangriffe flogen und Bomben warfen. – Heute war wieder wunderschönes Wetter. – Am Abend gingen wir zu fünft zum Apfelfelsen, doch fanden wir ihn leider nicht. – Heute war wieder ein wundervoller Sonnenuntergang. –

Heute vormittag machten wir einen Spaziergang zur Schondel-
höhe und zum Moosenmättle. Auf ersterer steht ein FMG. – Es
war bewölkt. – In der Mittagspause widmete ich mich, wie die
anderen, dem Studium von Rolf Torrings. – Den Nachmittag
und Abend verbrachten wir mit allerhand Spielen. –

Sonnabend, den 30. XII. 1944

Heute vormittag gingen wir zu fünft nach Sulzbach, schliffen
auf dem vielen Eise, das es dort gibt, und kehrten über die Schi-
abfahrt wieder zurück. – Am Nachmittag bauten wir zu viert
Stellungen im Sandsteinbruch und warfen sie dann mit Steinen
wieder zusammen. – Am Abend spielten wir noch allerlei. –

Rottweil, Sonntag, den 31. Dezember 1944. Silvester.

Um ¼ 9 Uhr zogen wir in Richtung heimwärts wieder los. Es lag
10 cm Schnee, der das Laufen sehr erschwerte. Trotzdem waren
wir um ½ 3 bereits in Rottweil (der Weg beträgt 33 km), wo wir
erst einmal vesperten. – Am Abend feierten wir etwas Silvester.
Es gab wunderbare Torte. –
Dieses Jahr ist nun beendet. Es brachte viel Schweres für uns
Deutsche und manche Rückschläge, doch wir haben daraus gelernt und werden unsere Sache dafür um so besser machen!

An die Mutter, Neujahrskärtchen, Rottweil,
den 31. Dezember 1944

Wir waren zwischen Weihnachten und heute einige Tage auf
dem Fohrenbühl. Dort war es sehr schön. In der Zwischenzeit
haben Jabos auf dem Rottweiler Bahnhof 3 Lokomotiven zu-
sammengeschossen. Schreibe mir bitte, ob Du jetzt wieder in

Stuttgart bist, damit ich Dir das Zeugnis zum Unterschreiben
senden kann. Dein Paket ist hier eingetroffen, ich hole es morgen auf der Post.

Neujahr 1945

Am Morgen schlief ich erst einmal von den Anstrengungen des
alten Jahres aus. – Der Führer hielt heute nacht eine Ansprache, die sehr sieges-
zuversichtlich war. – Um die Mittagszeit war Alarm. Wir ließen uns aber dadurch
nicht stören, sondern spielten so lange im »Franziskaner«. –
Am Nachmittag beschäftigte ich mich mit dem Bau eines englischen Bombermodells. – Heute hat es den ganzen Tag über geschneit. –

Dienstag, den 2. Januar 1945

Am Vormittag baute ich wieder an dem Bomber. Im Laufe des
Tages war einige Male Öffentliche Luftwarnung. Dabei wurden
um ½ 2 Uhr von einigen Flugzeugen Bomben auf Schwenningen geworfen. – Am Nachmittag mußten wir zu dritt im Bann-
keller Rüben verlagern. –
Deutsche Bomber griffen gestern früh die feindlichen Flug-
plätze im belgisch-holländischen Raum an und zerstörten dabei 400 Flugzeuge am Boden. 100 wurden schwer beschädigt
und 79 in Luftkämpfen abgeschossen. Damit hat also der Feind
gestern rund 600 Flugzeuge verloren. – Nur so weiter! –

Mittwoch, den 3. Januar 1945

Heute früh fuhren wir zu 5. mit Herrn Ottmar, Herrn Kneile
und Herrn Köpf und Frau nach Schwenningen zur Trauerfeier

für den in den letzten Tagen hier an einem Herzschlag verstorbenen Studienrat Krauß. –

Die Schäden von gestern sind gar nicht so gering. Es wurden ungefähr 30–40 Häuser beim Bahnhof zerstört. Die Gleise wurden mehrmals getroffen. Bis jetzt hat man 60 Tote ausgegraben, doch liegen noch viele unter den Trümmern. Um die Mittagszeit war Alarm. Tiefflieger flogen in der Nähe verschiedene Angriffe, so warfen sie u. a. Bomben auf das Gut Neckarburg und auf den Bahnhof Talhausen. Wir konnten sie bei den Angriffen gut beobachten. –

Die Trauerfeier im Krematorium war sehr schlicht. Wir legten auch einen Kranz im Namen des Standortes nieder. Mich beeindruckte sehr, wie würdig die Witwe den Schmerz trug. Und diese Frau sieht sehr leidend aus. Ich drückte ihr im Namen des Standortes unsere herzliche Anteilnahme aus. Sie hat sich sehr über unsere Anwesenheit gefreut. – Anschließend gingen wir noch durch die Stadt und kehrten ein. –

Donnerstag, den 4. Januar 1945

Als wir heute mittag gerade mit dem Essen fertig waren, wurde ganz überraschend Fliegeralarm gegeben. Wir hörten das Geheul stürzender Flugzeuge. Panikartig suchten wir den Luftschutzraum auf. Es waren Bordwaffen und Bombenexplosionen zu hören. Wie wir nachher hörten, wurde ein Haus am Anfang von Göllsdorf zerstört. Es gab dort Tote. Die übrigen Bomben fielen aufs freie Feld. –

Am Abend war ich im Kino. In der Wochenschau wurde u. a. ein Besuch bei Feldmarschall Mackensen gezeigt. Der Hauptfilm hieß: »Das war mein Leben«. Es war der Lebensbericht eines Landarztes, der in seinem Berufe alt geworden ist. Der Film enthielt ernste und lustige Szenen und manche Tragik. Die Hauptrolle wurde von Karl Raddatz meisterhaft gespielt. –

An die Mutter, Rottweil, den 4. Jänner 1945

Zuallererst wünsche ich Dir ein glückliches frohes Neues Jahr, das nicht wieder so viel Schweres, wie das letzte, mit sich bringt, sondern endlich den deutschen Endsieg und den Frieden. –

Habe meinen herzlichen Dank für das liebe Paket. Die Süßigkeiten haben mir sehr gut geschmeckt. Daß Du mir Deinen Faust gesandt hast, hat mich sehr gefreut, doch jetzt besitze ich 2 Faustausgaben. Ich habe Dir doch im letzten Urlaub erzählt, daß ich von Fräulein Hetzinger eine kleine (im Format kleine) Ausgabe, die den I. und II. Teil enthält, habe. Ich werde Dir den Deinen also bei Gelegenheit wieder zurückgeben. –

Aus Deiner Karte, die dem Paket beilag, ersah ich, daß Du mich neulich erwartet hast. Ich war auch tatsächlich in Stuttgart, doch da wir mit dem Zug erst um ½ 1 Uhr, statt um ½ 10, ankamen, reichte es mir gerade auf die Solitude, wo ich das, was ich holen sollte, nicht einmal bekam. Wenn ich aber vorher gewußt hätte, daß der Zug am Abend mit 1 Stunde Verspätung abfuhr, dann wäre ich doch nach Hause gekommen. Der Zug kam um 24 Uhr in Rottweil an, also auch wieder mit 2 Stunden Verspätung. –

Weihnachten haben wir hier in Rottweil sehr schön gefeiert, wir erhielten jeder ein Buch und viele Gutsle, außerdem eine Zahnpasta, was ja heute eine kleine Kostbarkeit ist. Ich lege die 280 gr Fleischmarken und die 2 Eierabschnitte diesem Briefe bei, da ich keine Verwendung dafür habe. Das Essen war auch sehr gut. Wir erhielten u. a. jeder 2 große Stücke Torte. Am 1. Feiertag gab es zum Mittagessen Mannheimer Braten. Kennst Du das? -

Wie hast Du das Fest verbracht?-

Am 1. und 2. Feiertag spielte ich mit einem Kameraden zusammen bei den Flüchtlingskindern Kasperle. Die Puppen dazu hatte man uns besorgt. Es gelang uns ganz gut, und die Kinder haben sich sehr gefreut. Für das 2. Mal erhielten wir zusammen eine Flasche Weißwein, die wir gleich anschließend geleert haben. Du brauchst aber deswegen nicht zu befürchten, daß ich zum Säufer werde. – Du schreibst, wir sollten mal nach Bietigheim kommen, das ist aber jetzt leider unmöglich; denn die Bahnstrecke nach Stuttgart wurde in letzter Zeit mehrere Male unterbrochen. Auf dem Bahnhof in Sulz lagen Silvester noch tote Pferde umher. Gestern wurde der Bahnhof Talhausen und das Gut Neckarburg getroffen. Vorgestern wurden 30–40 Häuser in Schwenningen total zerstört. Bis jetzt wurden 60 Tote geborgen, doch liegen noch mehr unter den Trümmern, die Bomben fielen bei Öffentlicher Luftwarnung. Das Bahngleis in Schwenningen wurde mehrmals getroffen. –

Doch jetzt habe ich etwas vorgegriffen.

Wie Du jetzt unterdessen wohl schon weißt, mußte ich zwei Tage vor Weihnachten umziehen, weil mich das Wohnungsamt aus meinem alten Quartier bei Fräulein Hetzinger hinausgeworfen hat. Ich schlief zuerst 2 Tage auf der Couch in Fräulein Hetzingers Küche, da das Wohnungsamt nicht im Stande war, mir ein neues Quartier zu besorgen. Erst durch das Eingreifen von Herrn Dr. Schumm erhielt ich von der Ortsgruppe dieses Quartier am 22. Dezember. Meine neue Adresse ist: Suppengasse 10 bei Dreher. Dies sind ganz nette Leute. Der verstorbene Mann war Sparkassendirektor. Das Zimmer ist auch besser als das letzte, das hält mich aber nicht davon ab, Fräulein Hetzinger ab und zu zu besuchen. Lange werde ich hier ja auch nicht mehr bleiben, da ich damit rechne, Ende Januar zur Heimatflak zu kommen. Ehrlich gesagt, ich freue mich sogar darauf. –

Mein früherer Klassenkamerad Werner Plarre besuchte uns neulich hier. Er war in St. Die beim Schippen, geriet in die Front und wurde beim Zurückgehen, nachdem sie die Munition verschossen hatten, zweimal verwundet. Er erhielt das KVK 2. Klasse mit Schwertern. –

Zwischen Weihnachten und Neujahr waren wir, d.h. 6 Jungen, Fräulein Storz, Fräulein Denzel und Chef mit Frau, auf dem Fohrenbühl. Wir gingen beide Wege über Schramberg zu Fuß. Droben war es sehr schön. Frau Mutschler hatte gerade Schweineschlachten, da fiel natürlich für uns auch etwas ab.

Am Silvestermorgen hatte es geschneit. – Silvester wurde wieder in Rottweil mit Torte gefeiert. – Gestern war ich mit 4 anderen Kameraden und 3 Lehrern bei der Trauerfeier für den in den Feiertagen an einem Herzschlag verstorbenen Studienrat Krauß. (…) Anschließend sahen wir uns noch die Schäden in der Stadt an. Während dieser Zeit wurde Öffentliche Luftwarnung gegeben, wie da die Leute rannten! Von einem höher gelegenen Waldrand aus konnten wir beobachten, wie »Jabos« die Schramberger Gegend angriffen. – Schicke mir bitte, wenn Du kannst, Bettwäsche! Anbei sende ich Dir das Zeugnis. Beiliegender Zettel ist das Ergebnis der Lateinnote. Bei einem im Durchschnitt so guten Zeugnis hätte ich in Cannstatt diesen Zettel nicht erhalten. Ich arbeite jetzt in den Ferien etwas Latein, damit ich das wieder reinhole, was ich bei Dr. Allmendinger verlernt bzw. nicht gelernt habe. – Also des Zettels wegen brauchst Du Dir keine Sorgen zu machen.

Auf dem Rücken des Briefumschlages: Am 4. I. wurde bei einem Angriff auf den Rottweiler Bahnhof ein Haus in Göllsdorf durch Bombenvolltreffer zerstört. Es gab Tote. Die Rottweiler haben »die Hosen voll«.

Freitag, den 5. Januar 1945

Am Vormittag gab es im »Franziskaner« allerhand zu erledigen. – Kurz nach dem Mittagessen war Vollalarm. – Am Nachmittag machte ich im »Franziskaner« einige Spiele mit einer kleinen Schar Pimpfe aus dem Saargebiet, die auf der Durchfahrt nach dem Gebirge waren. Es waren ganz nette Jungen dabei, doch ihr Führer war bestimmt kein Vorbild. –

Der Rest des Nachmittages war mit Besorgungen für die Küche ausgefüllt. –

Auch heute war der Vormittag wieder mit Besorgungen für das Franziskanerheim ausgefüllt. Am Nachmittag schrieb ich Briefe. – Über die Mittagszeit war zweimal Alarm. –

Sonntag, den 7. I. 1945

Über Mittag und am Abend war Alarm. – Am Nachmittag beschäftigte ich mich mit »Des Sonnenstrahls Reisen«, und da mich heute anscheinend die holde Frau Poesie geküßt hat, gelang es mir, zwei längere Gedichte zu schreiben: »Abend« und »Weihnacht«. –

7./8. I. 45

Es war am Abend noch zweimal Alarm. Um ½ 1 Uhr wurde endgültig entwarnt. –

Montag, den 8. I. 1945

Heute fuhr ich nach Stuttgart. Um 7 Uhr erwachte ich, statt um 5 Uhr. Wie ein Blitz fuhr ich aus dem Bett und war um ¼ 8 Uhr am Bahnhof. Der Zug war noch da. Ich löste eine Fahrkarte nach Oberndorf. Der Bahnhofswachmann ließ mich noch durch die Sperre, und kurz nachdem ich im Zug war, fuhr er ab. In Horb fand ich meine Reisegefährten. Doch diese hatten meine Fahrkarte an Dietrich gegeben. In Stuttgart marschierten die anderen mit ihren abgestempelten Karten durch die Sperre und gaben mir hinter der Sperre eine Karte. Mit dieser spazierte ich frech hinaus. Als ich in Cannstatt war, gab es Alarm, und ich ging mit anderen in den Spitzbunker am Wilhelmsplatz. Nach einigen Besorgungen ging ich nach Hause und spielte ¼ Stunde Klavier. Am Abend kam ich mit nur 1½ Stunden Verspätung hier an. –

Dienstag, den 9. I. 1945

Heute hatte ich wieder allerlei für den »Franziskaner« zu besorgen. – Es war eine halbe Stunde Alarm nach 3 Uhr. –

Mittwoch, den 10. I. 1945

Über Mittag war lange Alarm, am Nachmittag zweimal Öffentliche Luftwarnung. – Am Abend spielte ich mit Fräulein Dreher einige Partien Dame, die ich alle gewann. –

An die Mutter, Rottweil, den 10.Januar 1945

Habe meinen herzlichen Dank für Deinen lieben Brief vom 30. XII. 44 und vom 2. 1. 45. Ich kann Frau Sauer keinen Einlieferungsschein schicken, da ich das Paket nicht als Einschreiben schicken konnte, in Rottweil werden nämlich seit Mitte oder Ende November keine Einschreiben über 100 gr und seit Mitte Dezember überhaupt keine Einschreiben mehr angenommen, sonst hätte ich nämlich das Zeugnisheft auch als Einschreiben gesandt. Inzwischen werden Sauers auch die Einlaufbestätigung erhalten haben. –
Ich komme jetzt nicht nach Bietigheim, weniger der vielen Tiefangriffe auf die Züge wegen, sondern wegen der Fahrerei überhaupt, da der Zug von Stuttgart - Rottweil bis zu 7 Stunden Verspätung hat. Da ist das Fahren wahrhaftig kein Vergnügen mehr. Doch ich rechne mit verlängerten Ferien, der Kohlenknappheit wegen, da selbst Betriebe wie IG, Mauser und Junghans Kohlenferien hatten, dann komme ich einmal nach Bietigheim. Ich kündige es aber vorher noch einmal an. –
Vorgestern war ich als Kurier in Stuttgart. Der Zug hatte »nur« 1½ Stunden Verspätung. Es war eine Fahrt mit Hindernissen. Die Hinfahrt kostete nur 75 Rpf. Wie das kam, daß ich ohne zu wollen die Reichsbahn um fast 4 RM geprellt habe, beschreibe ich Dir bei Gelegenheit einmal genauer. Ich ging ein-

mal kurz nach unserer Ruine und spielte ¼ Stunde Klavier. – So etwas Verrücktes - wirst Du jetzt denken. –

Über die Zeilen von Rose habe ich mich sehr gefreut. Sage ihr bitte meinen Dank dafür. Grüße auch bitte Sattels. – Hier ist es jetzt ziemlich kalt. Wir haben auch ganz ordentlich Schnee. Wenn wir irgend etwas mit dem Schlitten besorgen müssen, dann benützen wir gleich die gute Gelegenheit und probieren jeden Abhang aus.

Ich komme, nach dem, was ich jetzt weiß, nicht zur Flak, sondern bleibe als HJ-Führer hier.

Donnerstag, den 11. I. 1945

Heute war es ziemlich kalt. – Am Abend, als es bereits dunkel war, führten wir alle miteinander verfaulte Rüben zum Neckar und warfen sie hinein. Dabei wurden wir erwischt. Das kann noch ein übles Nachspiel haben. –

Freitag, den 12. I. 1945

Heute früh war es so kalt, daß das Waschwasser eingefroren war. – Wir hatten heute Sonnenschein und blauen Himmel. – Im Laufe des Tages war 3 mal Öffentliche Luftwarnung. –

Am Morgen kehrte »unser Hannanele« zurück. Jetzt kann man wenigstens auch wieder »in Ruhe krank werden«!

Sonnabend, den 13. I. 1945

Am Vormittag besorgte ich allerlei Kleinigkeiten. Über Mittag war Alarm. Ich betätigte mich als »Standortverdunkelungsflicker« und habe mich dabei bewährt. Ich werde wohl einen Orden dafür bekommen. –

Sonntag, den 14. I. 1945

Am Vormittag tat ich nicht viel. – Über Mittag war einige Male
Öffentliche Luftwarnung. – Den ganzen Nachmittag verbrach-
te ich erst im »Franziskaner« und dann im Revier mit Spielen.
Wir haben viel gelacht. –
Am Abend spielte ich dann noch mit Drehers 66 und Binokel. –
Von 10–½ 12 Uhr war am Abend Fliegeralarm. Feindliche
Flugzeuge überflogen die Stadt. –

Montag, den 15. I. 1945

Von ½ 12–2 Uhr Fliegeralarm. Feindliche Kampfverbände überflogen uns. – Am Nachmittag übte ich mit Gerhard Hilt ein
Kasperlstück: »Die verfaulten Kartoffeln« ein. Wir führen es
morgen in der »Fahne« auf. – Am Abend spielte ich mit Drehers noch einen Binokel. –

Dienstag, den 16. I. 1945

Am Nachmittag spielten wir das Stück in der »Fahne«. Die Kin-
der waren voller Freude. Wir wurden kurz von Alarm unter-
brochen. –
Von Erhard Wittek las ich »Der Marsch nach Lowitsch«. Das
Büchlein schildert das grauenhafte Erleben der Deutschen in
Polen im September 1939. –
Heute führe ich 2 Jahre Tagebuch. –

16./17. I. 1945

Kurz nach 12 Uhr war ½ Stunde Alarm. –

Mittwoch, 17. I. 45

Heute las ich den ganzen Nachmittag. Das Buch heißt: »Der
Letzte vom 'Admiral'«. Es ist eine sehr interessante Erlebnis-
schilderung. –

271

Am Vormittag las ich von Josef Viera: »Der afrikanische Wald-
läufer«. – Der Nachmittag war der KLV-Chronik gewidmet. –

*(Das Tagebuch enthält für den 19. – 22. Januar keinen Eintrag. Die
Aufzeichnungen vom 23. Januar bis 5. Februar sind Lagertagebuch
im Führernachwuchslager Harpprechtshaus bei Schopfloch – entsprechend der Aufgabe im Lager mit Zeichnungen versehen – der Lagerführer hat sie zensiert.)*

Jungvolkjungen sind hart, schweigsam und treu!
Jungvolkjungen sind Kameraden!
Des Jungvolkjungen Höchstes ist die Ehre!

Meine Ehre heißt Treue!

Dienstag, 23. Januar 1945

Um 17.38 Uhr fuhr ich in Eßlingen nach Oberlenningen ab. –
Schneeflocken schwebten sachte herab. Kurz nach ½ 20 Uhr war
ich in Oberlenningen. Eine Frau, die, wie sie sagte, auch auf
dem Harpprechtshaus wohnt, gesellte sich zu mir und forderte
mich auf, mit ihr in das Gasthaus zum »Rößle« zu gehen, wo sie
sich nach dem Autobus bis Gutenberg erkundigen wollte. Dort
erhielt sie den Bescheid, daß das Auto nicht fährt. Sie wollte
sich dort noch etwas aufhalten, doch da ich aufbrach, um zu gehen, überlegte sie es sich auch gleich anders und ging mit. Unterwegs hat sie mir dann deshalb Vorwürfe gemacht, doch das
»ließ mich kalt«; denn ich habe sie nicht zum Mitgehen aufgefordert. – Ich hatte jedenfalls den Befehl, um 22 Uhr im Lager
zu sein. –

Das Gehen war durch den vielen Schnee sehr beschwerlich.
Nur langsam kamen wir vorwärts, besonders weil ich mich an
das Tempo meiner Begleiterin halten mußte. – In Gutenberg, es
war bereits 9 Uhr, machte sie den Vorschlag, daß ich voraus-

gehen solle, was ich auch sogleich machte. Am Ortsausgang erkundigte ich mich nach dem weiteren Weg nach Schopfloch. Ich wollte der Straße folgen, doch als man mir sagte, daß ich da noch 2½ Stunden zu laufen hätte, kam ich schnell von meinem Plan ab und schlug den Fußweg ein, der sich steil in vielen Serpentinen den Hang hinaufzieht. Durch den Schnee war es ziemlich hell, so daß ich den Weg nicht verlor. Bald war ich auf der Höhe angekommen, ein schmaler Pfad zog sich durch den Schnee, wer daneben trat, versank tief im Schnee. –

Im Dorf pochte ich an eine Türe und erkundigte mich bei der alten Frau, die öffnete, nach dem weiteren Weg. – Am Ortsausgang trat eine Frau im Nachthemd aus einem kleinen Haus und schüttete den Inhalt des Nachttöpfchens in den Schnee. Dort fragte ich noch einmal. –

Ich stapfte durch den tiefen Schnee, kein Weg war zu sehen, und der Wind trieb mir den Schnee entgegen. Überall waren tiefe Schneewehen. Endlos zog sich eine Reihe kleiner, kahler Bäumchen dahin, doch bald merkte ich, daß dies keine Bäumchen sondern zur Wegmarkierung in den Schnee gesteckte Äste waren. –

5 Minuten später stand ich vor dem Harpprechtshaus, und auf mein Klopfen hin wurde mir geöffnet. Es war 22.02 Uhr. –

Nachdem ich mich bei Rudi, dem Lagerführer, gemeldet hatte, wärmte mir Frau Cuhorst, die hier die Küche führt, noch Eintopf vom Abend. Werner, der Lmf, half mir bei seiner Vertilgung.

Um 11 Uhr wurde mir meine Falle auf Zimmer 10 angewiesen, wo bereits 7 lagen. Als Werner das Licht andrehte, blinzelten sie alle etwas verschlafen. Der »Neue« wurde beaugapfelt, und bald war ein Gespräch angefangen. Nachdem ich meine Falle bezogen hatte, tauchte ich im Kahn unter. –

Mittwoch, 24. Januar 1945

Heute weckte uns Werner um ¾ 8 Uhr. Zum Aufstehen nahmen wir uns etwas viel Zeit, was zu einem kleinen Stein des Anstoßes wurde. Nach dem Waschen erhielt ich meine Lageruniform. Nach dem Frühstück zeigte uns Werner, wie man Betten und Spinde vorschriftsmäßig baut. Im Tagesraum gab er uns Unterricht über die Lagerordnung und was der FvD dabei zu tun hat. – Vom Mittagessen ab war ich FvD.

Der Nachmittag brachte zuerst Lagerruhe. An diese anschließend war Arbeitszeit bis 16 Uhr. Wir arbeiteten an unseren DJ.-Abenden. –

Nach dem Kaffee zog der Lehrgang, allerdings nur 6 Mann von 12, da der Rest zum Küchendienst eingeteilt war oder Besorgungen in Schopfloch machte, hinaus. Wir spielten Wolfsjagd. 3 Mann waren die Wölfe, 3 Mann waren Jäger. Die Wölfe eilen voraus und machen Spuren, die die Jäger, die ihnen folgen, möglichst verwirren sollen. Sehen dann die Jäger einen Wolf, so »schießen« sie ihn mit einem Schneeball tot. Ich war unter den Jägern und verfolgte die Spur des Hauptwolfes. Ich konnte ihn aber nicht fangen, da er einen zu großen Vorsprung hatte. –

Weiß wie die Schneemänner kehrten wir zum Lager zurück. – Nachher las uns Joachim noch etwas aus einem Buche vor. – Nach dem Nachtessen las Rudi Geschichten von Münchhausen, Verse von Wilhelm Busch, unsere zwei Flötenspieler Theo und Willy spielten als Umrahmung auf der Blockflöte Volkslieder zweistimmig. – Nach Zapfenstreich diskutierten wir in Zimmer 10 noch über unsere Erfahrungen in der KLV. –

Donnerstag, den 25. Jänner 1945

Heute war Rolf FvD. – Im Dienstunterricht besprach Rudi kurz das Verhalten im Hause und die Pflichten des FvDs. Dann ging er zum Thema »Gesundheitspflege« über, das er sehr anschaulich und ausführlich behandelte. Wichtig ist: »Sauberkeit und Ordnung!« Gerold unterrichtete uns über Erste Hilfe.

Rudi streifte dann das Thema »Die positive Geschlechtserziehung«, über das er sich aber nicht weiter ausließ. Nach dem Mittagessen gingen Rolf und ich deshalb zu ihm und berichteten ihm über dieses Thema. Übrigens habe ich jetzt auch schon meinen Namen weg, und zwar nennt man mich »Goethe«. Das kommt daher, daß ich als Tischspruch ein Goethe-Zitat brachte und hinterher »Goethe« sagte.

Nach der Mittagsruhe war Arbeitszeit. Dann Wolfsjagd, diesmal mit Schneereifen. Ich war Wolf, wurde aber von meinen Jägern nicht erwischt. – Am Abend hörten wir Nachrichten über den Fortschritt der russischen Offensive in Schlesien. Das unendliche Leid, was jetzt die Schlesier zu tragen haben. Oh mein schönes Heimatland, was mußt du jetzt ertragen! Rudi hielt dann noch kurz eine kleine Rundschau. –

Freitag, den 26. I. 1945

Heute weckte uns Gerold als FvD. Die Tageslosung ist: »Viel leisten, wenig hervortreten, mehr sein als scheinen!« Rudi sagte heute morgen noch etwas über die Behandlung von Bettnässern, dann ging er zu dem Thema: »Benehmen im Umgang mit Vorgesetzten« über. – Während der Arbeitsstunde führten wir unser Tagebuch weiter. Ich machte in dieser Zeit ein Gedicht (…).

Statt Schneesport hatten wir heute Schreibstunde, da es draußen heftig stürmte. Am Abend hielt Rudi einen kleinen »Rheinischen Abend«, er erzählte aus seiner Heimatstadt Düsseldorf. Dann zogen wir z. T. um. Ich bin mit Willy und »Fritzchen« im Zimmer 8, dort ist pfundig leben. – Nach Zapfenstreich unterhielten wir uns noch lange über die deutsche Innerlichkeit. –

An die Mutter, Schopfloch, Harpprechtshaus, den 26. I. 45
Absenderort: KLV-Lager Wü/86
Harpprechtshaus bei Schopfloch/Kreis Nürtingen
*Der Brief ist nach Bietigheim gerichtet, wo sich die Mutter
bei Freunden befand.*

Dienstagabend bin ich nach 2stündigem Marsch durch tiefen Schnee und Schneetreiben hier gelandet. Frau Cuhorst, die hier

275

Wirtschaftsleiterin ist (sie ist die Frau vom Senatspräsidenten Cuhorst und kennt auch Jenneweins), machte mir gleich noch etwas Essen warm. Dann ging es, nachdem ich mein Bett bezogen hatte, in die Falle. – Morgens ist hier um ¼ 8 Uhr Wecken, um ¾ 8 Uhr Frühstück, anschließend Revierreinigen und Stubenappell. Dann kommt bis zum 2. Frühstück Dienstunterricht, dann wieder Dienstunterricht und Singen. Um ½ 1 Uhr ist Mittagessen. Bis 2 Uhr ist Ruhe, dann bis zum Kaffee um 4 Uhr Arbeitszeit. Dann bis zum Nachtessen wird draußen im Schnee herumgetollt. Nach dem Essen haben wir noch irgendeine Stunde fürs Gemüt. Am 1. Tag war ich gleich FvD, und morgen vertrete ich den Lagerleiter, obwohl Ältere da sind. Der Lagerleiter ist ein fabelhafter Kerl, alter Frontsoldat mit einem Lungenschaden. Überhaupt sind hier lauter fabelhafte Kerle aus allen Gauen Deutschlands. Wir sind 12 Mann. Heute haben wir keinen Schneesport, da es draußen ganz wild stürmt, dafür Briefschreibestunde. Übrigens habe ich auch schon meinen Namen weg (…).

Hier liegt der Schnee so tief, daß man bis über die Knie darin versinkt. – Wir sind eine ganz lustige Gesellschaft beieinander. Selbst beim Unterricht ist viel Spaß dabei. – Hier kann man überhaupt allerhand lernen, besonders da Rudi, unser Lagerführer, auf dem Standpunkt steht:»Pimpfe sind Kinder, und sie müssen so behandelt werden, exerzieren können sie beim Kommiß, jetzt sollen sie erst einmal spielen lernen« und»Wir sollen den Jungen das Elternhaus ersetzen, und deshalb müssen wir bei allem, was wir neu einführen, erst erwägen, ob dies bei den Eltern zu Hause auch so ist.« Von diesem Gesichtspunkt aus bekommt die KLV einen ganz anderen Sinn. –

NS. Ist Dietrich auch bei Dir? So grüße ihn bitte auch, auch Familie Sattel und Rose.

Sonnabend, 27. Januar 1945

Rudi war heute beim Zahnarzt, deshalb mußte ich ihn vertreten. FvD war Theo. Gestern hatte ich schon den Dienstplan ausgearbeitet und den Dienstunterricht gemacht. Schon beim Morgenappell war Rudi nicht mehr da, und so hielt ich diesen. »Uns sind Altar die Stufen der Feldherrnhalle.« Nach dem Revierreinigen hielt ich Dienstunterricht über das Thema:»Was mache ich mit meinen Jungen im Winter.«Ich ließ mich darin auch über das Märchen und das Volkslied als Ausdruck tiefen deutschen Gemütes aus. Doch glaube ich, daß einige meine Ausführungen entweder nicht verstanden haben oder sich diese nicht zu Herzen nahmen! – Anschließend trieben wir noch kurze Vorbereitungen für Rudis Geburtstag. – Während die Kameraden eine Prüfungsarbeit schrieben, deren Thema ich gestern mit Rudi durchgesprochen habe, beschäftigte ich mich mit allerlei kleinen Arbeiten. – Als ich Rudi heute mein Gedicht gab, war er sehr darüber erstaunt.»Ich habe meinen ›Goethe‹ anscheinend doch verdient?« – Kurz vor dem Mittagessen kam Rudi wieder zurück. –

Nach der Arbeitszeit zogen wir Zivil an, und dann wurde die Uniform, sowohl die Lager- als auch die eigene Uniform gereinigt. – Um 6 Uhr war Appell, außer einigen Flecken, die auf der Bluse waren, fiel bei mir nichts auf. – Kurz vor dem Appell mußte ich noch nach Schopfloch mit Schi, um den Doktor abzuholen. Nach dem Abendessen zeigte uns und den Alpenvereinsgästen ein Bergsteiger Filme u. a. auch von der Zimba. Sehr schöne Trickfilme zeigte er auch. Da haben wir tüchtig gelacht. –

Stube 9 mußte für heute nacht geräumt werden. Deshalb hat Rudi den Gerold für immer auf Zimmer 8 gelegt. Das ist sehr nett von ihm, ich glaube, er hat mir meinen heimlichen Wunsch von den Augen abgelesen, und dafür bin ihm recht dankbar. Um ½ 11 Uhr war Zapfenstreich. –

Sonntag, 28. Januar 1945

»Nicht die Gewalt der Arme, noch die Tüchtigkeit der Waffen, sondern die Kraft des Gemütes ist es, welche Siege erringt.« Fichte.
Rohe Gewalt siegt niemals über den Geist!

Heute weckte uns unser lieber Gerold wieder als FvD. Heute aber erst um 8 Uhr. Wir trugen heute unsere eigene Uniform. – Nach dem Revierreinigen und dem Stubendurchgang, Stube 8 war übrigens am besten auf Draht, besprach Rudi unsere Prüfungsarbeiten, d. h. ich habe ja keine gemacht. Was er darüber sagte, war sehr lehrreich. – Er las dann eine Geschichte von Verdun vor. Rudi hat mich mit der Verwaltung der Lagerbücherei beauftragt. Ich komme mir fast wie Spitzwegs »Bücherwurm« vor. *(Dazu, mit der Überschrift* Dichtung und Wahrheit *und Hinweispfeilen, Zeichnung nach Spitzweg links, rechts die der zwei Bücherfächer im Wandschrank.)* -

Nach dem Kaffee zogen wir los zur Pfulb. Wir stapften mit unseren Schlitten durch den tiefen Schnee. An der Pfulb angekommen, versuchten wir zu fahren, doch sank der Schlitten so tief ein, daß immer nur einer darauf sitzen konnte. Dann konnte es geschehen, wenn man mit gutem Schuß herabfuhr, daß der Schlitten mit einem Ruck steckenblieb und der Fahrer drei oder gar 4 m durch die Luft flog. Das war ein Spaß. Wir sahen zuletzt aus wie die Schneemänner. –

Am Abend, nach dem Nachtessen, veranstalteten wir einen Bunten Abend, bei dem ich nach Kräften auch meinen »Senf servierte«. –

Montag, den 29. Januar 1945

»Mein Glaube ist meine Liebe zum Vaterland.« Ulrich von Hutten.

Da Rudi heute Geburtstag hatte, brachten die beiden Bungards ihm ein Flötenständchen. –

Als Dienstunterrichtsthema hatten wir heute früh »Benehmen gegen Vorgesetzte« und »Tischsitten«. Bei letzterem mußte ich immer wieder daran denken, wie es damit bei uns in Rottweil bestellt ist. O je! Wenn ich mal wieder dort bin, dann werde ich wohl ordentlich Heimweh nach hier bekommen. – Nach der Arbeitsstunde gingen wir unter Rolf Wolgastens Führung hinaus in den Schnee und machten allerlei Spiele. Am Abend führten wir eine Herbert-Norkus-Gedenkstunde durch, in deren Verlauf ich auch etwas vorlas. –

Dienstag, den 30. Januar 1945

12. Jahrestag der Machtübernahme!»Wer will und an sein Können glaubt, wird immer an sein Ziel gelangen!« Der Inhalt des heutigen Dienstunterrichtes war:»Die Organisation der HJ«. Dann sprach Rudi über den Aufbau eines Heimabends. Dabei ist wichtig: 1. Thema, 2. wo findet der Heimabend statt, 3. Ausarbeitung und Vorbereitung. In der Singestunde lernten wir ein lustiges Lied:»Wir kommen aus Regino, / das weißen wir gewiß, / wo wächst der gute Vino, / wo man Polenta frißt (…)«.

(Benotung des Lagerführers: Gut)

Am Nachmittag tollten wir mit Rudi zusammen im Freien herum. Wir spielten u. a. auch»Fuchs aus dem Looooch«, wobei Rudi auch den Fuchs machen mußte. Am Abend war ich damit beschäftigt, einen kleinen Beitrag für die Lagerchronik zu schreiben. Nach dem Essen führte Rudi eine kurze Feier zum 30. Januar durch. Um 10.15 Uhr hörten wir gemeinsam eine kurze Ansprache des Führers zum 12. Jahrestag der Machtübernahme. –

Mittwoch, den 31. Januar 1945

Heute früh fiel der Stubendurchgang saumäßig aus; natürlich fielen wir auch wieder mit Kleinigkeiten auf, obwohl wir uns so Mühe gaben und in unserem Putzeifer sogar die Wände und - die Decke abwuschen. – Der Vormittag war dann weiterhin ausgefüllt mit Vorbereitungen für einen Bunten Abend, den wir am Sonntag im Otto-Hoffmeister-Haus ausführen wollen. –

Nach der Arbeitszeit war noch einmal Stubendurchgang, und da machten wir ausgerechnet den 3. O weh! – Dann hielt Rudi Unterricht über Dienstvorschriften in der KLV:
Erziehungsmaßregeln sind:
1. Zurechtweisung unter 4 Augen.
2. Zurechtweisung vor der Front.
3. Sonderdienstleistungen, bei nachlässiger Dienstverrichtungen, außer der Reihe oder der Zeit. Sie dürfen im Einzelfall, bei mehreren Pflichtverletzungen, 3 Stunden nicht übersteigen.
4. Ausgehverbot bis zu einer Woche.
5. Stubenarrest bis zu einer Woche, in der Freizeit in einem verschlossenen Einzelraum bei voller Verpflegung!
6. Versetzung in ein anderes Lager.
7. Ausweisung aus den Lagern der KLV.
Verboten sind:
1. Die Anordnung von schweren Arbeiten, die geeignet sind, die Gesundheit der Jugendlichen zu schädigen.
2. Körperliche Züchtigung, auch im Schulunterricht.
3. Unnötige Herabwürdigung in den Augen anderer Jugendlicher oder Verletzung des Ehrgefühls.
4. Strafexerzieren.
5. Nahrungsentzug. –
Am Abend hatten wir eine Lagerstunde, in der wir allerlei lustige Spiele machten. Besonders gefiel mir das Spiel »Der Festungskommandant von Straßburg«. –
Der heutige Tagesspruch heißt:»Man muß zuerst etwas lernen, um etwas leisten zu können.«

Donnerstag, den 1. Februar 1945

Heute bin ich FvD, deshalb weckte mich Anneliese ½ Stunde früher. –
Die heutige Tageslosung:»Nur wer dauernd nach Höchstleistungen strebt, kann sich in der Welt durchsetzen.«
Gleich nach dem Frühstück zog ich los zum Otto-Hoffmeister-Haus, was ich nach 1 Stunde erreichte. Der Weg dorthin

war saumäßig, da es in den letzten Tagen getaut hat. Zuletzt hatte ich klatschenasse Schuhe. – Am Nachmittag hielt ich einen Vortrag über »Das Laienspiel in der KLV«, dann sprach Kamerad Rheintal über den »Landdienst der HJ« und Kamerad Sachs über »Die Jägerei«. – Rudi behandelte dann noch das Thema »Sport und Spiel im Winter«. – Am Spätnachmittag probten wir die Lieder für den Bunten Abend am Sonntag. Auch der Abend war damit ausgefüllt. –

An die Mutter in Bietigheim, Schopfloch, den 1. Februar 1945

Die schönen Tage hier oben im Harpprechtshaus gehen leider ihrem Ende entgegen. Ich sehe es kommen, daß ich in dem Drecknest Rottweil allerhand Heimweh nach hier haben werde - und das ist auch zu verstehen. Es kann zwar sein, daß ich nicht in Rottweil bleibe, sondern in ein richtiges Lager versetzt werde, und das wäre sehr schön. Nach Bad Podiebrad komme ich jetzt nicht mehr, da die Reichsführerschule dort geschlossen wurde. – Hier ist ein pfundiger Betrieb; ich stehe auch ganz gut mit Rudi, unserem Lagerleiter. Was ich hier gelernt habe, hätte ich manchesmal eher wissen sollen – ich erkenne jetzt erst, was der Rottweiler Standort und seine Lmfs für ein Sauhaufen ist. Wenn wir am 6. Februar, der ach nun leider schon so nahe ist, von hier weggehen, dann müssen wir erst einmal nach Geislingen/Steige, wo wir über unsere weiteren Einsätze Bescheid erhalten. – (…)

Freitag, den 2. Februar 1945

»Mut ist mehr wert als die Macht des Schwertes.«
Heute früh waren wir endlich einmal die beste Stube, wir hatten aber auch Fußboden, Wände und Decke abgewaschen. – Rudi sprach heute vormittag kurz über »Sport und Spiel im Sommer« und über »Die Gestaltung der Morgenfeier«. Kurze Zeit widmete er auch dem Thema »Erziehungsgrundsätze des

281

völkischen Staates«. Dann trieben wir etwas Ordnungsübungen, denn jetzt geht es ja; fast aller Schnee ums Haus ist verschwunden. – Bis zum Mittagessen übten wir dann noch die Lieder für Sonntagabend. –

Nach der Arbeitsstunde gingen wir ins Freie und machten ein kleines Spiel, das sehr schön war. Der heutige Sonnenuntergang war so schön, wie wir es selten hatten. Am Abend nach dem Zapfenstreich eröffnete uns Rudi, daß die beiden Neuen, die am Sonntag gekommen waren, sich allerhand Urkundenfälschungen zuschulden kommen ließen. Das sind die Richtigen. –

Sonnabend, den 3. Februar 1945

Als wir heute früh aufwachten, stellten wir mit Erstaunen fest, daß es bereits 8 Uhr war. Alle Zimmerbesatzungen, außer der unseren, waren ausgeflogen. Als wir uns dann bei Rudi nach dem Grund erkundigten, erklärte er, daß die Betrügereien der beiden heute nacht zu Protokoll genommen worden seien und die beiden heute früh 5 Uhr in Marsch nach Geislingen gesetzt worden waren. –

Nachdem ich unser Zimmer ausgewaschen hatte, wie es bei uns jeden Morgen üblich ist, ging ich ins Dorf und holte die Post. Darunter war auch eine Mitteilung der Kripo, daß die beiden Fälscher in Geislingen in der Jugendherberge gestohlen haben. Rudi und ich rannten ins Dorf, um zu telephonieren. Von Geislingen erfuhren wir um ½ 1 Uhr mit Schrecken, daß die 2 mit ihren Begleitern noch nicht eingetroffen sind. Was ist jetzt los?

Am Nachmittag holten wir zu dritt Mehl in Gutenberg. – Der Weg war nicht gerade schön, vor allem die steile Steige hinauf, da mußten wir tüchtig schwitzen. Als wir dann zurückkamen, waren wir ganz froh, daß wir diese Sache hinter uns hatten. –

Am Abend führte uns Rudi einige nette Stummfilme vor, darunter auch »Von einem, der auszog, das Fürchten zu lernen.« Es fand großen Anklang. – Am Abend um ½12 kamen dann die beiden Begleiter nach Geislingen wieder wohlbehalten hier an. Da waren wir aber froh. Solche Vorstellungen spuckten in unseren Köpfen (*Zeichnung für den einen Kopf: zwei Gräber, für den anderen: ein in seinem Blut daliegender Erstochener.*) Die Tageslosung habe ich leider vergessen. –

Sonntag, 4. Februar 1945

Jetzt haben wir nur noch 2 Lehrgangstage, das ist doch zu schade. – Heute früh um 9 Uhr sagte mir Rudi beim Aufstehen Bescheid, daß ich FvD bin. –
Die heutige Tageslosung ist:»Deutschland ist da, wo starke Herzen sind.«
Nach dem Stubendurchgang führte ich eine Morgenfeier durch über das Thema »Deutschland – Vaterland – Heimatland« Um 11 Uhr erzählte uns Herr Schultheiß von seinen Erlebnissen bei der Landung auf Kreta. Es war ganz interessant. –
Nach der Arbeitszeit hatten wir Hauptprobe für den Bunten Abend. –
Um 6 Uhr wurde zu Abend gegessen, und dann fuhren wir mit den Schiern los. Es war ziemlich dunkel draußen. Dummerweise ging mir noch etwas an der Bindung kaputt, so daß es einigen Aufenthalt gab. Einmal stürzte ich über den steilen Rand einer Schneewehe, und schließlich gelangten wir dann im Otto-Hoffmeister-Haus an. Wo dann auch bald das Spiel begann. (*Das Programm ist durch Zeichnungen dargestellt.*) Das war unser Bunter Abend. Ein großer Erfolg. – Um 10 Uhr kamen wir dann wieder im Lager an. –

Montag, den 5. Februar 1945

»Führer sein heißt Vorbild sein!«
Heute ist schon der letzte Tag. Wie schnell sind doch diese 14 Lehrgangstage vergangen. Am Vormittag hatten wir den letzten DU:»Vom Umgang mit Pimpfen«, in dem Rudi kurz noch

einmal wiederholte, was er über dieses und ähnliches bereits schon zu uns gesagt hatte. Nach dem Essen gaben wir unsere Uniformen ab. – Dann fuhr ich über Dreck und durch Wasser zum Otto-Hoffmeister-Haus, um dort meine Schi zu holen, die ich gestern eines kleinen Schadens an der Bindung wegen dort gelassen hatte. Kurz vor dem Haus traf ich den Lmf, der mir mit den Schiern entgegenkam. Dann gingen wir durch Dreck und Regen wieder zurück. –

(Benotung des Lagerführers: Gut)

Das Wetter wird immer schlimmer; wenn das morgen genauso ist, dann wird es aber schön werden, bis wir in Oberlenningen sind. – Der Nachmittag war mit Vorbereitungen für den Abschlußabend ausgefüllt. Am Abend besorgten wir uns bei Tante C. noch einige Ansichtskarten. Dann, nach dem Abendessen, stieg der Abschlußabend, der ganz gut ausfiel. Herr Schultheiß gab auch noch einiges zum Besten. –

Dann war der Abschlußappell: Ich erhielt eine tadellose Beurteilung. Rudi schenkte mir außerdem eine Mundharmonika und einige Spielhefte. –

Als wir im Bett lagen, übte ich noch mit der Muha. Bis dann Rudi kam, uns eine gute Nacht wünschte, und mir noch, als einzigem des Lagers, sein Bild schenkte. –

Dienstag, den 6. Februar 1945 (Bietigheim)

Um ¼ 4 Uhr wurden wir von Anneliese geweckt. Draußen pfiff der Wind ums Haus. Es war gerade das Wetter, bei dem man am liebsten im Bett liegen bleibt. – Nachdem wir unsere Sachen gepackt und gefrühstückt hatten, ging es ans Abschiednehmen. Ach, nun sind diese schönen Tage schon vorbei! Wie schnell ging doch das.

Um 5 Uhr gingen wir ab. Wir hatten bald nasse Füße. Die Steige nach Gutenberg hinunter maßen wir oft mit unserer eigenen Körperlänge ab. Als ich ein Stück abkürzen wollte, geriet ich gar bis zum Knie in ein Wasserloch. Das war ein Vergnügen! In Gutenberg war an vielen Stellen die Straße überschwemmt, da wurde dann die Feuchte in den Schuhe komplett. Wir erreichten den 7-Uhr-Zug in Oberlenningen gut. Bald waren wir in Plochingen, wo wir uns leider alle trennen mußten. Ob wir uns wohl noch einmal zu sehen bekommen?-

In Cannstatt traf ich niemand an, deshalb räumte ich die Sachen, die ich nicht unbedingt brauche, aus und machte mich auf den Weg nach Bietigheim. Am Wilhelmsplatz traf ich einen der Klasse 3b, der mir sagte, daß wir verlegt werden, und zwar nach der Gegend von Crailsheim. – In Ludwigsburg hatte ich eine Stunde Aufenthalt, die ich dazu benutzte, Rudi eine Karte zu schicken. – Um 2 Uhr kam ich dann in Bietigheim an, während der Bahnfahrt von Ludwigsburg bis Bietigheim war Alarm. Bomber überflogen den Zug. –

Mittwoch, den 7. Februar 1945 (Rottweil)

Den Morgen habe ich gut in Bietigheim verbracht. Zu Mittag fuhr ich nach Cannstatt ab, wo ich meine Sachen hatte, etwas Klavier spielte und mein Tagebuch liegen ließ. – Der Zug nach Rottweil fuhr ziemlich pünktlich ab und war auch schon um ½ 11 Uhr hier. Interessant war zu sehen, wie aus dem Schornstein der Lokomotive unzählige Funken flogen. –

Als ich hier ankam, nahm ich auch gleich meine Post, die sich hier angesammelt hat, in Augenschein. –

Donnerstag, den 8. Februar 1945

Am Vormittag machte ich mich früh auf, um Genaueres über die Verlegung zu erfahren: Die Klassen 1 kamen gestern abend nach Schrozberg bei Crailsheim fort. –

Als ich gerade im »Franziskaner« war, es war kurz nach 9 Uhr und Öffentliche Luftwarnung, hörten wir Flugzeuge stürzen, es ratterte, Bomben krachten, und alles flüchtete in den LSRaum. Der Angriff galt dem Bahnhof. – Nachher meldete ich mich bei allen zuständigen Stellen zurück. – Am Nachmittag hatten wir des öfteren Alarm (am Tag 6mal), in der Ferne hörte man es schießen. Wir hatten nur 15 Minuten Unterricht dadurch. –

An die Mutter, Karte, nach Bietigheim, Rottweil, den 8. II. 45

(...) Inzwischen habe ich schon Genaueres über die Verlagerung erfahren. Klasse 1 kam gestern abend in ein Dorf bei Crailsheim. Wenn ich mein Osterzeugnis habe, gehe ich als Lmf dorthin. – In den nächsten Tagen findet die Verleihung der Schutzwallehrenzeichen statt. Ich habe also doch recht! (...) Gerade ist Vollalarm!

Die Gegend hier ist gar nicht mehr fliegersicher. Heute nachmittag gehe ich gleich wieder in die Schule. Wir haben Schichtunterricht.

Freitag, den 9. Februar 1945

Auch heute besuchte uns der Tommy wieder um 9 Uhr. Es krachte und ratterte ganz anständig. Eine Bombe fuhr vors Elektrizitätswerk. Das Licht ging aus. – Am Nachmittag fielen auch wieder fast 3 Stunden durch Alarm, der von einem Jungen der NPEA, der mit einer Handsirene durch die Stadt lief, gegeben wurde, aus. Allerhand schwere Bomber flogen über die Stadt. – Ob sie morgen wieder kommen werden? –

Sonnabend, den 10. Februar 1945

Unsere Schule ist als Lazarett beschlagnahmt. Was wird jetzt? –

Heute hatten wir sehr schlechtes Wetter, trotzdem war ich aber mit Helmut Wölfle den ganzen Nachmittag spazieren und sah mir u. a. auch die Schäden am Bahnhof an. – Laut OKW-Bericht sind jetzt bereits Kämpfe am Ortsrand von Liegnitz. –

Sonntag, den 11. Februar 1945

Heute war sehr schlechtes Wetter. – Am Nachmittag besuchte ich den Farbgroßfilm »Opfergang« (nach G. Bindings Novelle), der farbtechnisch und auch inhaltlich sehr reich ist. Er handelt von einer edlen und reinen deutsch-germanischen Frau. Zu schade, daß als Lockmittel für die Zuschauer auch einige erotische Reize einbezogen wurden. – Mit Fritz Herre zusammen wälzte ich am Nachmittag noch große Probleme. – Liegnitz ist in Feindeshand gefallen. –

Montag, den 12. II. 1945

Am Vormittag hatten wir in der Schule nur mit Umräumungsarbeiten zu tun, da das Lazarett heute hineinkommt. – Es regnet heute den ganzen Tag. – Am Nachmittag hatten wir 1 Unterrichtsstunde. Am Abend war Öffentliche Luftwarnung. – Draußen ist es sehr warm. –

Dienstag, den 13. II. 1945

Heute war in puncto Luftkrieg wieder allerhand los. – Um 9 war bereits das 2. Mal Öffentliche Luftwarnung. – In der Ferne waren Tiefangriffe zu hören. –
Am Nachmittag, als wir gerade auf dem Bann waren, wurde Öffentliche Luftwarnung gegeben. Flugzeuge waren zu hören. Ich blickte hinaus und sah 7 Maschinen mit roten Schwänzen über der Stadt. Die ersten zwei setzten zum Sturzflug an, lösten je drei Bomben aus. Wir rasten in den Keller. Es ratterte wild. 6 dumpfe Detonationen. So tobte es wild 5 Minuten lang, eine Explosion in nächster Nähe (200 m) ließ uns alle zusammenfah-

ren. Im Hof lag ein Bombensplitter. Fritz Herre und ich sahen uns dann den Schaden an. Au, da sieht's bös aus. Gleis 1 und 2 sind nur noch zu benutzen. Ein Urlauberzug war nämlich gerade eingefahren. Es gab einige Verletzte. Die Rottweiler rennen jetzt wie die Wilden bei jedem Motorengeräusch in den Keller. –

13./14. II. 1945

Heute nacht war zweimal Alarm und 1 Öffentliche Luftwarnung. Das war eine in-den-Keller-Rennerei. –

An die Mutter, Karte, nach Bietigheim,
Rottweil, den 14. Februar 1945

Habe meinen herzlichen Dank für Deine liebe Karte vom 9. II., die mich gestern erreichte. So etwaige Gerüchte über »Rottweil dem Erdboden gleichgemacht« oder so in Stuttgart auftauchen sollten, so nimm zur Kenntnis, daß wir uns noch alle wohl und munter befinden. Jabos griffen gestern nachmittag den Bahnhof an (…). Ich war aus 200 m Entfernung Zeuge der Affaire. Es wurde nämlich wieder einmal zu spät gewarnt; als die Sirene ausklang, sah ich bereits, wie die ersten zwei Maschinen zum Sturzflug ansetzten und die Bomben auslösten. (…)
Hast Du schon Nachricht vom Herzel oder Tante Lotte? Im Raum Liegnitz-Bunzlau muß es wild hergehen. Sei nur froh, daß wir 1943 unseren Kopf durchgesetzt haben und nicht nach Schlesien evakuiert sind.
Am Rand: Heute werde ich befördert.

Mittwoch, den 14. II. 1945

Am Vormittag waren wir zwei Stunden in der Schule. – Beim Essen erfuhren wir, daß im Kreis Rottweil alle Schulen bis auf weiteres geschlossen sind. Was nun?

Am Nachmittag war schöner, blauer Himmel, also auch rege Fliegertätigkeit. – Am Abend war Standortappell. Die Beförderungen wurden ausgesprochen, ich bin jetzt Oberrottenführer. –

14./15. II. 1945

Da es heute nacht sternklar war, die Venus und die ganz schmale Sichel des zunehmenden Mondes waren wundervoll zu sehen, war wieder 2mal Alarm, viele Flugzeuge überflogen uns.

Donnerstag, den 15. Februar 1945

Eigentlich wollte ich heute früh von den Alarmen heute nacht ausschlafen, doch um ½ 9 Uhr wurde Öffentliche Luftwarnung gegeben. Ich dachte paperlapap und drehte mich auf die andere Seite. Doch um 9 Uhr war Vollalarm. Ich verließ blitzartig das Bett, zog das Braunhemd und die Jungenschaftsbluse an; als ich die Hose anziehen wollte, hörte ich Flugzeuge, und in der Ferne bumste es heftig. Ich zog eilig den Mantel an und suchte den Keller auf. In dem Augenblick fing es schon an zu rattern. Bald war der Spuk wieder vorbei. – Das Gut Neckarburg wurde zerstört, und das Übrige galt dem Bahnhof.

Wie der gestrige OKW-Bericht meldet, fiel Bunzlau nach hartem Kampf in die Hand der Bolschewisten.

Am Nachmittag ging ich spazieren. Ich ließ mich dabei nicht durch die 2 Alarme, die fast den ganzen Nachmittag ausfüllten, stören. Das Wetter war heute wunderschön, es war ein strahlend blauer Himmel. Auch der Sternenhimmel am Abend war sehr schön. –

Freitag, den 16. Februar 1945

Heute war wieder sehr schönes Wetter. Und da hatten wir ausgerechnet Schule! Zum Glück war einige Male Öffentliche Luftwarnung und Alarm, daß wir blau machen konnten! Am Abend war ein wunderschöner Sternenhimmel mit der leuchtenden Venus und einer schmalen Mondsichel. –

Sonnabend, den 17. Februar 1945

Am Vormittag hatten wir 5 Stunden Unterricht. Da wurde uns die Zeit lang! O je! – Am Morgen war es neblig, doch bald drang die Sonne durch, und dann war es den ganzen Tag über schönes Wetter. Am Nachmittag ging ich mit Peter Schmidt spazieren. –

An die Mutter, nach Bietigheim, Rottweil, den 17. II. 1945

Heute früh erhielt ich Deine liebe Karte vom 13. d. M., die allerdings erst am 15. d. M. abgestempelt wurde. – Ich sende Dir den einen Tag Marken, den Du auf meine Abmeldung noch zu erhalten hast, mit. –

Dietrich sagt, er hätte Dir inzwischen geschrieben. Für Januar gibt es keine Seifenkarte. Vom Vati habe ich, seit er damals nach Köln zurückfuhr, erst eine Postkarte erhalten, sonst nichts. Dagegen erhielt ich aber vorgestern von Onkel und Tante Kabsch einen Brief aus Liegnitz vom 10. Januar 45, wo mir die Tante 5 Mark mitschickte.

Du erkundigst Dich nach meinen Halsschmerzen, dazu kann ich Dir sagen, daß ich seit Beginn des Lagers keine mehr hatte und auch mein Husten verflogen ist. (…) Im Mundharmonikaspielen habe ich jetzt schon einige Übung, denn ich spiele jeden Abend vor dem Einschlafen noch ein Viertelstündchen.

Die Lage in Schlesien ist ja ganz übel (…).

Am Mittwoch wurden in Rottweil (Kreisgebiet) sämtliche Schulen bis auf weiteres geschlossen. Studienrat Münst von der DEO hat aber noch erreicht, daß wir, d. h. Klasse 6 und 7, noch Unterricht haben, damit wir unser Vorsemester zu Ostern erhalten. – Ich freue mich schon auf die dann folgende Zeit in

Schrozberg und die schöne Aufgabe, eine Lagermannschaft zu führen. – (...) *Auf einem beigelegten Zettel:* Für die Zahnsanierung benötige ich einen Krankenschein der Krankenkasse. Sei bitte so gut und sende mir einen solchen.

Sonntag, den 18. Februar 1945

Der heutige Tag war verhangen. – Zu aller Erstaunen war heute nur ¼ Stunde Öffentliche Luftwarnung. – Der Nachmittag brachte mir einige schöpferisch reiche Stunden. Ich schrieb 2 Gesänge über das Thema »Schloß Einsamkeit«. Ich hielt mich dieses Mal nicht an den Endreim, sondern an die Gleichzahl der Silben in den einzelnen Zeilen. – Am Abend ging ich noch mit Fritz Herre spazieren; er redete mir wieder den Kopf voll, wie man Uniformen zweckmäßiger gestalten könne und von der Organisation des Reichstages etc. etc. Anschließend schrieb ich den 3. Gesang des «Schloß Einsamkeit«, doch er gelang mir nicht mehr so gut wie die ersten zwei. –

Montag, den 19. Februar 1945

Heute war schönes Wetter! – Am Vormittag »kruschtelte« ich mal wieder gründlich meine Bücher aus. – Am Nachmittag hatten wir 3mal Alarm und 2mal Öffentliche Luftwarnung. – Ich machte Hausaufgaben. – Stabsführer Möckel ist tödlich verunglückt. –

Dienstag, den 20. II. 1945

Heute hatten wir über die Mittagszeit Alarm. Bomber überflogen die Stadt. Während des Essens war wieder Alarm, so daß wir statt um 14 Uhr um 15.30 Uhr erst in der Schule waren. –

Mittwoch, den 21. II. 1945

Heute früh war keine Schule, wir mußten dafür morgens im Festsaal der DEO beim Fensteraushängen helfen. – Kurz vor dem Mittagessen wurde Alarm gegeben. »Rotschwänzchen« flogen unverschämt tief über die Stadt und schossen auch einige Male. Wir, d. h. die Lmfs, beobachteten dies wunderbar vom »Franziskaner« aus. – Heute nachmittag schanzten wir bei Bühlingen am Waldrand Schützenlöcher. –

Donnerstag, den 22. II. 1945

Am Morgen hatten wir 6 Stunden Unterricht, durch Alarm unterbrochen. Um 12.20 wurde Alarm gegeben. Ich ging mit den Kameraden zusammen zum Franziskanerheim, wo wir bis 2 Uhr Zeit hatten, den Bombern und Jabos zuzuschauen, die in der Nachbarschaft schwer ihr Unwesen trieben. Bei uns wackelten die Fensterscheiben. – Um 2 Uhr wurde dann gegessen. Bald darauf war Vorentwarnung. Im Laufe des Nachmittags war dann noch einige Male Alarm, wobei es heftig bummerte, doch zum Glück nicht bei uns. – Kurz nach 18 Uhr war endgültige Entwarnung. –

Es wird wohl nicht mehr lange dauern, bis Rottweil auch einmal drankommt. –

Freitag, den 23. Februar 1945

Heute bin ich 16 Jahre alt. – Das Wetter war sehr schön, was zur Folge hatte, daß wir sehr viel Alarm hatten. Am Abend griffen Jabos den Bahnhof mit Bordwaffen an, der Erfolg war, daß am Abend kein Strom mehr da war. – Um ½ 9 Uhr abends griffen schwere Bomberverbände vermutlich Pforzheim an. Die Explosionen und den Feuerschein beobachtete ich vom Hochturm her. Entwarnt und gewarnt wurde durch Glockenläuten. –

Sonnabend, den 24. Februar 1945

Der Himmel war verhangen, deshalb hatten wir nur viermal, und zwar am Abend, Alarm, wobei es einige Male tüchtig bockelte. –

Sonntag, den 25. Februar 1945

Heute war wieder sehr schönes Wetter. – Und sehr viel Alarm. Am Vormittag fielen 12 Bomben auf den Bahnhof. – Am Nachmittag wanderte ich ins Eschachtal, wo ich mich auf eine Kalkplatte über den Fluß setzte und einen Hausaufsatz schrieb. –

An die Mutter, nach Bietigheim,
Rottweil, den 25. Februar 1945

Heute abend, nach einem Tag voller fliegerischer Tätigkeit, komme ich nun endlich dazu, auf den ersten und einzigen Geburtstagsbrief zu antworten und mich für das Geburtstagspäckchen, das, wie der Brief, auch nur zwei Tage hierher brauchte, zu bedanken. Sage auch bitte Frau Sattel meinen herzlichsten Dank für den Kuchen. –

Ob der Brief Dich auch in zwei Tagen erreichen wird? Ich glaube kaum; denn unterdessen wurde die Strecke an einigen Stellen unterbrochen.

Das Wetter am 23. war wunderschön, schulfrei hatten wir auch, da wir nur jeden zweiten Tag Schule haben. Um 9 Uhr wurde schon der erste Alarm gegeben. Am Abend griffen die berüchtigten »Roten Acht«, eine sich besonders hervortuende Jabogruppe, den Bahnhof mit Bomben und Bordwaffen an. –

Am 22. fielen Bomben in Schwenningen und Oberndorf und anderen kleinen Ortschaften des Kreises. Gestern fielen in Schwenningen wieder Bomben. Heute vormittag warfen Jabos 12 Bomben auf den Rottweiler Bahnhof. In Schwenningen und

Villingen fielen ebenfalls wieder Bomben. Du siehst also, hier ist jetzt mehr Betrieb als in Stuttgart. – Am Vormittag saßen wir von 10 Uhr ab im Keller. Am Nachmittag – gegessen wurde während des Alarms – zog ich mit Schreibzeug bewaffnet hinaus ins Eschachtal, setzte mich dort auf eine schöne Muschelkalkplatte und schrieb einen Aufsatz. Ich werde es jetzt immer so machen, sonst komme ich zu gar keiner Arbeit. Und auf den Abend darf man sich auch nicht verlassen, denn da brennt oft das Licht nicht, so auch am 23., weil durch den Angriff die Leitungen zerstört wurden. Am Abend, als die Bomber Pforzheim angriffen, was von hier aus sehr gut zu sehen war, wurde durch Läuten der Kirchenglocken gewarnt und entwarnt.

Neulich, d. h. vorige Woche, habe ich mir den Farbfilm »Opfergang« angesehen. Inhaltlich und technisch ist er ausgezeichnet, doch nahm ich an einigen Stellen Anstoß; ich finde es bei einem solchen Film nicht für nötig, daß man solche Reize hineinbringt, die die Zuschauer anlocken sollen. – Z. Z. läuft wieder ein Farbfilm, doch dies ist der reinste Fleischmarkt. Da gehe ich gleich nicht rein. –

Fritz Herre ist seit gestern abend von hier weg. Er geht als Forschungshelfer auf eine Spezialschule für Mathematikbegabte bei Riedlingen an der Donau. – Dietrich bin ich der Marken wegen »aufs Dach gestiegen«. Er wird sie morgen (!) auf dem Wirtschaftsamt holen. Dieser Oberschlamper!

Schicke mir bitte jetzt keine Sachen mehr, außer es wäre besonders notwendig, denn ich weiß dann nicht, wie ich sie Ostern wieder nach Stuttgart bringen soll. –

Inzwischen wirst Du wohl in Cannstatt Vatis Briefe vorgefunden haben; wie ich aus Bietigheim dort vorbeikam, waren nämlich bereits zwei da. Ich habe aus Köln immer noch nichts erhalten. –

Heute abend war ein wunderbarer Sonnenuntergang, wie ich selten einen schöneren sah. Am 21. schippten wir bei Bühlingen »Einmannlöcher«, eine recht gemütliche Beschäftigung.

Die Schule hier wird von Tag zu Tag stumpfsinniger, bei Öffentlicher Luftwarnung wird weitergemacht, brummt es draußen, rennt alles Hals über Kopf in den LS-Raum, wo dann weitergemacht wird. – Bei Fliegeralarm kann man jetzt hier ungestört auf der Straße spazieren, nicht einmal von der Polizei wird einem ein Härchen gekrümmt. Wann soll man auch sonst fortgehen? Bei Nacht geht es ja nicht gut. Hast Du Dich inzwischen wieder von Deiner Erkältung erholt? Das schöne Wetter wird doch da schon etwas dazu beigetragen haben, wenn man allerdings den ganzen Tag im Keller sitzen muß, wird man kaum etwas davon haben.

Montag, den 26. Februar 1945

Heute war der Himmel verhängt, trotzdem war Alarm. – Vormittag wurde der Zug aus Stuttgart bei Talhausen angegriffen. –

(Ersatztagebuch II)

Je höhere Aufgaben einem Volk
gestellt werden, auf eine um so
höhere Stufe steigt es!

Dienstag, den 27. Februar 1945

Heute war wieder wunderbares Wetter, der Erfolg war, daß um 11 und um ½ 1, als wir gerade beim Essen saßen, Jabos den Bahnhof mit Bordwaffen angriffen. Am Nachmittag, ich binokelte mit Kameraden zusammen im Revier, kamen wieder 8 Jabos und warfen Bomben. Eine fiel in die Böschung der Bahnhofstraße, eine in die Neckarböschung und eine in das Gasthaus zum Adler hinter der Kapellenkirche. Die ganze Stadt war für Minuten in eine große Staub- und Dreckwolke gehüllt. Die Aufregung ist groß. –

295

Mittwoch, den 28. Februar 1945

Da der Himmel heute verhängt war, war wenig Fliegeralarm. – Am Nachmittag war ich mit Butz und der Klasse 3b zusammen an der Roten Steige beim Tannenzapfensammeln. Anschließend spielten wir noch »Bannemann«. –

An die Mutter, Karte, nach Bietigheim,
Rottweil, den 28. Februar 1945

Um etwaigen Gerüchten über Zerstörung Rottweils oder so vorzubeugen, will ich Dir nur kurz berichten, was nach dem Abgang meines letzten Briefes sich ereignet. (…) Tote gab es nicht. Wenn es also nicht schlimmer kommt, geht es immer noch. – Man denkt jetzt an eine endgültige Schließung der Schulen. Schicke mir bitte den Krankenschein, damit ich die Zahnsanierung durchführen kann.

Donnerstag, den 1. März 1945

Heute war über die Mittagszeit 2½ Stunden Fliegeralarm. Später war noch einmal. Endgültig entwarnt wurde um ½ 18 Uhr. Tübingen soll angegriffen worden sein. –

Freitag, den 2. März 1945

Meine erste Tätigkeit heute früh war, daß ich für Frau Dreher die Lücken im Dach mit Ziegeln schloß; damit sind in unserem Haus die Schäden des letzten Angriffs beseitigt. – Als ich um 10 Uhr gerade schrieb, ratterte es draußen plötzlich. Jabos griffen ohne Alarm den Bahnhof mit Bordwaffen an. Fast den ganzen übrigen Tag hielt ich mich trotz dem Alarm im Revier auf, wo ich Karten spielte (am Nachmittag von 3–6 Uhr 47 Partien 66er). – Am Nachmittag versuchte es einige Male zu schneien. –

Samstag, den 3. III. 1945

Heute früh hatten wir wieder sechs Stunden Schule. So ein Stumpfsinn! Es war sauisch kalt, versuchte auch einige Male zu schneien. – Am Nachmittag war ich mit Dieter Ottmar und Klasse 2 beim Tannenzapfensammeln an der Roten Steige. – Am Abend ging ich mit Hermann Sauter noch etwas spazieren, wobei wir uns weidlich über den Sauladen KLV-Standort ausließen. –

Sonntag, den 4. III. 1945

Heute früh mußten wir um ½ 8 Uhr am Franziskanerheim antreten. Wir marschierten über die verschneiten Wiesen ins Eschachtal, wo wir unter dem Dröhnen feindlicher Bombermotoren eine Morgenfeier abhielten, die aber durch Gerhard Bromms Schuld ziemlich lahm und schläfrig war. Bei dieser Gelegenheit wurden auch die Urkunden und Bänder des Schutzwallehrenzeichens ausgegeben. –

Um 12 Uhr, bei Entwarnung, kehrten wir gruppenweise nach Rottweil zurück. – Am Nachmittag war noch einmal kurz Alarm. Wir saßen im Revier und machten Spiele. – Im Laufe des Tages schneite es einige Male. Es war sehr kalt! –

Montag, 5. März 1945

Heute nacht hat es ganz ordentlich geschneit. Doch schmolz der Schnee im Laufe des Tages wieder. – Nach dem Mittagessen war bei uns der Verbindungsoffizier. Er warb für die NPEA. Ich konnte mich aber nicht entscheiden in 10 Minuten und sagte zweimal nein, da er mich als einzigen zweimal fragte. Im Laufe des Nachmittags überlegte ich mir aber die Sache anders. Zum Glück sagte mir der Lauster von Klasse 2a, der sich auch gemeldet hat, daß der Offizier im Finanzamt anzutreffen sei. Ich ging dorthin und sprach eingehend mit ihm darüber, woraufhin ich mich dann auch gemeldet habe. Jetzt brauche ich nur Muttis Unterschrift, dann ... Hurrah!

An die Mutter, Rottweil, den 5.März 1945

Ich habe Dir etwas ganz wichtiges mitzuteilen: Heute mittag war der Verbindungsoffizier bei uns im Franziskanerheim und fragte, wer von uns in die NPEA möchte. Ich wußte zuerst nicht, was tun, war aber nahe daran, «ja» zu sagen, was dem Leutnant anscheinend auch auffiel, denn er fragte mich gleich, ob ich gewillt sei. Ich trug außerdem als einziger Uniform und hatte auch das Band des Schutzwallehrenzeichens im Knopfloch. Die Entscheidung kam zu plötzlich, weshalb ich mich auch nicht gleich bereiterklärte. Im Laufe des Nachmittags aber überlegte ich mir die Sache genau, von einem Kameraden erfuhr ich auch die Dienststelle des Offiziers und so marschierte ich dorthin.

Ich unterhielt mich eingehend mit ihm und sagte ihm auch, daß ich in Leibeserziehung und Latein keine Leuchte sei. – Er zerschlug meine Bedenken, indem er sagte, wenn ich die Prüfung bestanden hätte, und bei der man vor allem auf Charaktereigenschaften sehe, könne ich auch das Weitere machen, da die NPEAs sehr viel Sport treiben. In den Fächern aber, in denen ich nicht mitkomme, wird mir von den Erziehern geholfen. Außerdem haben wir dort noch regelmäßig Unterricht, und ich kann das Abitur machen.

Wenn ich nach Ostern als Lmf nach Schrozberg kommen würde, hätte ich überhaupt keine Schule mehr, dadurch würde ich nicht gescheiter, und danach fragt auch später keiner. Sondern man wird fragen, was hast Du gelernt, denn nach dem Siege braucht Deutschland Männer, die etwas können. – Ich habe außerdem dort die Möglichkeit, daß ich auf musischem Gebiet sehr unterstützt werde. Die Jungmannen lernen Reiten, machen Deutschlandreisen u. a.

Du fragst, was das kostet? Die ganze Sache ist kostenlos, alle Sachen werden uns gestellt. Damit wären wir auch der dummen Sorgen mit Kleiderkarten und solchem Kruscht ledig.

Ich habe mich für die Napola entschieden, weil ich auch genau weiß, was für ein zackiger Geist in diesem Kameradenkreise weht, und wie ich auf dem Harpprechtshaus meinen Mann gestanden habe, so werde ich es auch hier tun, darauf kannst Du Dich verlassen! Außerdem wird mir dieses Angebot nie wieder gemacht, hier entscheidet sich meine Zukunft, also unterschreibe! Du wirst dabei auch in Vatis Sinne handeln, wie sehr er Wert auf unsere Schulbildung legt! Das Leben eines Lmfs in Schrozberg erscheint mir hiergegen nur wie das Leben eines Tagediebes; denn etwas anderes ist ja dort nicht. Unterschreibe bitte und sende den Zettel sofort wieder zurück, damit ich ihn abgeben kann!

Ostern ist die Aufnahmeprüfung - ich werde sie bestehen! Du weißt, worum es geht; vor 3 oder 4 Jahren wäre das Angebot lange nicht so günstig gewesen. Und ich weiß auch, daß Du unterschreiben wirst.

An die Mutter, Karte, nach Bietigheim, dort umadressiert nach Bad Cannstatt, Rottweil, den 5. März 1945

Wenn Du diese Karte erhältst, wirst Du wohl bereits den vorhergehenden Brief erhalten haben. Was sagst Du dazu? Zuerst wirst Du einmal über meinen Einfall entsetzt sein, dann wirst Du lange hin und her erwägen und viele Bedenken haben. Das habe ich auch gehabt, aber inzwischen bin ich um einiges weiter aufgeklärt, und ich muß sagen, ich habe keinerlei Bedenken mehr. Schade, daß ich Dir das nicht alles mündlich auseinandersetzen kann, aber Du verstehst mich ja und weißt auch, was ich will. Es ist die größte Chance, die ich in meinem Leben habe. Viele Kameraden beneiden mich darum. Wir dürfen sie nicht hinauslassen. Und daß ich sie bestehe, darum brauchst Du Dir keine Sorgen zu machen. Es ist mir wie das größte Geburtstagsgeschenk, das sich etwas verspätet hat.

Von ¼ 24–0.20 Uhr war Fliegeralarm. –

Dienstag, den 6. März 1945

In der Schule wurde uns die Zeit wieder sehr lang; das wird dann in der NPEA anders werden. Der Brief mit dem Zettel ist heute abend fort, mit dem Kurier ist er morgen in Stuttgart. Jetzt braucht die Mutti mir nur noch zu unterschreiben. –

Mittwoch, den 7. März 1945

Heute war sehr schlechtes Wetter. Am Abend regnete es, was nur vom Himmel herunterkonnte. – Den Vormittag füllte ich mit kleinen Besorgungen und den Hausaufgaben aus. Am Nachmittag wohnte ich dem Dienst der Kl. 2 bei. –
Laut OKW-Bericht wird jetzt in den Vorstädten von Köln gekämpft.

7./8. III. 1945

Von ½–24 Uhr war Alarm. Feindliche Flugzeuge überflogen uns. –

Donnerstag, den 8. März 1945

Heute war wieder sehr schlechtes Wetter und außerdem wieder Schule. O, was ist die DEO für ein »Stumpfsinnsladen«! –
In der Chemie brachten uns 3 Filme aus der Werkstatt des Glasbläsers einige Abwechslung. Laut OKW-Bericht wird in den Ruinen Kölns nur noch vereinzelt gekämpft. –
Am Abend kam im Radio eine sehr schöne Sendung Haydnscher Werke, darunter auch die Variationen über »Gott erhalte

Franz, den Kaiser« (Kaiserquartett) und Teile aus der »Schöpfung«. – Ein seltener Genuß! –

Vielen Dank für Deinen lieben Brief vom 6. III., der mich heute erreichte. Ich sehe daraus, daß Du immer noch in Cannstatt bist. Vor 2 Tagen sandte ich nämlich einen Brief ab, den ich nach Bietigheim adressierte. Darin schrieb ich Dir, daß ich in eine NPEA eintreten wolle. Die Sache eilt, da Ostern bereits die Prüfung ist. Bitte fahre deshalb einmal nach Bietigheim. Dort steht alles weitere ganz ausführlich in dem Brief. Sende dann bitte beiliegenden Zettel ausgefüllt und unterschrieben zurück. – Schicke auch bitte einen Krankenschein, damit ich die Zahnsanierung durchführen kann. Beides eilt!

Freitag, den 9. III. 1945

Am Vormittag war der Himmel wieder verhangen, am Nachmittag klarte es etwas auf. Es war trotzdem ziemlich kalt. – Am Nachmittag war kurze Zeit Fliegeralarm. –

Am Abend hat der Chef wieder einmal eine Moralpredigt geschwungen, weil einige Jg. den Herrn Spreter geärgert haben. –

An die Mutter (nach Bietigheim, dort umadressiert nach Bad Cannstatt), Rottweil, den 9. III. 45

Da wir heute früh und auch heute nachmittag wieder keine Schule haben, habe ich Zeit, auf Deinen Brief vom 6. III. aus Cannstatt einzugehen. Leider läßt Du gar nichts Näheres über den Angriff auf Stuttgart verlauten, ich kann mir also nur aus den unzähligen Gerüchten, die hier umgehen, ein ungefähres Bild machen. – Ich sende diesen Brief wieder nach Bietigheim, da ich annehme, daß Du bis dahin wieder dort bist. –

Von Vati erhielt ich gestern zwei Briefe, und zwar vom 16. und 18. Februar. Er schreibt auch wieder von der Verlegung, hoffentlich ist sie jetzt wahr geworden, sonst steckt er mitten im Schlammassel drin. – Hast Du inzwischen den Brief erhalten, in dem ich Dir berichte, daß ich in die NPEA wolle und auch dafür angenommen sei? Schicke mir recht bald den einen der beiliegenden Zettel unterschrieben zurück, daß ich ihn hier abgeben kann, damit ich zur rechten Zeit zur Prüfung einberufen werden kann. Du brauchst Dir keinerlei Sorgen zu machen; denn Latein fällt in einem großen Teil der Anstalten weg. –

Wohin wir kommen, das weiß ich noch nicht sicher; soviel ich gehört habe, werden in der Bodenseegegend neue Anstalten errichtet. Die werden wohl für uns in Frage kommen. Ich freue mich schon riesig auf die NPEA und das pfundige Leben dort. Es ist doch etwas ganz anderes als die DEO, dieser Lotterladen. (…)

Sonnabend, den 10. III. 1945

Am Nachmittag war ich mit Butz, Lagermannschaft 2 und 3 draußen im Gelände. Butz hielt zuerst kurz Geländebeschreibung und -beurteilung, dann gingen wir mit denen, die noch Interesse hatten, hinüber zum Katzenkopf beim Hardthaus. Dort lernte ich zuerst das Lied »In Junkers Kneipe« ein, dann machten wir einige Spiele, u.a. auch »Fuchs aus dem Loch« und »Bannemann«. Dabei fiel einer der Jungen, Kamerad Epple, von einem Baum und zog sich irgendeine innere Fußverletzung zu. –

Am Abend schafften wir ihn auf einem Wagen erst ins Revier und dann in sein Quartier. Auf dem Heimweg bearbeiteten Paul Birke und ich unseren Kameraden Hermann Sauter seines Eintritts in die NPEA wegen. Ich glaube, daß es Wirkung hatte und er sich jetzt endgültig dafür entschieden hat. –

Sonntag, den 11. März 1945

Der ganze Vormittag war damit ausgefüllt, daß wir unseren Kamerad Epple ins Krankenhaus schafften, wo der Fuß durchleuchtet wurde. Es ist zum Glück nur eine Prellung. – Am Nachmittag leistete ich Fritz Herre noch etwas Gesellschaft beim Einpacken. – Um halb 4 Uhr gingen wir 4 »NPEA-Kameraden in spe«, nämlich Hermann Sauter, Birke und Huber zum Bettlinsbad spazieren, wo wir kurz einkehrten. – Am Abend ging ich mit Fritz noch etwas spazieren, wohl das letzte Mal für lange Zeit, daß wir zusammen waren! – Wieviel Trennungen werden in meinem Leben noch kommen?-

Montag, den 12. März 1945

Heute gab es wieder allerhand zu tun; Schule hatten wir keine. – Am Abend machte ich mit den Kameraden Sauter und Birke einen kleinen Spaziergang. Als wir durch den Schulwald gingen, hörten wir über uns ein seltsames Geräusch, wie wenn eine Anzahl Vögel auffliegen. Wir klatschten in die Hände, worauf Hunderte von Krähen aufstiegen. Es war, als ob Geister durch die Baumkronen schwebten. Es konnte einem dabei fast gruseln. –

An die Mutter, Karte: Rottweil, den 12.März 1945

Ich muß Dir schon wieder einmal einen Brandbrief schicken, und zwar des Krankenscheins für die Zahnsanierung wegen. Bitte sende ihn mir so schnell wie möglich, denn am 31. III. muß die Sanierung abgeschlossen sein. – Hast Du des Briefes wegen, der Dir die erforderlichen Maßnahmen wegen meines Eintritts in die NPEA erklärt, schon Verbindung mit Bietigheim aufgenommen? Wenn nicht, dann tue dies bitte auch. Beides eilt sehr!

303

Dienstag, den 13. März 1945

Am Vormittag hatten wir Schule. Wir durften zwei Filme sehen: »Herstellung von Ziegeln« und »Bauerntöpferei«. Sie waren sehr anschaulich und lehrreich. – Über die Mittagszeit hatte es vollständig aufgeklart. Die Folge war, daß Alarm kam. Ich wollte in das Schulwäldchen, bevor ich es erreichte, stürzten schon einige Jabos herab und beschossen die Flak am Bahnhof. Während des Alarms unterhielt ich mich mit einem Westwallkameraden aus der NPEA. – Es wurde Vorentwarnung gegeben, ich wollte zur Schule gehen, doch kaum war ich den halben Weg gegangen, kam wieder Alarm. Wieder griffen Jabos an. Sie warfen Bomben auf die Saline. Die Leuchtspur der Flak war gut zu sehen. – Den ganzen restlichen Nachmittag unterhielt ich mich mit 3 Jungen aus dem Zug 3 der NPEA. 3 feine Kerle! Ach, wenn ich auch nur schon bei diesen pfundigen Jungen wäre. – Um ¾ 6 Uhr wurde endgültig entwarnt. –

Mittwoch, den 14. III. 1945

Heute war wunderschönes Wetter und viel Alarm. 3mal griffen Jabos Ziele in Rottweil mit Bomben und Bordwaffen an. Ein Haus in der Heerstraße wurde getroffen, es gab 4 Tote. Die Flak schoß ausgezeichnet, die Leuchtspur fegte dicht an den Maschinen, die ziemlich frech waren, vorbei. Ich saß fast den ganzen Tag hinter der NPEA, wohin ich mir eine kleine Beschäftigung mitgenommen hatte. – Am Abend war noch Dienst. Anschließend war Alarm. Mit Sauter und Birke zusammen ging ich hinauf zum Hochturm, wo wir zusahen, wie es in der Ferne blitzte. –

Donnerstag, den 15. III. 1945

Heute vormittag hatten wir wegen des vielen Fliegeralarms nur 10 Minuten Unterricht. –

Zweimal griffen die Jabos an. Beim zweiten Mal stand ich hinter der NPEA. Die Maschinen flogen direkt auf uns zu. Immer tiefer ging die erste, mit einer großen Benzinfahne hinter sich. Wir glaubten schon, sie rase in die Anstalt hinein, doch kurz vorher fing sie sich auf und stieg steil in die Höhe. – Das waren dramatische Augenblicke. Das Amtsgericht und das Finanzamt haben Einschüsse. –
Am Nachmittag war es trotz dem schönen Wetter sehr ruhig. – Wir schrieben einen Aufsatz. –
Am Abend besuchte ich eine Langemarckfeier in der NPEA. Sie war sehr eindrucksvoll. Der Chor, ein Bild voller Disziplin, sang ausgezeichnet. Den Mittelpunkt bildete ein Schauspiel von Heinrich Zerkaulen um die Schlacht von Langemarck, vorgeführt von Zug 5. Den Abschluß bildete, auf der Orgel begleitet, das Lied »Heilig Vaterland«. Mir hat diese Stunde sehr viel gegeben! –

Freitag, den 16. III. 1945

Heute früh schon rückten wir mit den Klassen 4 und 5 hinaus ins Eschachtal in die Nähe vom Eckhof, wo der Chef Unterricht hielt. Das Wetter war herrlich. Überall sangen die Vögel, man merkte richtig den Frühling. – Butz und ich machten einen kleinen Spähtrupp in die Nähe der Klassen 4a. Dabei wurden wir erwischt und gefangengenommen. Mit Halstüchern und Schulterriemen wurden wir an die Bäume gefesselt. Ich wurde außerdem geknebelt. Das war ein Vergnügen. Gefesselt wurden wir auch abgeführt, wobei man unserem Gang mit Gummischläuchen nachhalf. –
Von Mutti erhielt ich Antwort auf meinen Brief, in dem ich von der Meldung zur NPEA berichtete. Leider brachte sie mir noch nicht das Erhoffte; denn Mutti will auch Vatis Einwilligung, doch wie ist die jetzt zu erreichen? Deshalb war ich gleich beim Leutnant Winter und fragte, ob ich auch ohne Vatis Unterschrift schon einmal die Prüfung machen könne. Am Montag erhalte ich Bescheid. – An Mutti habe ich noch einmal

einen Brandbrief geschrieben und ihr noch einmal alles klargelegt. Hoffentlich unterschreibt sie jetzt daraufhin. – Es ist 20.40 Uhr: Vollalarm! Jetzt wollte ich gerade ins Bett gehen. – Heute war es so warm gewesen, daß ich kurze Hosen angezogen habe. – Am Abend bezog sich der Himmel etwas. Hoffentlich ändert sich das Wetter nicht. – Bis um ½ 24 Uhr war Alarm. Flieger flogen über die Stadt. –

An die Mutter, Rottweil, den 16. März 1945

Habe meinen herzlichen Dank für Deinen lieben Brief vom 2. III., der mich heute erreichte.

Ich war gerade auf der Ergänzungsstelle und habe mich erkundigt, ob ich die Prüfung machen könne, bevor die Unterschrift da sei, worauf ich Bescheid erhielt, am Montag wiederzukommen. Eine lange Zeit, 3 schlaflose Nächte und Tage voller Qualen werden dies sein. Ich sehe nicht ganz ein, warum Du da nicht unterschreiben kannst; denn damit würdest Du nur in Vatis Sinne handeln. Er wäre bestimmt nicht damit einverstanden, wenn ich Ostern mit dem Vorsemester in der Tasche aus der Schule gehen muß, weil diese geschlossen wird, und ich nach dem Kriege meine Schule fertig machen muß.

An den Vati zu schreiben, hat außerdem keinen Zweck, solange wir keine Adresse von ihm haben, denn die Rottweiler Post schickt prompt alle Briefe, die an Orte, die nicht mehr in unserer Hand sind, adressiert sind, zurück. – Auf der letzten Karte, die er an Dietrich aus Wuppertal-Unterbarmen auf der Durchreise sandte, gab er nur die Cannstatter Adresse an. –

Das, daß wir keine politische Laufbahn einschlagen sollen, ist auch kein Grund; denn erstens ist dies nicht das Ziel der NPEA, und zweitens hätte man mit dieser Erkenntnis bei mir vor zwei oder drei Jahren anfangen müssen – heute bin ich auf dieser Bahn schon zu weit geraten, und ich stehe vor der Entscheidung, werde ich HJ-Führer und lasse die Schule im Stich, weil es nicht anders geht, oder ich gehe auf die NPEA, habe einen geregelten Unterricht und kann später im Berufe um so mehr erreichen. Ich entscheide mich für das Letztere. Vati wird es auch tun! Außerdem ist es in der heutigen Zeit praktisch unmöglich, nicht sich politisch zu betätigen - entweder National-sozialist oder Kirchengänger und Christ, was zwischendrin steht, sind zumeist Wetterfahnen, die immer zu denen stehen, denen es besser geht. – Außerdem glaube ich auch an eine göttliche Bestimmung. Kein Mensch geht seinen Weg von sich aus. Mir kam die Erkenntnis jetzt erst recht.

Vor einem halben Jahr habe ich mich zur SS gemeldet, ohne körperlich so auf Draht zu sein, wie es nötig ist. Die ganz natürliche Folge ist jetzt der Eintritt in die NPEA, wo ich das Erforderliche auf sportlichem Gebiet erhalte; denn bei mir fehlt es nur an der Übung, ich garantiere, daß, wenn ich eben fast jeden Nachmittag Sport habe, auch ein Turner werde. Das sind alles Gründe, die Vati genau so einleuchten werden. Außerdem weißt Du doch, wie sich Vati meinen Berufsweg vorstellt, näm-lich, daß ich Rechtswissenschaften studiere und dann später einmal in irgendeiner leitenden Stelle einer Stadt mich empor-arbeiten soll.

Glaubst Du nicht auch, daß mir da, wenn ich eine NPEA nicht besucht habe, jeder andere vorgezogen wird, der dort war?– Jetzt ist die Stelle in meinem Leben gekommen, wo ich mich das erste Mal zu entscheiden habe, willst Du einmal et-was werden oder willst du Dich immer nur mit kleinen Posten und Pöstchen zufrieden geben; denn diese Gelegenheit wird mir ein zweites Mal nicht in meinem Leben geboten, und ich würde mich später ohrfeigen, wenn ich sie hinausgehen ließe. Und daß ich die Sache bestehe, davon bin ich überzeugt; denn wenn man sich eine Sache ernsthaft in den Kopf gesetzt hat und sagt:»Ich will!« dann gelingt sie, mag da kommen, was wolle, das habe ich ja auch auf dem Harpprechtshaus bewiesen. –

Eine Aufnahme zu späterer Zeit, wie Du da in Deinem Brief erwägst, ist nicht möglich; denn dann bin ich schon wieder weit hinter den Kameraden zurück. – Hier in die DEO zu ge-hen, hat ja keine Früchte mehr, wir haben diese Woche 6 Stun-den (zu je 45 Minuten) Unterricht gehabt, und heute ist bereits Freitag, so etwas führt zu einer Katastrophe!

Was hilft es mir, wenn ich das Vorsemester in der Tasche habe und mir damit vortäusche, etwas zu können? Was hilft es mir? Es ist ein Strohhalm über einen Graben, der bricht, wenn man darüber geht. Ich habe in den letzten Tagen wieder so wunderbare Gelegenheit gehabt, den herrlichen Geist zu beobachten, der in der Napo weht. So etwas findet man nirgends wieder. Es ist zu schade, daß ich mich mit Dir darüber nicht unterhalten kann, denn das geht doch noch besser als alles Briefeschreiben. –

Bitte, liebe Mutti, überlege das alles noch einmal und dann unterschreibe, glaube mir, Du tust es in Vatis Sinn! Ich brenne auf Antwort von Dir, ach hättest Du den Brief schon erhalten und unterschrieben, damit ich wieder froh werden kann; denn ich sehe alle Welt seit Deinem Brief nur noch durch trübe Brillengläser, und doch gebe ich die Hoffnung nicht auf; denn ich weiß, daß ich einen Helfer über uns habe, der mehr vermag als wir alle zusammen - und der verläßt mich nicht.

Liebe Mutti, sei herzlich gegrüßt von Deinem in Ungeduld wartenden …

Sonnabend, den 17. März 1945

Das Wetter war trübe. – Die Schule begann schon um 7 Uhr. – Es war ein stürmischer Tag: Wir hatten 3 Klassenarbeiten. – Heute war nur 2mal Öffentliche Luftwarnung. –

Sonntag, den 18. III. 1945

Heute früh zogen wir schon um 7.30 Uhr, mit Marschverpflegung versehen, hinaus ins Eschachtal. Ich führte den »Troß«, mit dem ich gleich zum Wildenstein marschierte, wo wir eine Kochstelle bauten, Brennmaterial sammelten und versuchten, im Gut Milch zu bekommen, leider vergebens. Das Wetter war strahlend schön, nur ab und zu zogen einzelne Wolken vorbei. – Um 12 Uhr wurde gegessen. Fräulein Storz kochte eine feine Erbssuppe, die allen gut schmeckte. Nachher konnte jeder tun und lassen, was er wollte. Einige ganz »verrückte Finken« badeten sogar. Ich bin auch zweimal durch die Eschach gewatet. Wobei ich einmal fast im Wasser gelandet wäre. – Um 6 Uhr abends langten wir in Rottweil an. Feindliche Flugzeuge überflogen uns einige Male im Laufe des Tages. –

An die Mutter, Karte, Rottweil, den 18. III. 1945

Ein herrlicher Tag liegt hinter uns. Wir waren den ganzen Tag, bei strahlendem Wetter, im Eschachtal und ließen uns durch die Flieger nicht stören.

Inzwischen war wohl der Kamerad, der meinen Brief überbringt, schon bei Dir. Überlege Dir bitte noch einmal alle die Punkte, und Du wirst einsehen, daß Du auch in Vatis Namen unterschreiben kannst. Außerdem kommt dazu, daß wenn Vati wirklich einmal etwas zustoßen sollte, was wir aber nicht hoffen wollen, ist es für uns auch noch in finanzieller Hinsicht ein Vorteil. Wenn durch dieses lange Zögern die Sache nicht gelingen sollte, dann muß ich Dir immer wieder später Vorwürfe machen; denn durch eine NPEA bin ich später besser gestellt als durch den Besuch einer gewöhnlichen Oberschule, und wenn ich noch so tüchtig sein sollte. –

Schicke mir bitte Bettwäsche und ein Handtuch, aber keine Hemden! Sende mir auch bitte mein Schreibmäppchen und mein Tagebuch, was ich beides Ende Februar in Cannstatt vergessen habe. Schicke mir auch bitte einen Krankenschein der Krankenkasse, damit ich meine Zahnsanierung durchführen kann. Bis 31. III. muß sie fertig sein. Eilt sehr!

Montag, den 19. März 1945

Heute war wieder schönes Wetter und verhältnismäßig wenig Alarm. – Mutti schrieb mir heute, daß Vati zur SS-Division »Prinz Eugen« nach Kroatien kommt, außerdem, daß Herzel in Thüringen sicher untergebracht sei. Zwei erfreuliche Tatsachen. –

Am Abend war ich im Kino. Im Programm war »Der Fuchs von Glenarvon«, ein Film vom irischen Freiheitskampf gegen die Engländer, mit Verrat, Mord, Bestechung und allem Drum und Dran. Übrigens ein guter Film. Als Vorfilm »Der Wille zum Licht«, ein Film von der Glasherstellung, der aber nicht sehr ausführlich und klar war. –

An die Mutter, Rottweil, den 19. III. 1945

Habe meinen recht herzlichen Dank für Deine Briefe, den einen mit der Mitteilung, daß das Herzel in Sicherheit ist, das andere mit dem Krankenschein. Ich übersende Dir beiliegende Erklärung. Unterschreibe sie bitte und sende sie sofort zurück. Wenn Vati jetzt auch zur SS kommt und gar noch zu der ruhmreichen, noch nicht lange aufgestellten Division Prinz Eugen, dann hat er auf keinen Fall mehr etwas gegen meinen Eintritt in die Napola. Gestern sandte ich eine Karte an Dich ab, wo ich Dir von dem schönen Tag im Eschachtal berichtete. (...) Ans Herzel werde ich gleich schreiben. –

Ich freue mich von Tag zu Tag mehr auf die NPEA. Das ist wenigstens wieder einmal ein anderer Betrieb als dieser Lotterladen hier. Schule haben wir fast keine mehr. Was wir treiben, ist Vergeudung kostbarster Zeit! Das ist nämlich auch einer der Gründe für die Napo.

Dienstag, den 20. März 1945

Der Himmel war mit Wolken verhangen, trotzdem war einige Male Alarm, der meist zu spät kam. – Der Unterricht war Stumpfsinn in höchster Potenz. Wir sind manchmal beinahe krepiert. – Wenn das noch lange so weiter geht, ist es bei mir bald so weit. –

Ich freue mich von Tag zu Tag mehr auf die NPEA, fast kann ich es nicht mehr erwarten. – Doch eine kleine Geduldprobe, wenn sie manchmal auch schwer fallen mag, ist ganz gut! –

Am Vormittag ging ich, obwohl es zu regnen drohte, mit dem Chef und der Klasse 4b in Richtung Bettlinsbad hinaus. Bald wurde ich wegen dem Essen zu Fräulein Storz ins Franziskanerheim gesandt. Dabei fiel mich unterwegs ein Hund an und zerriß mir den Mantel. Dann machte ich auch noch »platt«, so daß ich 1 Stunde lang flicken mußte. – Also wirklich viel Pech! –

Am Nachmittag schanzte ich mit der Klasse 4a und 3b zusammen an einem Panzergraben bei der DEO. Am Schluß machten wir noch eine lustige Dreckbollenschlacht, bei der es hart herging. – Am Abend wurden wir, 32 ausgelesene Mann noch, in eine feine Sache eingeweiht. Die Kampfzeit beginnt wieder!! –

Donnerstag, den 22. III. 1945

Den ganzen Tag über war wunderschönes Wetter, auch entsprechend viel Alarm. –

Freitag, den 23. III. 1945

Heute waren wir den ganzen Tag im Eschachtal beim Eckhof. Es war ein herrlicher Tag. Wir sammelten Tannenzapfen. Fräulein Storz kochte zu Mittag eine feine Suppe. Das größte Vergnügen war für uns, durch die Eschach zu waten, die allerdings noch etwas kalt ist. – Als wir mit einem mit Säcken beladenen Wagen gerade auf dem Heimweg waren, wurde in Rottweil »Akute Luftgefahr«, das ab heute eingeführte Warnsignal, das bei Angriffsgefahr ertönt, gegeben. Wir sahen, wie 3 Maschinen, von 12 über der Stadt kreisenden, herabstießen und schossen. –

Sonnabend, den 24. II. 1945

Heute war herrliches Wetter und viel Alarm. Jabos griffen zweimal den Bahnhof mit Bordwaffen an. –

Deißlingen, Sonntag, den 25. März 1945

Schon um 7 Uhr früh zog ich mit einigen Kameraden bepackt los. Unser Ziel war das Bannausbildungslager in Deißlingen. Unterwegs sahen wir 20 Jabos zu, wie sie in der ganzen Gegend herum Tiefangriffe flogen, so auch in Rottweil, Bühlingen, Deißlingen und Trossingen. – (Es war bewölkt.) Kurz vor neun Uhr gelangten wir in D. am Schulhaus an, wo wir zuerst vom Feldwebel Steg, dem Lagerleiter, einem tollen Kerl, begrüßt wurden. – Nachdem uns unsere Fallen zugewiesen waren, stopften wir gleich das Kopfkissen. – Um ½ 10 war Uniformausgabe; jeder erhielt Hose, Jacke, Halsbinde, Koppel und Schiffchen. In kurzer Zeit waren wir alle zu Soldaten verwandelt, dabei hatten wir viel Spaß. – Unsere erste Tätigkeit war, die Schulbänke, die noch in den Gängen standen, fortzutragen und am anderen Ende des Ortes in einen leeren Raum zu stellen. Dazu brauchten wir ziemlich lange. – Das Mittagessen war ausgezeichnet. –

Am Nachmittag hielt der Bannführer eine kurze Ansprache über den Zweck des Lagers. – Anschließend marschierten wir zum RAD-Lager, die Leute standen am Wegrand und staunten über die »kleinen« Soldaten; dort holten wir Strohsäcke, die wir zum Lager schleppten. Auch das Abendessen war tadellos. – Von ½ 8–9 Uhr hatten wir Ausgang. –

Wir haben 4 tadellose Ausbilder: 1. Feldwebel Steg, ein Angehöriger der »Grünen Teufel«, schwerverwundet. 2. Feldwebel Pawlowski, auch 4mal verwundet. 3. Unteroffizier Hesse, EK 1, Silberne Nahkampfspange, Goldenes Verwundetenabzeichen, fährt in den nächsten Tagen ins Führerhauptquartier, um sich dort das Deutsche Kreuz in Gold und die Goldene Nahkampfspange zu holen. Dann war noch ein Obergefreiter da, dessen Namen ich nicht mehr weiß, auch ein pfundiger Kerl! –

Um ½ 10 Uhr war Zapfenstreich. – Die Nacht über ging ein Doppelposten von uns mit Stahlhelm und Gewehr ums Haus. –

Montag, den 26. März 1945

Um ½ 7 Uhr war Wecken. Das Waschen wurde nicht besonders großartig durchgeführt. – Nach dem Frühstück, das neben Kaffee aus Brot und reichlich Butter bestand, und dem Reinigen der Stuben, gingen die Kameraden, um Bänke fortzutragen. Ich holte mit einem anderen zusammen Milch. (Es war bewölkt.)-

Dann war Unterricht am Gewehr, der von Feldwebel Pawlowski gegeben wurde, sehr anschaulich und lebhaft. Plötzlich beschossen Jabos Ziele im Ort, alles lag auf dem Fußboden, doch der Feldwebel ließ sich durch diese kleine Unterbrechung nicht stören. – Bis zum Mittagessen wurde noch gesungen. –

Nach dem reichlichen Essen erzählte uns Feldwebel Steg von seinen Erlebnissen in russischer Gefangenschaft. – Um 3 Uhr kam der Bannarzt und untersuchte uns alle, da wir alle Freiwillige der Waffen-SS sind, auf die SS-Tauglichkeit. Ich bin natürlich k. v. –

Außerdem wurde für die SS-Division »Hitlerjugend« geworben. Ich habe mich gemeldet, da ich auf eine Entscheidung, ob ich in die NPEA darf oder nicht, nicht warten kann, sonst schwimmen mir beide Sachen davon. Ich erhielt daraufhin einen Einberufungsbefehl aufs WE, und Anfang Mai bin ich Soldat! Endlich. –

Nachdem wir uns nach dem Abendessen verabschiedet hatten, besonders von Feldwebel Steg, gingen wir zu 4. los, es war bereits ½ 9 Uhr. Unsere »Klamotten« hatten wir natürlich vorher abgegeben. – Es regnete. Doch in Lauffen fing es an zu gießen. Wir waren bald bis auf die Haut naß, ich glaube, so naß war ich noch nie. Puh! –

Dienstag, den 27. März 1945

Am Vormittag nahm ich mir weiter nichts vor, da meine Sachen noch nicht trocken sind. – Am Nachmittag gewann ich zuerst einmal eine Partie Binokel im Revier und zog dann in die Schule, um meine Schulbücher abzugeben. Mein Zeugnis und die Vorsemesterbescheinigung erhalte ich, wenn ich den endgültigen Einberufungsbefehl habe. Das war ein erhebendes Gefühl, Abschied von der Schule zu nehmen! –

Bad Cannstatt, den 28. III. 1945 (Mittwoch)

Der heutige Tag war in Rottweil mit den Vorbereitungen für die Reise nach Stuttgart ausgefüllt. Um ½ 20 Uhr fuhren wir in R. weg. Oft blieben wir auf der Strecke stehen. Ich war zum Glück nicht allein, da noch eine ganze Anzahl KLV-Kameraden und 2 Kameraden, die mit auf dem BAL waren, mitfuhren. –

Gründonnerstag, den 29. März 1945

Um ¼ 2 Uhr kamen wir in Stuttgart Hauptbahnhof an. Um ½ 3 Uhr waren Dietrich und ich zu Hause. Mutti war nicht da, da sie in der Nachbarschaft schlief, deshalb richteten wir uns unser Nachtlager provisorisch ein. –
Ich träumte heute nacht, unsere Klasse 1 aus Schrozberg sei zurückgekommen. Wie groß war dann die Wiedersehensfreude, besonders, als mir mein lieber kleiner Wolfram um den Hals fiel. Der Traum wirkte so echt, daß ich heute an fast nichts anderes dachte als an meinen kleinen Freund Wolfram. Ob ich ihn bald einmal wiedersehen werde? Das wäre doch zu schön! –
Am Nachmittag ließ ich mich durch den Regen nicht abschrecken, Besorgungen in der Stadt zu machen. Dabei traf ich auch einige Kameraden, z. Teil auch Jungen der Klasse 1, die allerdings noch nie in Schrozberg waren. –
Am Abend verspätete ich mich auf dem Weg zur Bahn und konnte deshalb vom Vorortszug aus nur noch den Rottweiler Zug an mir vorbeifahren sehen. – Deshalb ging ich wieder nach Hause. –

Karfreitag, den 30. III. 1945

Der Tag war sehr verhangen, es regnete auch einige Male. 3mal war Öffentliche Luftwarnung. Ich blieb daheim. – Am Abend kam ich rechtzeitig auf den Bahnhof, da heute der Zug eine Stunde später fuhr als sonst. – Heute abend war eine herrliche Abendstimmung. –

Rottweil, den 31. III. 1945

Das war eine Fahrerei! – Vor Horb stand der Zug 1 Stunde, in Horb hieß es,»alles aussteigen«. Wir kampierten im dicht gedrängten Wartesaal, in dem es durch alle Ritzen zog. Heute früh um 7 Uhr waren wir hier. –

Am Nachmittag gingen Hanna, Walter Ehret und ich etwas spazieren, es war sehr schönes Wetter. Besonders schön war die Fernsicht auf die Albberge. – Kurz vor dem Abendessen war ein kleiner Jabo-Angriff. Die Flak schoß sehr gut! –

Am Abend ging ich ins Kino. Als Vorfilm kam ein Reisefilm von der französischen Riviera. Er brachte sehr schöne Aufnahmen, doch er war wenig ausführlich. Der Hauptfilm»Das Hochzeitshotel« war eine lustige Angelegenheit voller Verstrickungen, die sich nachher alle glücklich auflösten. –

April

Die Kriegslage:

Im Westen: Der Feind steht überall am Rhein. Kämpfe im Rothaargebirge. Feindliche Panzerspitzen vor Kassel. Der Feind aus Aschaffenburg geworfen. Kämpfe im Odenwald und am unteren Neckar.

Im Osten: Kampf in Ostpreußen. Kampf um Danzig, Stettin, Küstrin, Glogau und Breslau. Schlacht im Raum Strehlen und von Ratibor. Kämpfe im slowakischen Erzgebirge bei Neusohl. Russen teilweise an der Grenze der Ostmark. –

Die Lage ist nicht gerade rosig, aber es ist kein Grund da, den Kopf hängen zu lassen oder gar am deutschen Sieg zu zweifeln. –

Ostersonntag, den 1. April 1945

Schon um 8 Uhr wurde ich durch Fliegeralarm geweckt. Kurz darauf führten Jabos einen Angriff auf den Bahnhof. Sie warfen Bomben, die in Rottweil-Göllsdorf 2 Häuser zerstörten. Es gab Tote. –
Da schönes Wetter war, zog ich mit einigen Kameraden der Klasse 4a hinaus ins Eschachtal. Doch bald trennten wir uns, da jeder andere Interessen hatte, einige sogar heimwollten. Nach zweimaliger Durchwatung des Eschach verzog ich mich auch und genoß allein den schönen Tag. – Am Abend war ein sehr interessanter Sonnenuntergang. Dann war ich noch bei Wolframs Quartierfrau und habe mir seine Adresse geholt. Zwei Stunden lang haben wir uns unterhalten. –

Ende des Tagebuchs

Feldpostbrief an den Bruder: Reutlingen, den 6. April 1945
Absender: Soldat R.G. Panzerjagdkommando 3.Komp. 1.Zug
1.Gruppe (14) Reutlingen RAD Lager

Ich hoffe, daß Du inzwischen wieder in Rottweil bist. Wie Du siehst, ich bin auch nicht mehr auf dem WE, ich bin Soldat, doch nicht ganz Schütze »Arsch«, da ich immerhin Stubenältester bin. Aber das schützt nicht davor, daß ich nicht auch wie die anderen im Dreck herumschleife.
Doch ich greife vor. Montagabend standen wir also um 6 Uhr vor dem Bann, wo wir erfuhren, daß der Zug erst um ½ 10 Uhr

fuhr. Also Pleite! Ich wurde mit der Führung der Gruppe beauftragt. Um ½ 1 Uhr nachts fuhr der Zug in R. ab. ½ 3 Uhr waren wir in Horb, wo wir kurz vor der Stadt aussteigen und laufen mußten. Wir schlugen gleich den nächsten Weg nach Salzstetten ein, wo wir um ½ 7 Uhr ankamen. Kurz darauf schnarchte alles um die Wette, bloß ich nicht, weil ich mit dem Lagerleiter allerhand zu regeln hatte. Am Nachmittag war auch kein Dienst. Am Abend um 8 Uhr marschierten wir nach Rexingen, einem 4 km entfernten Ort, und dort fingen wir nachts um 12 Uhr an, Fahrräder zu beschlagnahmen. Wie da die Leute geschimpft haben! Es regnete in dieser Nacht. Wir froren wie die Säcke! Um ½ 5 kehrten wir ins Lager zurück. Also die 2. Nacht ohne viel Schlaf. Dafür war am nächsten Tag wieder kein Dienst. Um 2 Uhr zog das ganze Lager zu Fuß und mit Rädern aus. Ich lief. Wir beobachteten viele Jaboangriffe in der Gegend. In Horb erhielt ich dann bis Mühlen ein Fahrrad. Dort half ich wieder beim Requirieren und erhielt ein Rad, das ich aber auch nur bis zum nächsten Ort behalten durfte, denn dort mußte ich die Führung der Fußgänger übernehmen. Um ½ 11 Uhr fuhren wir dort mit dem Zug ab. Ein Stück mußten wir zwischendurch laufen, da die Strecke getroffen war. Um ½ 1 Uhr verschwanden wir in Tübingen im Wehrmachtsübernachtungsheim. Am gestrigen Morgen mußten wir dann noch einmal »Kohldampf« schieben.

Ich zog mit den Fußlatschern nach Reutlingen weiter. Kurz hinter Tübingen mußten wir flach liegen, da uns 4 Jabos angriffen. Ich lag im Straßenkandel, was man meiner Uniform sehr deutlich ansah. Einer der Jabos warf Brandbomben, die eine Scheune in der Nähe in Flammen aufgehen ließen. Als wir kurz vor Reutlingen waren, war Alarm, so daß wir lange warten mußten. Um 3 Uhr waren wir im RAD-Lager. (…) Der Bannführer von hier rief Freiwillige für ein Panzerjagdkommando auf. Ich bin natürlich dabei. Die anderen marschierten gestern abend ins WE Mochental ab. – Wir haben jetzt 14 Tage intensive Spezialausbildung. Dann geht es los.

Heute haben wir schon Großreine gemacht. Dann Drilliche gefaßt. Jetzt ärgert es mich nur noch, daß wir nicht SS sind. Die Ausbilder sagen es wenigstens so.

Jetzt noch allgemeine Instruktionen: Packe bitte meine Sachen bei Drehers. Schaffe meinen Wecker zu Fräulein Hetzinger. Schicke mir: Mein Nähzeug, Schere, meine Ordensbänder. Schaue bitte, ob Du von Baiers für mich nicht etwas Zwirn (Schwarz und Weiß) bekommen kannst. Dann schicke mir bitte Briefpapier, Umschläge, 1 Tube Uhuleim, und zwar die noch nicht angebrochene (allen anderen Leim kannst Du haben). Meine topographische Karte von Württemberg. Mein Tagebuch und die Mundharmonika. Bleistifte und das Schreibmäppchen mit dem Federhalter u.s.w. Außerdem Tintentabletten und ein Fläschlein, das Tinte sicher hält. Schau bitte einmal in meiner Flaschenschachtel nach. Am geeignetsten wird wohl das Fläschlein mit der Pipette sein. *(Zusatz auf dem Briefumschlag:* Goethes Faust. Eine Schachtel schwarzen Schuhkrem.*)* Was Du sonst brauchen kannst von meinen Sachen: organisiere sie für Dich. In der DEO hole mein Zeugnis und das Vorsemester. (Schreibe mir bitte, was darin steht.) Außerdem schicke, was ich an Verbandszeug habe, auch die große Jodflasche, Vatis und Muttis Adresse.

Grüße an Chef. Grüße von mir allerseits. Von Fräulein Storz laß Dir meine Wochenration Butter von der Woche vor Ostern geben.

Feldpostbrief an die Mutter: Reutlingen, den 16. April 1945
Absender: Kriegsfreiwilliger R.G. Reichsausbildungslager 6
(14) Eningen/Reutlingen 3.Komp. 1.Zug 1.Gruppe

Heute, nachdem wir schon 14 Tage von Rottweil weg sind, will ich einmal versuchen, Dir zu schreiben, obwohl ich nicht sehr daran glaube, daß Du den Brief erhältst. – Ich will Dir also berichten, was sich seither alles ereignet hat. (…)

Im RAD-Lager wurden wir für ein Panzernahkampfbataillon ausgelesen. Es ist dies das 1. HJ-Bataillon in Württemberg. – Seit 5. April haben wir Ausbildung, zuerst Grundausbildung, die ich aber durch die HJ schon beherrsche, und jetzt auch die richtige infanteristische.

So auch heute morgen. Wir liegen jetzt in einer Schule in Reutlingen/Betzingen. Unsere Aufgabe war, mit der Panzerfaust uns an den Betzinger Bahnhof vorzuarbeiten. Dies machte unsere Gruppe immer einem Bach nach, der, teilweise untertunnelt, durch den Ort fließt. –

Am Samstag hatten wir Urlaub. Ich fuhr mit dem Rad nach Rottweil. Das war eine wüste Fahrerei durch die Nacht und immer den Berg hinauf. Platt habe ich auch gemacht. Ich schaffte meine Sachen dorthin und packte dort ein. –

Mit einem Klassenkameraden Dietrichs, der auch hier ist, wurden wir von Fräulein Storz reich bewirtet. –

Am nächsten Abend fuhr ich wieder hierher, so daß ich gestern früh um 3 Uhr hier war.

Unsere Uniform ist khakifarben. Wir haben viel Unterwäsche und sogar einen Tropenschlafanzug gefaßt. Das Essen ist auch ganz anständig. – Also damit sind wir Soldaten, doch allerdings nicht SS, sondern HJ.

Abkürzungen

BAL:	Bannausbildungslager
BDM:	Bund deutscher Mädel
DEO:	Dietrich-Eckart-Oberschule
DJ:	Deutsches Jungvolk
FvD:	Führer vom Dienst
GD:	Gesundheitsdienst(führerin)
GDO:	Gottlieb-Daimler-Oberschule
HJ:	Hitlerjugend
H'Lmf:	Hauptlagermannschaftsführer (weiße Führerschnur; HJ-Führer des KLV-Standorts)
IG:	IG Farben
IKO:	Johannes-Kepler-Oberschule
JM:	Jungmädelbund
KdF:	Kraft durch Freude
KK:	Kleinkaliber
KLV:	Kinderlandverschickung
KVK:	Kriegsverdienstkreuz
LMF / Lmf:	Lagermannschaftsführer (grün-weiße Führerschnur. Die Lagermannschaft bestand aus den beiden Paralellklassen)
LS:	Luftschutz
MinA / Mina:	Ministerialabteilung, hier: für Höhere Schulen
MoHJ:	Motor-HJ
Napo:	siehe NPEA
NSV:	Nationalsozialistische Volkswohlfahrt
NPEA, Napo:	Nationalpolitische Erziehungsanstalt
OKW:	Oberkommando der Wehrmacht
Pg:	Parteigenosse
PK:	Propagandakompanie
RAD:	Reichsarbeitsdienst
RFB:	Reserveführerbewerber (der Waffen-SS)
RJF:	Reichsjugendführung
SRD:	Sicherheits- und Rettungsdienst
TWS:	Technische Werke Stuttgart
WBK:	Wehrbezirkskommando
WE:	Wehrertüchtigungslager
WHW:	Winterhilfswerk

Anmerkungen

20. X. 1943 – hier gelandet; Brief an den Vater, Bad Cannstatt, 2. V. 1943: In der Nacht vom 14. auf 15. April hat sich das Gesicht Cannstatts sehr geändert. Man erzählt sich, daß 650 Häuser in Cannstatt zerstört wurden. Diese Zahl ist bestimmt nicht zu hoch gegriffen. 12000 Obdachlose hat es allein in Cannstatt gegeben. In Großstuttgart hat es 200 Tote gegeben (...) Du schriebst neulich einmal, daß es zu den Trümmern von Cannstatt noch einige Zeit dauern würde – jetzt sind wir so weit. Wenn Du auf Urlaub kommst, was hoffentlich bald sein wird, wirst Du manches Haus vermissen, das Du bei Deinem letzten Urlaub gesehen hast. So z. B. die Häuser von der Bäckerei Gölz bis zur Augsburgerstraße, oder das Haus mit der großen Ata-Reklame, das schiefe Haus, das Altersheim, die Brunnenverwaltung am Kursaal und anderes. Auch der Kursaal hat gebrannt. In der Angriffsnacht war Cannstatt, von der Nürnbergerstraße aus gesehen, ein einziges Flammenmeer. Rauchmeer. Wir sahen und hörten, wie Häuser zusammenfielen. Als der Angriff vorüber war, ging ich mit Herrn Hufenbecher nach Cannstatt, um löschen zu helfen. Viele Häuser konnten nicht gelöscht werden, weil das Wasser (!) fehlte. Die Feuerwehr war nicht zu sehen; denn Stuttgart hat fast keine, und die auswärtigen Feuerwehren kamen erst am Morgen (...). Wir halfen in einem Haus in der Saarstraße löschen. Ich stand auf dem obersten Treppenabsatz. Immerzu fielen glühende Balkenteile auf mich herab, und ich war froh, daß ich meinen Helm hatte. Dauernd tropfte von der Decke warmes Wasser, so daß ich bald in einem Teich stand. Als ich heimkam, war ich von oben bis unten mit Kalk bespritzt.

Tagebuch, 1. September 1943: Heute mußten wir wieder in die Schule. Die erste Nachricht, die wir dort empfingen, war, daß unsere Schule aufs Land verlegt wird. (...) Am Abend fand in der Schule eine Elternversammlung wegen der Evakuierung statt. Auch an anderen Orten der Stadt waren solche Zusammenkünfte. Es ist manchmal recht schlimm dort zugegangen. Im Gustav-Siegle-Haus mußte die Polizei einschreiten. *2. September 1943:* Die Verlegung der Schulen ist jetzt das Tagesgespräch in Stuttgart. Die Gemüter sind noch alle sehr erhitzt.- Im *(Konfirmanden-)* Unterricht war Frl. Thoma nicht gerade über die Evakuierung erfreut; denn sie befürchtet mit Recht, daß kirchliche Erziehung unterbunden wird. (...) auf diese Weise werde ich wenigstens nicht konfirmiert. *3.September 1943:* Alle Fellbacher, Schwaikheimer u.s.w. müssen jetzt nach Waiblingen in die Schule. *6. September 1943:* Ab heute sind alle Fellbacher in Waiblingen, daher ist unser Klassenzimmer sehr leer. *20. September 1943:* Heute erfuhr ich einmal, wie es an den einzelnen Oberschulen in den Landstädten zugeht: Das Lehrerpersonal ist überall sehr gering und meistens invalid, sehr alt oder noch ganz jung. Außerdem taugt es nichts. Schon aus diesem Grund bleibe ich bei meiner Schule. *28. September 1943:* Der Quartiermacher unserer Schule ist fort, doch wohin, das wissen wir nicht. *29. September 1943:* Wir kommen mit der Daimlerschule zusammen fort, und die kommt nach Rottweil. Dort müssen wir uns dann aber tadellos benehmen; denn dort befindet sich die Napo. *4. Oktober 1943:* Wir fragten heute Herrn Dr. Dinkel *(Klassenlehrer),* wohin wir kämen, doch er gab uns keine Auskunft. (...) Einem Gerücht zufolge kommen wir sogar in das Gebäude der Napo, wo dann ein Austausch der Lehrer stattfinden wird. Dieses wäre ausgezeichnet; denn die Lehrer der Napo sind als die besten bekannt. Das heißt aber auch, daß die Lehrer unserer Schule mit ihnen konkurrieren können. *19. Oktober 1943:* Wir mußten heute noch einmal in der Schule erscheinen, wo sich der Schulleiter von uns verabschiedete.

22. X. 1943 – NS-Volkszeitung Rottweil Nr. 244 vom 18. Oktober 1943: »Die Anfangszeiten im *Rottweiler Lichtspielhaus* sind jetzt künftig: Samstag, Montag und Mittwoch jeweils 4.30 und 7.00 Uhr, Dienstag und Freitag nur 7.00 Uhr. Die Vorstellung beginnen nach kurzer Einleitung mit der Wochenschau, anschließend Hauptfilm und nachher Kulturfilm.«

27. X. 1943 – *sprach der Bannführer;* NS-Volkszeitung Nr. 253 vom 28. Oktober 1943 »Aus der Kreisstadt Rottweil«: »Die hellen Stimmen der Jugend sangen das Fahnenlied und das Lied der Jugend. Der forsch und schneidig unter der Leitung von Pg Steinwandel spielende HJ-Musikzug rundete den Rahmen des Abends zu einem klingenden Ganzen.«

8. XI. 1943 – *Dr. Friz:* Der angestammte Cannstatter Schulleiter der Johannes-Kepler-Oberschule.

21. XI. 1943 – *Welz:* Klassenkamerad.

26. XI. 1943 – *Maria:* Haushaltshilfe.

11. XII. 1943 – *Brief des Vaters, Köln 7. 12. 43:* Heute kam ein Päckchen an, zerdrückt und naß, voll verfaulter Äpfel. Diese hatte Mutti bereits im Oktober an mich abgesandt, damit sie am 8. 11. hier sein sollten. Sie waren mit Blumen und Laub geschmückt. Auf den Postweg kann man sich doch jetzt gar nicht mehr verlassen.

27. XII. 1943 – *Herzel:* Die Liegnitzer Stiefgroßmutter.

9. 1. 1944 – *Brief des Vaters, Köln 15. 1. 1944:* Die Geschichte mit Herrn Dr. Allmendinger erscheint mir nun doch etwas bedenklich. Ich glaube, von Euch hat sich niemand gefragt, wie das dem Manne beruflich schaden kann, was Ihr ihm getan habt. Ein Einzelner ist gegen eine Meute losgelassener Bürschchen eben doch recht machtlos. Vornehm war Euer Verhalten keinesfalls. Eduard Mörike hat der Dichterin Isolde Kurz einmal erzählt, wie er an einer höheren Stuttgarter Mädchenschule unterrichtete, sei ihm folgendes passiert: Er habe sich die Nase putzen wollen, da habe er entdeckt, daß ihm ein Zipfel des Taschentuches schon lange aus dem Hosensack hing. Er zog daran, und das Tuch wurde länger und länger und wollte fast kein Ende nehmen. Als er es heraus hatte, putzte er sich die Nase umständlich, in seinem Vortrag fortfahrend, und erst danach warf er einen Blick auf das Tuch. Er sah nun, daß er sich die Nase an einer Gardine geputzt habe. Was ihm aber nun besonderen Eindruck gemacht habe, sei das Verhalten der Mädchen gewesen. Keine hat gelacht oder die Gelegenheit zu einem Unsinn benutzt. Das ist eben vornehm! Ihr hätte den Herrn Dr. Allmendinger nicht anrüpeln sollen – sondern nicht beachten, wenn er Euch wirklich verächtlich vorkam.

5. I. 1944 – Heimatflak: NS-Volkszeitung Rottweil, 5. Januar 1944, Nr. 3: »Einheitliche Lenkung des Kriegseinsatzes der Jugend. (...) Der Ministerrat für die Reichsverteidigung hat mit Wirkung vom 11. Dezember 1943 eine *Verordnung* erlassen, nach der der Reichsjugendführer der NSDAP und Jugendführer des Deutschen Reiches beauftragt ist, die Verwendung der deutschen Jugend für *zusätzliche Kriegsaufgaben,* neben Schule und Beruf, einheitlich zu regeln.« – *Appell:* Bericht darüber in der NS-Volkszeitung Nr. 5 vom 7. Januar 1944: »Aus der Kreisstadt Rottweil«: »... stellte er (der Stammführer – d.Verf.) den Juden als Kriegsverbrecher dar und wies die Jungen (angetreten waren doch auch die Mädchen! – d. Verf.) mit packenden Worten darauf hin, diese Rasse immer als Feind zu betrachten ...«

7. 1. 1944 – Unter- und Obermilchausgeber: Die Tagesration Milch wurde von einem der Jungen aus der Milchkanne in die mitgebrachten Flaschen geschöpft.

29. I. 1944 – Konfirmation; Briefe an den Vater:
Bad Cannstatt, 29. 11. 1942: Donnerstagabend hat sich der Herr Stadtpfarrer wieder sehr aufgeregt. Es ereignete sich nämlich Folgendes: Als der Herr Stadtpfarrer kam, blitzten einige Lampen auf. Er ging zur Kirchentüre und wollte sie aufschließen, aber er fand das Schlüsselloch nicht. Er sagte, man solle eine Taschenlampe anzünden, doch da hatte auf einmal keiner eine. Schließlich sagte einer, die beiden Banhardts hätten eine Taschenlampe, doch sie waren nicht da. Alles rief nach ihnen. Schließlich kamen sie, aber sie eilten nicht. Als sie dann Licht gemacht hatten, sahen wir, daß in dem BKS-Schloß ein großer Holzpfropfen war. Daher mußten wir zu einer Nebentüre hineingehen. – Während dem Unterricht hat dann der Hammer gesprochen, darauf forderte der Herr Stadtpfarrer 5 Pfennige von ihm. Er aber sagte, er habe kein Geld eingesteckt. Deshalb sagte der Herr Stadtpfarrer, er solle es sich von jemandem leihen, doch alle hatten auf einmal kein Geld da. Bis schließlich einer sagte, er habe welches. »Gib her«, sagte der Herr Stadtpfarrer, und der gab ihm eine Münze. Der Herr Stadtpfarrer betrachtete sie und sah, daß es eine ungültige war.- Es war ein altes 10 Pfennigstück. Er schimpfte und schrie: "Mach, daß Du heimkommst!« Als der dann zur Türe hinausging, schrie der Herr Stadtpfarrer: »Pfui!«

Als der Herr Stadtpfarrer dann abfragte, konnte fast keiner das Aufgegebene. Daher mußten fast alle dableiben. Ich war auch dabei. Wir mußten die Verse immer zusammen sprechen. Da konnten wir sie wunderbar. Zwischendurch fragte er immer wieder, wer es kann, doch es meldete sich niemand. So machten wir 45 Minuten fort. Schließlich hat der Herr Stadtpfarrer nachgegeben.-

Bad Cannstatt, 6. 12. 1942: Am Donnerstag um ¼8 abends hielt ein rußlanddeutscher Pfarrer einen Vortrag in der Wichernkirche. Er trat an die Stelle von Unterricht. Wir (Hammer und ich) mußten ihn an der Straßenbahn abholen. Wir haben ihn aber schon unterwegs getroffen. Er erzählte, daß er in der Gegend von Kiew geboren sei, den Weltkrieg dort verbracht habe und dann noch 4 Jahre Bolschewismus. Er erzählte von Plakaten, auf denen der liebe Gott als altes Männlein, mit einem langen Bart, einer großen Brille und einem Krückstock abgebildet war. Oder andere, auf denen Gott im Narrengewand abgebildet war.- Der liebe Gott war von den Bolschewiken des Landes verwiesen worden. (Was für ein Unsinn!!)- Christus haben sie dargestellt, wie er auf einem Haufen Banknoten und Geldsäcken sitzt. Um ihn herum stehen arme Leute, die hungern und frieren. Er aber gibt ihnen nichts. – Auf einem anderen Bild haben sie ihn als Säufer dargestellt. (Im Bezug auf die Hochzeit von Kanaan.)- Weiter erzählte der Pfarrer, daß man dem Judas Ischariot Denkmäler gebaut habe. Man habe sogar erwogen, ob man dem Teufel nicht auch Denkmäler setzen solle. Er erzählte auch von den bolschewistischen Foltermethoden, so z. B.: Einen deutschen Pfarrer haben die Russen, um ein Geständnis zu erzwingen, 12 Stunden lang in einen Jauchegraben, der ihm bis zum Hals ging, gestellt. Wenn er sich gerührt hat, haben ihn die Russen mit der Reitpeitsche oder mit dem Gewehrkolben gehauen.-Eine andere Sache nannten sie,»auf echt proletarisch die Handschuhe auszuziehen.«- Der Gefangene mußte die Hände in siedendes Wasser tauchen. Dann hat man ihm die Haut von den Händen gezogen.-

Manche wurden auch »zum General befördert«; d. h. sie wurden ganz ausgezogen, und im Gefängnishof hat man ihnen mit dem Rasiermesser Achselklappen und Streifen in die Beine geschnitten. Dann wurde die Haut abgezogen, so daß sie rote Achselklappen und Beinstreifen hatten.- Andere wieder haben sie im Winter so lange mit Wasser übergossen, bis sie zu Eisklumpen gefroren waren.-

Der Pfarrer nannte dann noch einige Zahlen aus der Geschichte der deutschen Einwanderer und ihrer Kirchen; u. a. sagte er auch, daß von den 2½ Millionen Deutschen in Rußland jetzt nur noch 1½ Millionen am Leben sind.- Er sagte auch einige Aussprüche Lenins:»Es können 90% aller Russen zugrunde gehen, Hauptsache ist, daß die übrigen 10% leben« oder »Wir werden alle Kirchen der Welt verbrennen.«

Er erzählte, daß in Rußland die Kinder Staatseigentum seien. Eltern dürfen ihre Kinder nicht hauen, sonst kommen sie nach Sibirien. Meistens jagen die Leute ihre Kinder fort. Die Kindern rotten sich dann zusammen und überfallen Eisenbahnzüge, zerstören Dörfer und plündern sie aus. Manchmal sind es mehr als tausend Kinder, die in einer solchen Bande sind. Im Wolgagebiet war schon einmal eine so große Bande, daß Militär gegen sie geschickt werden mußte, weil die Polizei nicht mit ihr fertig wurde.- Dann nannte er uns Zahlen über die Hilfe das Rußlandbundes. Am Schluß sagte er, nachdem er die Verluste der Russen an Menschen genannt hatte:»Der Krieg Deutschlands gegen Rußland ist ein heiliger Krieg!«

Das hat der Herr Stadtpfarrer Lamparter noch nie gesagt.-

Bad Cannstatt, 13. 12. 1942: Am Donnerstag hat der Herr Stadtpfarrer wieder einiges gesagt, was er lieber nicht hätte sagen sollen. Er sagte nämlich, daß die»mißglückte Einnahme Stalingrads« und der Rückzug Rommels eine Strafe Gottes für das»übermütige« Deutschland sei. (Damit will er uns wahrscheinlich nur Angst machen.) Er hat uns auch erzählt, daß man im»Braunen Haus« in München Pläne hätte, um das Christentum auszurotten. Gegen den Artikel 24 des Parteiprogramms. Weiter erzählte er, daß die 500 deutschen Pfarrer im Warthegau nur von dem leben, was ihnen die Leute in die Tasche stecken. Der Gauleiter vom Warthegau hat sämtliche Opfer für die Kirche verboten, bis die Kirche unterschreibt, daß sie nur ein Verein sei. – Außerdem behauptete der Herr Stadtpfarrer, daß der Landesbischof kein Verräter sei. -

Am Donnerstag war zu unserer Freude der letzte Unterricht in diesem Jahr. –

Bad Cannstatt, 11. 1. 1943: Es wird jetzt gemunkelt, daß der Herr Stadtpfarrer Lamparter versetzt wird. Welch ein Glück! *– 13. 1. 43:* Es war doch schade, daß ich gestern nicht im Unterricht war. Es soll ein Heidenspaß gewesen sein; denn der Herr Stadtpfarrer hat gebrüllt, daß die »Bude« gewackelt hat. Er wurde sehr »geschippt«. –

Bad Cannstatt, 13. 1. 1943: Herr Stadtpfarrer Lamparter ist nach Mühlacker versetzt worden. Dienstags gibt er uns noch Unterricht. Donnerstags kommt Herr Stadtpfarrer Lang. – Zuerst ist erwogen worden, ob Fräulein Thoma Unterricht geben soll. (Die »Gurke« hätten wir aber tüchtig »unters Ärmchen« genommen.) Der Herr Lamparter hat aber gesagt, daß es besser sei, wenn uns ein Pfarrer Unterricht gibt, weil wir so große »Lausbuben« seien. –

Bad Cannstatt, 2. 2. 1943: Heute war ich im Unterricht. Dort habe ich einmal richtig den Unterschied zwischen Herrn Lamparter und Herrn Lang gesehen. Herr Lang erzählt das, was Herr Lamparter in 2 Stunden erzählt, in ½ Stunde. Dabei schildert er es doch viel einfacher. – Haible erzählte mir heute, daß man mit 14 Jahren seine Religion selbst wählen kann. Ich habe gute Lust, aus der Kirche auszutreten, aber ich weiß nicht, wie Du darüber denkst.-

Bad Cannstatt, 8. 2. 1943: Du schreibst, daß das nicht wahr sei, daß man mit 14 Jahren seine Religion selbst wählen könne. Herr Stadtpfarrer Lamparter hat es aber auch schon gesagt.-

Bad Cannstatt, 7. III. 1943: Heute morgen war Konfirmation. Daher ging ich in die Kirche. Es gab »viel Lärm um nichts«. Der Herr Stadtpfarrer Lamparter leierte endlos Bibelsprüche herunter. Die Feier dauerte von ½9–½ 1 Uhr. Diese hat mich gar nicht überzeugt, denn als ich sah, wie »andächtig« die Leute Drops aßen, hatte ich genug. -

29. I. 1944 – Konfirmation; Brief des Vaters, Köln 26. 1. 44: Ich habe unbedingt den Wunsch, daß Du Dich konfirmieren läßt! (…) nimm es als eine Pflicht hin. Es geschieht Dir wirklich nichts dadurch. Solange die Kirche noch Staatskirche ist, wollen wir wenigstens die allernotwendigsten Zeremonien mitmachen. Du kannst es mir glauben, daß wir so klüger fahren, als wenn wir uns in den offenen Gegensatz zur Kirche stellen.

6. II. 1944 – Konfirmation; Brief des Vaters, Köln 3. Febr. 1944: Es geht ja nur um den Konfirmationsschein. Sei nicht unklug, Du weißt noch nicht, was nach dem Kriege alles kommen wird. *(Der Vater befürchtete, daß sich die Allianz des Jahres 1933 zwischen Kirche und Nationalsozialismus wiederholen könne; er hatte 1933 wieder in die Kirche eintreten, die Eltern sich nachträglich kirchlich trauen lassen müssen, das hatte ihn nicht davor bewahrt, aufgrund des Gesetzes zur Wiederherstellung des Berufsbeamtentums als »politisch unzuverlässig« aus dem kommunalem Dienst entlassen zu werden.)*

12. II. 1944 – Dr. Allmendinger; Brief des Vaters, Köln 9. II. 1944: Genau so übel ist die Hetze gegen Herrn Dr. Allmendinger: Bitte halte Dich davon vornehm zurück – ohne daß Du ein Verräter an Deinen Kameraden wirst. Du brauchst keinen zu verpetzen – aber mitzumachen brauchst Du nicht. Wenn Du ein anständiger Kerl bist, dann rätst Du auch Dietrich, daß er sich nicht beteiligt. Wir, Mutti und ich, möchten nicht eines Tages gezwungen sein, zu Herrn Dr. Allmendinger zu gehen und für Euch um Verzeihung zu bitten! Was wißt Ihr denn, durch welche Schicksalswege dieser Mann so geworden ist? Jetzt wollt Ihr ihn auch noch um die Existenz bringen. Ich war lange genug erwerbslos und weiß, wie schwer es ist, außer Beruf zu sein!!! Habt Ihr denn alle den Verstand verloren, kaum daß Ihr das Elternhaus verlassen habt?

13. 2. 1944 – Jugendfilmstunde: NS-Volkszeitung Nr. 35 vom 11. Februar 1944.»Anzeigen der NSDAP«:»Antreten 8.45 am Lichtspielhaus. Pflichtdienst für die Einheiten: HJ, BDM, BDM-Werk, NPEA, KLV-Standort, Führerzüge des DJ und JM (…) Eintritt 20 Pfennige.«

18. II. 1944 – Konfirmation; Brief des Vaters, Köln 24. II. 44: Herr Hecklinger ist nämlich keineswegs von Dir besiegt worden. Ihm gebot nur die Klugheit, zu schweigen, denn er weiß nicht, wer Du bist und ob Du seine Antworten vielleicht in verkehrter Auffassung an eine politische Stelle weiterleiten würdest. Auch weiß er, daß Du nicht religionsphilosophisch geschult bist und seine Antworten gar nicht verdauen könntest. Deine Fragen sind nämlich garnicht so neu, sondern vor Dir schon von denkenden Menschen aufgeworfen worden.

2. III. 1944 – Angriff; Brief der Mutter; Cannstatt, den 27 .2. 44: Seid nur froh, daß Ihr diese Hölle nicht mitzumachen braucht – Der Aprilangriff war ein Kinderspiel dagegen. Bald wird Ca. nur noch ein Trümmerfeld sein – Ich halte es in dieser Zeit für angebrachter, wenn Du Dich in R. konfirmieren läßt – Die Ca. Kirchen sind bis auf die Wichernkirche alle beschädigt (…) Die Zahl der Toten soll in Ca. 60 betragen – Seit dieser Schreckensnacht geht schon bei Öffentlicher Luftwarnung eine wahre Völkerwanderung zu dem hier noch einzigen Bunker, der natürlich überfüllt ist – Unsere Hausgemeinschaft harrt bis jetzt geschlossen im eigenen Keller aus + wir hoffen, daß nicht gerade eine Luftmine unser Los bestimmt.

7. III. 1944 – Uniform: Jungmann einer NPEA.

14. III. 1944, Brief an den Vater – Michalski, Maxein: Bewohnerinnen des Nachbarhauses.

31. III .1944 – nur vormittags Schule: Das war möglich, weil in den Ferien die ganze Schule zur Verfügung stand.

Brief an den Vater – Frau Bauer: Mitbewohnerin des Hauses in Bad Cannstatt. – *PK; Brief des Vaters, Köln, Ostersonntag 1944:* Gewiß, Propaganda ist nützlich und unvermeidbar, man muß aber ihr zweifelhaftes Wesen sehr genau kennen, um sie zu durchschauen und auf den in ihr enthaltenen Kern der Wahrheit zurückführen zu können. Der Propagandist ist zuerst auf Wirkung aus, ehe er auf Wahrheit aus ist.

3. IV. 1944 – Gebiet: HJ-Gebietsführung Württemberg-Hohenzollern.

18. IV. 1944 – Faust: Faust: Gottfried Haaß-Berkow; Mephistopheles: Fritzleo Liertz; Grete: Elfriede Huber.

22. IV. 1944 – Krauß: Klassenlehrer des Verfassers in der (Fellbacher) 3. und 4. Grundschulklasse.

30 .IV .1944 – Jugendfilmstunde: NS-Volkszeitung, 2. Mai 1944 »Aus der Kreisstadt Rottweil«: »Die Jungen und Mädchen von Rottweil und Umgebung konnten es kaum erwarten, bis es so weit war und ein Fanfarenruf die Jugendfilmstunde im Lichtspielhaus Rottweil einleitete. Unter Anwesenheit von Bannführer Gaßmann verlas der Führer vom Dienst einen Aufruf des Stammes zum 1. Mai 1944. Nach dem Lied ›Es pfeift von allen Dächern‹ begrüßte der Führer des Stammes 1, Gefolgschaftsführer Mantel, die anwesenden Gäste und wies die Jungen und Mädel auf den Sinn des 1. Mai hin und würdigte die Arbeit. Wie jedes Jahr, so sprach der Stammführer, tritt die Jugend am Vortag des Tages der nationalen Arbeit an, und so sollen Euch auch diese Stunden Freude bringen und Ansporn sein für die kommenden Aufgaben. Die folgende Wochenschau übermittelte den Jungen und Mädeln Bilder von den Fronten, und ebenso begeistert wurde der Hauptfilm ›Schrammeln‹ auf genommen. Die Hitlerjugend dankte Herrn Seyfried für das jederzeitige Entgegenkommen.«

8. V. 1944 – Bad Podiebrad: (Böhmen), KLV-Lagermannschaftsführerschule.

17. V. 1944 – (Der erste Absatz ist durch einen Strich am Rand hervorgehoben, SS, hier und später, in zwei Siegrunen geschrieben.)

28. V. 1944 – Fräulein Storz: Wirtschaftsleiterin des KLV-Standorts.

12. VI. 1944 – Staatsschauspieler, Brief des Vaters, Köln, 26. 6. 44: Und dann noch eines: Die Theater sind sittenlose Sauställe nach wie vor. Ob Du das ertragen wirst? Wahrscheinlich wirst Du Dich moralisch unter Schauspielern Dein Leben lang nicht wohl fühlen.

23. VI. 1944 – An den Vater; so etwas wie Onkel Heinz werde: Wirtschaftsverwaltung.

3. VII. 1944 – An den Vater; Stadtbau: Stadtmodelle

1. VIII. 1944 – An den Vater; Tischsprüche: sind verloren gegangen.

Fanny Mörike; Emil Baader in: Schwäbische Sonntagspost. Illustrierte Wochenzeitung der NS-Presse Württemberg, 29. Folge 9. Jahrgang, 16. Juli 1944. Fanny Mörike lebte von 1855-1930; der Artikel läßt nicht erkennen, daß der Besuch des Verfassers demnach viele Jahre zurückliegen muß.

Attentat: Brief des Vaters, Köln, 16. 8. 44: Am Attentat auf den Führer konntest Du den verbrecherischen Geist der Ultrareaktionäre studieren. Früher ist nicht einmal gegen einen deutschen Herrscher ein Attentat verübt worden.

27. VIII. 1944 – Volksgerichtsverhandlung; Brief der Mutter, Cannstatt, den 12.8.44: Hast Du die Verhandlungen über den Verrat gelesen? Diese »Clique« war ja wahnsinnig! Was hätte uns das für ein Schicksal gebracht? (…) Mir hat man, als nicht berufstätig, wieder nahegelegt. Stgt zu verlassen – um anderen berufstätigen Volksgenossen Platz zu machen. Es gibt noch viele Leute, die hier überflüssig sind + zudem wo soll ich hin?

4. September 1944 – An die Mutter; Zettel: vermutlich polizeiliche Ummeldung.

11. IX. 1944 – An die Mutter; Tod vom Herrn Möhrle: Der zweite Mitbewohner des Hauses, der fiel.

21. IX. 1944 – Tagebuch – (Zimmer Anmeldung): Cherchez les femmes.

Brief der Mutter, Cannstatt, den 19. 9. 1944: Von Vati kam gestern ein sehr depressiver Brief – er rechnet mit dem Schlimmsten – so daß ich sehr erschüttert bin – Etwas was ich Dir von seinen Wünschen besonders ans Herz legen möchte + aus dem Erleben Deines Vaters entstand, ist folgender = *(unleserlich).* Wenn sich ihnen *(den Söhnen, d. Verf.)* das Schicksal entgegenschiebt, so mögen sie von sich aus die Kraft haben, es zu bestehen – sie sollen sich von jedem politischem Führertum zurückhalten, dem Geist der Kultur dienen und möglichst soziale Berufe wählen oder praktische. Jeder Beruf ist recht,der nicht zur charakterlichen Verderbnis führt!! Das ist auch meine Ansicht. -

Gestern habe ich mir eine Reiseerlaubnis verschafft – wage es aber nicht, die Fahrt zu unternehmen, wenn ich nicht weiß, ob ich eventuell dort übernachten kann. Es wird doch sehr nötig sein, wieder nach Deinen und Dietrichs Sachen zu schauen.

24. IX. 1944 – An den Vater: Kruzifix abnahmen; Antwort: Köln, 12. Okt. 44. Warum habt Ihr die Kruzifixe mit dem Hitlerbild ausgetauscht? Hättet Ihr nicht ebensogut das Hitlerbild neben das Kruzifix hängen können? Euer jugendlicher Radikalismus geht manchmal sehr weit. Selbst Hitler würde das nicht tun. Ihr sollt gewiß Eure Meinung demonstrieren, aber eigentlich nicht auf Kosten anderer Meinungen. Duldsamkeit würde das menschliche und geistige Elend dieser Zeit wesentlich mildern. Na, wir werden sehen, wo die Karre hinläuft. – Mögest Du selbst ohne Schuld bleiben, damit Du keine unnötige Sühne vom Schicksal aufgebürdet bekommst.

1. X. 1944 – Sonnenfroh: der Werber vom 17. Mai 1944.

22. X. 1944 – Hauptzugführer: Lehrer und Erzieher an der NPEA.

8. November 1944 – Verbrechen von Stemmersdorf: vergl. NS-Volkszeitung Nr. 258 vom 2. November 1944 »Auf dem Blutacker von Stemmersdorf. Zeugen bestätigen die bolschewistischen Bestialitäten in Ostpreußen – Internationaler Ausschuß prüft die Ereignisse nach.«

14. XI. 1944 – Platz der SA: Marienplatz.

28. XI. 1944 – immer noch nicht hier: Sie waren in den Luftangriff auf Freiburg geraten.

8. XII. 1944 – Fräulein Schreiber: Mitarbeiterin der Kreisleitung der NSDAP.

19. XII. 1944 – Schwarzes Korps: Periodikum der SS.

20. Dezember 1944 – kein Zeugnis: weil diese Fächer nicht mehr unterrichtet worden sind.

27. XII. 1944 – Fräulein Denzel: Sportlehrerin der Jüngeren. – *Bernfried Jauch:* der Hauptjungzugführer vom 12. und 13. VIII.

11. I. 1945 – verfaulte Rüben: zur Ernährung bestimmte Kohlrüben, die in einem ungeeigneten Raum gelagert waren.

15. I .1945 – Fahne: Gaststätte in Rottweil-Altstadt.

29. I .1945 – Herbert Norkus: »Am 24. Januar 1932 ermordeten Kommunisten den Hitler-Jungen Herbert Norkus in Berlin, dessen Name Symbol aller Toten der HJ. wurde.« (HJ. im Dienst. Ausbildungsvorschrift für die Ertüchtigung der deutschen Jugend. H.g. von der Reichsjugendführung. 7. Auflage, o. J., S. 10.)

6. Februar 1945 – Herr Schultheiß: der Bergsteiger vom 27. Januar; er war zur Erholung im Haus, das dem Alpenverein gehört.

11. Februar 1945 – große Probleme: die militärische und politische Lage.

19. Februar 1944 – Stabsführer Möckel: Helmut Möckel, Stabsführer der Hitlerjugend.

5. März 1945: Der zweite Absatz ist durch einen Strich am Rand betont.

19.III.1945 – An die Mutter; »Prinz Eugen«: Vater war, wie viele Ältere, zur »Luftschutzpolizei«, ursprünglich »Sicherheits- und Hilfsdienst« (SHD) eingezogen, die in den bombardierten Städten Feuerwehraufgaben wahrnahm; mit der Umwandlung des SHD in Polizei wurde sie dem Reichsführer SS als oberstem Polizeichef unterstellt. Nach der Einnahme Kölns durch die Alliierten wurde die dortige Luftschutzpolizei der kämpfenden Truppe zugewiesen.

21. III. 1945 – Kampfzeit: (An den Rand ist eine liegende Wolfsangel, das Abzeichen des Werwolfs, gezeichnet.)

Reinhard Gröper

Nachkriegshäutung

Tagebuch einer deutschen Pubertät

364 Seiten · 14 x 23 cm · gebunden
ISBN 3-7995-2311-1 · DM 44,–; sFr 41,–; öS 321,–

Mit diesem Band führt Reinhard Gröper die Edition der Tagebücher, die er als Jugendlicher geschrieben hat, fort. Im vorliegendem viel beachteten ersten Buch, Erhoffter Jubel über den Endsieg, hatte der Verfasser seine Eindrücke während der Agonie des Dritten Reiches beschrieben. Nachkriegshäutung schildert den Prozeß des Neubeginns und schmerzhaften Wandels. Der Junge sieht zerbombte Städte, Besatzerwillkür und bittere Not. Zwar sind die Hitlerarmeen zerschlagen, aber die Nazipropaganda wirkt im ganzen Land noch nach. Es beginnt die Phase der Läuterung, die freilich nicht ohne Brüche und Rückschläge vonstatten geht.

Jan Thorbecke Verlag

Erich Bloch

Das verlorene Paradies

Ein Leben am Bodensee 1897–1939

Bearbeitet von Werner Trapp

148 Seiten mit 70 Abbildungen · 17 x 24 cm · Leinen
ISBN 3-7995-6833-6 · DM/sFr 40,–; öS 292,–

Basierend auf einer Reihe lebensgeschichtlicher Interviews, bietet die Biographie von Erich Bloch ein facettenreiches Porträt einer Familie badischer Juden zwischen Kaiserreich und Nazi-Diktatur. Wichtige Stationen seiner Lebensgeschichte, vor allem die Teilnahme an der Wandervogelbewegung vor dem Ersten Weltkrieg, die Erfahrungen während des Krieges, in den er als Freiwilliger eintrat und durch den er zum überzeugten Pazifisten wurde, die Begegnungen mit der Anti-Kriegs- und Studentenbewegung in München und Freiburg, das Leben als freier Publizist und Schriftsteller in Konstanz und auf der Höri in den Jahren 1933 bis 1939 fangen in besonderer Weise auch Entwicklungen der allgemeinen deutschen Geschichte ein. Zugleich liefert das Buch neue Zugänge zur Geschichte von Stadt und Region Konstanz wie zu einer lokal differenzierenden Geschichte der Juden im westlichen Bodenseeraum. Das Leben auf dem Hof schließlich, den Erich Bloch zusammen mit seiner Frau in den Jahren 1933 bis 1939 in Horn auf der Höri bewirtschaftete und der vielen jüdischen Menschen zu einem Ort der beruflichen Unterrichtung und damit der Vorbereitung der Auswanderung aus Deutschland wurde, bietet nicht nur wichtige Einblicke in die Geschichte der jüdischen Auswanderung in den Jahren nach 1933, sondern auch ein bemerkenswertes Beispiel für die Möglichkeiten jüdischen Lebens und Überlebens im Nazi-Deutschland der dreißiger Jahre: eine weitgehend solidarische Dorfgemeinschaft, die erst im Zuge der reichsweiten Ereignisse im November 1938 gewaltsam aufgebrochen und zerstört wurde.

Jan Thorbecke Verlag

Bruno Stern

So war es

Leben und Schicksal eines jüdischen Emigranten
Eine Autobiographie

Aus dem Englischen übersetzt von Ursula Michels-Wenz
Bearbeitet von Gerhard Taddey

210 Seiten mit 273 Abbildungen · 17 x 24 cm
Leinen · ISBN 3-7995-7622-3
Unverbindliche Preisempfehlung:
DM/sFr 35,–; öS 256,–

Der aus Niederstetten stammende jüdische Autor (gest. 1981) schildert
sein Leben seit der nationalsozialistischen Machtergreifung, durch die
er schließlich zur Emigration in die Vereinigten Staaten getrieben
wurde. Voller Emotion, aber ohne Haß läßt Stern diese dunkelsten
Jahre deutscher Geschichte am Leser vorüberziehen. Den schärfer
werdenden antijüdischen Maßnahmen entronnen, galt es für ihn, in
der neuen Heimat eine neue Existenz in nicht vorgezeichneten Bahnen
zu gründen. Als begeisterter Hobbyphotograph hat Stern die kleinen
und großen Ereignisse seines Lebens in eindrucksvollen, informativen
Bildern festgehalten, die vielfach heute schon als einmalige, unersetz-
liche Dokumente zu gelten haben. Mit diesem Buch wird ein einzig-
artiges Selbstzeugnis des deutschen Judentums der Öffentlichkeit
vorgestellt.

Jan Thorbecke Verlag